EL VIAJE DEL HÉROE

Un camino de autodescubrimiento

EL VIAJE DEL HÉROE

Un camino de autodescubrimiento

Stephen Gilligan y Robert Dilts

rigden institut gestalt

Título original
The Hero's Journey
A voyage of self-discovery

Título
El viaje del héroe
Un camino de autodescubrimiento

Primera edición
abril de 2011

Cuarta reimpresión
enero de 2023

© **2009 Stephen Gilligan y Robert Dilts**
© 2010 para la edición en castellano
Rigden Edit S.L.

Traducción
Miguel Iribarren

Impreso en España
Printed in Spain

Artes Gráficas Cofás

Depósito Legal
M. 14.652-2011

ISBN
978-84-937808-5-2

RIGDEN-INSTITUT GESTALT
Verdi, 92, 1.ª planta
08012 Barcelona
www.rigden-institutgestalt.com
e-mail: rigden-ig@rigden-institutgestalt.com

Cualquier forma de reproducción, distribución, comunicación pública o transformación de esta obra solo puede ser realizada con la autorización de sus titulares, salvo excepción prevista por la ley. Diríjase a CEDRO (Centro Español de Derechos Reprográficos, www.cedro.org) si necesita fotocopiar o escanear algún fragmento de esta obra.

ÍNDICE

Primer día 11
Introducción y visión general 11
El comienzo del viaje 13
    Primera premisa: el Espíritu está despertando 17
    Segunda premisa: el Espíritu está despertando a través
        de un sistema nervioso humano 19
    Tercera premisa: cada vida es un viaje del héroe 20
El marco del viaje del héroe 24
    Pasos del viaje del héroe 24
        1. La llamada 24
        2. El rechazo de la llamada 27
        3. Cruzar el umbral 29
        4. Encontrar a los guardianes 30
        5. Afrontar tus demonios y sombras 31
        6. Desarrollar un Ser Interno 32
        7. La transformación 33
        8. La vuelta a casa 34
El Yo Generativo 38
    Las tres mentes: somática, cognitiva y campo 41
    Tres niveles de conciencia: primitivo, ego y generativo ... 44
    Principios para crear un Yo Generativo 47
Desarrollar la conciencia somática generativa 51
    Ejercicio: conectar con tu centro 52

Ejercicio: hablar y escuchar desde tu centro	60
Juntar las tres mentes para apoyar la llamada	65
Ejercicio: alinear las tres mentes para responder a tu llamada	67
Demostración con Marcos	68
El reto de mantener la conexión con tu centro	76
Ejercicio: centrarse activamente	78
Demostración con Carmen	82
El estado somático generativo	92
Aprender a estar con lo que se está moviendo en ti	99
Conclusión: mantener tu canal abierto	104

Segundo día 109

Conciencia cognitiva generativa	109
Patrocinio	115
La práctica del patrocinio	125
Ejercicio: preguntas para tu viaje del héroe	125
Demostración con Stephen	127
Habilidades de patrocinio	133
Lidiar con la resistencia y el rechazo	135
Ejercicio: emprender el viaje del héroe	136
Demostración con Vicente	140
Resumen: transformar la resistencia interna a través del autopatrocinio	150
Integrar la «sombra»	153
Tranformar el «yo bueno» y el «yo malo» en complementarios positivos	158
Ejercicio: identidad «yo bueno/yo malo»	159
Demostración con Stephen y Robert	159
Patrocinar las pautas arquetípicas de transformación	163
Ejercicio: moverse a través de los arquetipos de transición	165
Cierre: dulce oscuridad	179

Tercer día 183
El campo generativo 183
    Prácticas para conectar con el campo 192
        Crear una bola de energía 195
        Acceder al campo mental a través de la presencia 199
        Tu «segunda piel» 202
        Ejercicio: desarrolla una «segunda piel» 203
        Demostración con Eva 205
Energías arquetípicas: ternura, fiereza y ganas de jugar 218
    Ejercicio: esferas de energía y energías arquetípicas;
        crear futuros transformadores 219
    Demostración con Rosa 225
Atención al momento y «abrise más allá» 232
    Ejercicio: ver el campo 235
    Demostración con Eric 239
Habilidades para abrirse al campo 250
Cierre: el patrón que conecta 253

Cuarto día 257
Navegar el viaje 257
La importancia de la práctica 261
Autopatrocinio a través de la expansión de conciencia 266
    Ejercicio: autopatrocinio para curarse y estar sano;
        utilizar la continuidad de conciencia 268
Los cinco ritmos del viaje: flujo, staccato, caos, lírico
    y quietud 273
    Ejercicio: explorar los cinco ritmos 281
Encontrar guardianes 286
    Ejercicio: reunir a tus guardianes 289
    Demostración con Alicia 293
Conclusión: el retorno 304

Bibliografía 311

PRIMER DÍA

INTRODUCCIÓN Y VISIÓN GENERAL

Nosotros (los autores Stephen Gilligan y Robert Dilts) hemos compartido durante más de treinta años un viaje que comenzó al principio de la década de los setenta, cuando éramos estudiantes de la Universidad de California en Santa Cruz. Allí conocimos y trabajamos extensamente con Richard Bandler y John Grinder, los fundadores de la Programación Neuro Lingüística (PNL). También tuvimos la gran oportunidad de estudiar con Gregory Bateson, a quien muchos consideran una de las grandes mentes del siglo pasado, y con Milton Erickson, que es probablemente el psiquiatra, hipnoterapeuta y sanador más brillante que haya vivido nunca.

Después de graduarnos, cada uno de nosotros siguió su camino y volvimos a conectar a mediados de los noventa. Ambos estábamos casados y teníamos hijos, y ambos habíamos establecido nuestros caminos profesionales separados y exitosos: Stephen en hipnosis ericksoniana y psicoterapia, y Robert en Programación Neuro Lingüística. Sin embargo, descubrimos que nuestros distintos caminos nos habían aportado muchas experiencias y conclusiones similares.

La idea de que cada vida es un «viaje del héroe» potencial es uno de nuestros intereses compartidos más apasionantes.

La esencia del viaje del héroe es: ¿cómo vivir una vida significativa? ¿Cuál es la vida más profunda que estás llamado a vivir? ¿Cómo puedes responder a esa llamada?

Si no encuentras esa vocación, esa llamada, es probable que seas desdichado: que te sientas infeliz, confuso o perdido, y tal vez acabes con problemas significativos. Quizá un problema de salud, una profesión equivocada o una relación disfuncional.

Vivir el viaje del héroe te ofrece las recompensas más asombrosas, pero darle la espalda puede producirte un sufrimiento tremendo. De modo que lo que esperamos hacer en este libro es ayudarte a sentir y a descubrir cuál es tu viaje y cómo vivir plena y profundamente. Nos interesa explorar cómo puedes conectar y alinearte con la parte más profunda de tu espíritu, de modo que cada cosa que sientas, pienses y hagas en el mundo esté alineada con el espíritu humano.

El viaje del héroe guarda relación con un tipo de despertar y con un tipo de apertura: una apertura a lo que la vida te aporta y pide de ti. Y ese llamado no siempre es fácil. De otro modo no tendrías que ser un héroe para responder a él.

El viaje del héroe reporta un gran beneficio: una sensación de significado, una sensación de estar vivo en el mundo. Pero, junto con ese beneficio, también viene la dificultad, el coste. Dondequiera que haya luz, siempre habrá sombras; de hecho, se puede decir que cuanto más brillante es la luz, más oscuras son las sombras. Y para vivir una vida plena tienes que afrontar ambas, luz y oscuridad.

Otra manera de decirlo es indicar que vamos a enfocarnos por igual en lo que llamamos el *don* y la *herida*. Decimos que en lo profundo de cada uno de nosotros hay un don y que estamos aquí para ofrecer ese don al mundo. Pero a una profundidad parecida en nuestro interior también hay una herida. Y la herida, por supuesto, no comienza únicamente con nuestra vida personal; llevamos las heridas de nuestra familia, llevamos las heridas de nuestra cultura, llevamos las heridas de nuestro planeta. El viaje del héroe guarda relación con sentir cómo podemos conectar profundamente y de manera positiva con ambas energías.

De modo que el viaje del héroe consiste igualmente en vivir tus dones y sanar tus heridas. Tu poder y tu plenitud están en estas dos energías. Y ésas son las principales influencias en tus relaciones íntimas, en tu vida profesional, en tu salud, en tu crecimiento personal; este proceso simultáneo de sanación y de compartir tus dones siempre te acompañará.

EL COMIENZO DEL VIAJE

La mayor parte de este libro es la transcripción de un seminario sobre el viaje del héroe celebrado en Barcelona (España). Creemos que el viaje del héroe es un proceso vivo, dinámico y que está en constante evolución. Así, sentimos que es apropiado que un libro sobre el viaje del héroe preserve la espontaneidad, el humor y el sentimiento de un seminario en vivo. Hemos puesto nuestros nombres en nuestras contribuciones personales para conservar el sabor único de nuestras perspectivas diferenciadas. ¡Disfruta del viaje!

STEVE GILLIGAN: Buenos días a todos, ¡bienvenidos! Tenemos mucho material que cubrir en el programa.
ROBERT DILTS: *(Con voz excitada.)* ¿Estáis preparados para un viaje?
SG: *(Con voz de predicador.)* Hermanos y hermanas, ¿estáis preparados?
RD: ¡Decid amén!
(*«Amenes» y risas del público.*)
SG: Mmmm... ¡Eso es lo que nos gusta oír! De modo que ahora que estáis un poco fuera de vuestro ser racional, queremos aprovecharnos de ello honrando nuestra tradición diaria de leer un poema. En parte esto es para hacer honor a nuestras raíces irlandesas.
RD: Ambos somos medio irlandeses. Mi mitad es la mitad mala.
(Risas.)
SG: E incluso más importante que nuestras raíces irlandesas, en esta búsqueda queremos resaltar que el lenguaje, en su base, es metafórico y poético. Consideramos que el lenguaje literal es un lengua-

je secundario, y que el lenguaje metafórico y simbólico es el lenguaje primario.

RD: Hay un libro interesante, de un lingüista llamado George Lakoff, titulado *Metaphors We Live By*. Lakoff señala que generalmente pensamos que la metáfora es secundaria en el proceso del lenguaje con respecto al lenguaje literal, que consideramos fundamental. Pero él argumenta, al igual que nosotros, que en realidad es al revés: nuestro lenguaje fundamental es el lenguaje metafórico. Un niño vive en un mundo de historias y metáforas mucho antes de aprender la literalidad. De modo que el lenguaje de nuestro corazón y el lenguaje de nuestra alma es metafórico, no literal.

SG: Desde un nivel práctico, esto significa que estamos particularmente interesados en cómo entra el lenguaje en el cuerpo; cómo toca el cuerpo y cómo despierta lo experiencial-simbólico en el cuerpo. De modo que cuando hablamos del viaje del héroe, vamos a explorarlo no en términos de algún concepto intelectual, sino como una distinción que, a medida que la inspiras profundamente en tu cuerpo, empieza a despertar todas las experiencias contenidas en él.

RD: En la cultura de Papúa Nueva Guinea se dice que «el conocimiento sólo es un rumor hasta que está en el músculo». Por tanto, tu viaje del héroe y tu llamada sólo son rumores, sólo son ideas, hasta que entran en tus músculos. Tus objetivos, tus recursos, tus potenciales... son rumores hasta que son llevados al músculo, a la respiración, al cuerpo. Entonces y sólo entonces se convierten en ideas vivas que pueden transformar tu vida. Nos gustaría que os fueseis de aquí sintiéndoos más vivos. ¿Alguien quiere sentirse más vivo?

SG: *(Con entusiasmo y espíritu juguetón.)* ¡Decid amén!

(Risas y «amenes» del público.)

SG: El poema que quiero compartir con vosotros es de un poeta inglés llamado Derek Walcott. En este poema oiréis a Walcott hablar de los dos yoes que forman parte de cada uno de nosotros, de cada ser humano. Él (junto con muchos otros) sugiere que tenemos dos yoes diferentes: a uno podríamos llamarle el yo experimentador, el que actúa, y al otro podríamos llamarle el yo testigo. Otro conjunto de términos que vamos a usar es «yo somático» y «yo cognitivo». Buena parte de lo que vamos a hacer es explorar la conexión entre estas dos mentes. ¿Es su relación hostil, disociada? ¿Es de dominación o de sumisión? ¿O estas dos mentes que habitan dentro de ti están en armonía? Porque cuando viven en armonía, entonces tu viaje del héroe puede abrirse al mundo. Esto es lo que Derek Walcott dice de esta relación:

Amor después del amor

Llegará el día
en el que, jubilosamente,
te saludarás a ti mismo llegando
a tu propia puerta, en tu propio espejo,
y cada uno de vosotros sonreirá con la bienvenida del otro,

y dirá: siéntate aquí. Come.
Volverás a amar al extraño que eras tú mismo.
Darás vino. Darás pan. Devolverás tu corazón
a sí mismo, al extraño que te ha amado.

Toda tu vida has ignorado,
tomándolo por otro, a quien te conoce de corazón.
Baja las cartas de amor de la estantería,

las fotografías, las notas desesperadas;
saca tu propia imagen del espejo.
Siéntate. Celebra la fiesta de tu vida.

SG: De modo que esperamos que cuando lleguemos al final de nuestro viaje compartido, podáis sacar vuestra imagen del espejo y celebrar vuestra propia vida...; que los dos yoes dentro de vosotros puedan unirse en un Yo Generativo más profundo que viva el viaje del héroe.

RD: En esta línea, yo tengo un par de lecturas breves. La primera es un poema sobre hacerse mayor, oír la llamada de uno mismo en el cuerpo y sentir el poder profundo del espíritu que surge con la edad. Es un cita de *Sailing to Byzantium,* del gran poeta irlandés William Butler Yeats. Para Stephen y para mí este poema evoca algo de lo que aprendimos con Milton Erickson, que fue un profesor y un mentor para ambos. Cuando le conocimos, era mayor y estaba lisiado, tenía que soportar un dolor terrible y, sin embargo, parecía encontrar una conexión con una fuente más profunda que sus dolencias. Para mí, este poema expresa que, en muchos sentidos, el viaje del héroe no tiene fin. Yeats escribe:

> *Un anciano no es sino algo baladí,*
> *un abrigo destrozado sobre un bastón, a menos que*
> *el alma dé palmadas y cante, y cante alto*
> *en cada jirón de su vestimenta mortal.*

RD: Durante el viaje que vamos a compartir aquí, que vuestra alma venga a visitaros, y dé palmadas y cante, y dejad que cada jirón mortal de vuestro ser se vivifique con la celebración y con su contribución.

La otra cita que tengo es de Martha Graham, que está considerada una de las grandes pioneras de la danza moderna. Enseñó, coreografió y bailó hasta que tenía más de noventa años, tal vez por su manera de plantearse la vida, que describe como sigue:

> *Hay una vitalidad, una fuerza de vida, una aceleración que se traduce en acción a través de ti, y como siempre y en todo momento sólo hay un tú, esta expresión es única. Si la bloqueas, nunca se manifestará por ningún otro medio y se perderá. El mundo no la tendrá. No depende de ti determinar lo buena que es, ni si es mejor o peor que otras expresiones. Tu tarea es mantener el canal abierto.*

RD: Ésta es la esencia del viaje del héroe: mantener tu canal abierto. Una parte clave de este viaje consiste en identificar y apartar lo que cierra tu canal, lo que hace que pierdas tu vitalidad y tu fuerza de vida. De modo que buscaremos descubrir y transformar las fuerzas sombrías que te impiden expresar tu energía única en el mundo. Uno de los principales objetivos de este programa es ayudarte a desarrollar herramientas que te permitan mantener tu canal abierto, bien sea con tus hijos, con tu pareja, en el trabajo, o simplemente en tu vida de cada día, e incluso estando sentado en un seminario. Tu tarea en el viaje del héroe es mantener tu canal abierto y dejar que la vida fluya a través de ti.

Primera premisa: el espíritu está despertando

SG: La primera premisa esencial que queremos ofrecer para navegar el viaje del héroe es:

El espíritu está despertando en el mundo.

Todas las cosas hacia las que podemos orientarnos —pensamientos, conducta, experiencia, dinámicas de relación— las consideramos expresiones del *despertar del espíritu*. Y el espíritu está usando todas estas formas: conductas, pensamientos, tiempo, espacio, identidad, y así sucesivamente, como medios para su despertar. El viaje del héroe se activa sintiendo y alineándose con el espíritu a cada momento.
RD: Y aquí surge la vieja pregunta: ¿somos animales pretendiendo ser dioses, o somos dioses pretendiendo ser animales?
SG: ¿Puedes repetir las opciones? *(Risas.)*
RD: De modo que somos espíritu despertando, tanto divino como humano.

SG: Esta idea de la primacía del espíritu fue presentada en el libro *Of Water and the Spirit,* una autobiografía de Malidoma Somé, un hombre excelente que nació y fue educado en África occidental antes de venir a enseñar a Occidente. Él describe que en su tradición cultural se asume que cuando nace un niño, viene de otro mundo, del mundo del espíritu. Y, además, el espíritu ha elegido este tiempo, esta familia, y esta cultura para nacer en ellos, porque tiene un don que dar al mundo.

Nosotros sugerimos que además de un don que dar, el espíritu también tiene una herida que curar. Pero, en ambos casos, puedes sentir, subyacente a cualquier experiencia, esta conciencia viva y pulsante que está tratando de despertar. Y, si nos alineamos con ella, ocurrirán cosas buenas.

Curiosamente, el nombre Malidoma significa: «El que lleva ritual al enemigo». En su cultura, poco después de nacer, los ancianos se llevan al niño y durante varios días el círculo de ancianos pregunta al espíritu en su lenguaje ritual: «¿Por qué has venido? ¿Cuál es el don que has venido a traer?» En el caso de Malidoma, se sintió que había venido a traer un don curativo ritual para Occidente, que, según la visión de la gente de Malidoma, ha perdido seriamente su conexión profunda con el espíritu, y consecuentemente está produciendo un gran caos. El abuelo de Malidoma, el líder de los ancianos, profetizó que Malidoma se aventuraría a venir a Occidente para traer su don. Para acortar esta maravillosa historia del viaje del héroe de Malidoma, esto es ciertamente lo que ocurrió. Hay muchas maneras de sentir la primacía del espíritu. Una manera habitual de hacerlo es sostener a un recién nacido, o conectar con un niño pequeño y sentir la primacía del espíritu en él.

RD: Cuando sostienes a un recién nacido, resulta fácil experimentar la sensación de asombro que produce estar en presencia del espíritu. Sientes verdaderamente lo que Martha Graham decía sobre esta energía única que está viniendo al mundo. Y lo que guía el viaje del héroe es mantenerse sintonizado con esa presencia viviente y única.

Segunda premisa: el espíritu está despertando a través de un sistema nervioso humano

SG: A esta primera premisa central podemos añadir una segunda:

El espíritu está despertando a través de un sistema nervioso humano.

A cierto nivel, por supuesto, ésta parece una idea trivial porque es muy evidente. Pero es importante apreciar que el sistema nervioso humano es el instrumento musical generativo o la herramienta computacional más avanzada que ha existido nunca. Nada se le acerca en cuanto a su capacidad, su complejidad, su poder. A los budistas les gusta decir que cuando consigues un sistema nervioso humano ¡te ha tocado el gordo, verdaderamente has ganado la lotería! Imagina un montón de espíritus en fila, esperando venir a este mundo, cada uno esperando que le asignen un sistema nervioso para el viaje. Ves que a un espíritu que tienes por delante de ti en la fila le asignan un sistema nervioso de serpiente, al siguiente otro de jirafa, y cuando llegas al mostrador te dicen: «De acuerdo, vas a conseguir un sistema nervioso humano.» Tal vez recuerdes ese momento admirable... Te sentiste extraordinariamente animado, tan afortunado, tan feliz, porque sabías que tener un sistema nervioso humano te daba el más asombroso potencial de transformación y de realización de la conciencia. Este sistema nervioso humano te da todas las posibilidades de vivir el viaje del héroe.

Pero, por supuesto, viene sin libro de instrucciones. Y te olvidas de sus brillantes prestaciones en cuanto entras en la sociedad humana, con la televisión en marcha, el parloteo incesante y los anuncios de fondo. Una de las desventajas de tener un bioordenador tan sensible es que si no está sintonizado adecuadamente, a través de él se pueden crear algunas experiencias desagradables.

Tercera premisa: cada vida es un viaje del héroe

SG: Decimos esto al comienzo de este trabajo sobre el viaje del héroe a fin de tomar conciencia de que para emprender el viaje primero tenemos que sentir que el espíritu subyace a todo, y después tenemos que sintonizar el sistema nervioso que está realizando el viaje. Esto nos conduce a la tercera premisa básica:

> *El espíritu se despliega a través del tiempo/espacio en un viaje del héroe.*

De modo que, además del espíritu y del sistema nervioso, resaltamos este tercer componente: el viaje se despliega a lo largo de un arco temporal. Vemos la vida de una persona como un camino maravilloso que incluye presente, pasado y futuro. Muchos momentos experienciales se han unido para desplegar una historia preciosa, para cantar una canción asombrosa, para danzar un movimiento único. A cierto nivel de este viaje estás solo; a otro nivel estás siendo ayudado por muchos seres positivos, y ni siquiera eres consciente de que están ahí.

RD: En el modelo del viaje del héroe, a estos seres les llamamos los *guardianes*. En el trabajo del Yo Generativo de Stephen, que entrelazaremos con el viaje del héroe, se les llama los *patrocinadores*. Estas figuras positivas te recuerdan tu vocación más profunda y te prestan apoyo de muchas maneras.

Por ejemplo, en la isla de Togo, en el Pacífico, cuando nace un niño, las mujeres del pueblo realizan un ritual con la nueva madre. La llevan con su niño al bosque, reuniéndose junto al espíritu recién llegado. Se sientan con este bebé, sintiendo el espíritu único de esta nueva vida, y en un momento dado una de ellas empieza a emitir un sonido musical. Otra mujer se añade, y después otra más, y de esta manera la comunidad crea una canción para ese bebé. La canción es completamente única, sólo para ese bebé.

A lo largo de su vida, en los cumpleaños y otros rituales, las mujeres se juntan y cantan la canción. Y si el niño hace algo malo o enferma, en lugar de castigarlo o de medicarlo, las mujeres se reúnen a su alrededor y cantan la canción para recordarle quién es. De modo que la canción se convierte en una manera de apoyar el viaje de ese ser a lo largo de su vida. Y cuando la persona muere, la comunidad canta la canción por última vez y después ya no se vuelve a cantar más. Éste es un ejemplo muy hermoso de que todos necesitamos guardianes para recordarnos nuestra verdadera naturaleza, para ayudarnos a abrir nuestro canal una y otra y otra vez.

SG: La necesidad de estos guardianes queda patente cuando consideramos todas las fuerzas contrarias que tratan de persuadirnos de que no tenemos un espíritu viviente que desplegar en este viaje por la vida. Consideremos, por ejemplo, la fuerza dominante de la sociedad contemporánea: el trance del consumismo. Este hechizo hipnótico dice: «No tienes espíritu dentro de ti. No tienes viaje del héroe. Tu principal propósito es comprar frigoríficos. Tu principal propósito en este mundo es comer hamburguesas con queso.»

RD: McDonalds y Starbucks.

SG: Robert y yo nos sentimos orgullosos de ser americanos, de traer estos maravillosos regalos al mundo. *(Risas.)*

RD: A medida que te separas del espíritu, el canal empieza a cerrarse. A medida que el canal se va cerrando, empiezas a perderte en tus heridas, y se produce un intento de compensar el dolor consumiendo más. «Si tengo otra televisión en color, un coche nuevo, zapatos nuevos, etcétera, me sentiré bien. Seré una persona aceptable. Me sentiré más vivo.»

SG: Frecuentemente, los síntomas que se presentan en la vida de la persona son como las canciones de las mujeres de Togo. Su propósito es llamarte de vuelta a tu espíritu. En otras palabras, puedes entender la experiencia de la persona a cada momento como un intento del espíritu de despertar en el mundo. Y puedes entender las experiencias particularmente intensas de la gente, tanto positivas como negativas, como eso que en el viaje del héroe denominamos *la llamada*.

RD: Una llamada a la acción. Una llamada a la aventura. Una llamada a ser. Una llamada a volver a tu espíritu.

SG: Y es posible que algunas personas nunca oigan la llamada. Otras la oyen, pero se niegan a seguirla. Como psicólogo que practica mucho la psicoterapia, uno de los principales diagnósticos que doy a los clientes es: «Me parece que eres, por tu constitución, incapaz de ser un vago, una "patata de sofá".» Una patata de sofá es alguien que se sienta en el sofá a ver la televisión, bebiendo cerveza y comienzo patatas fritas durante tanto tiempo que, de hecho, empieza a parecerse a una patata. *(Risas.)* Y al final de la vida de esa persona, en su tumba dice: «Vio mucha televisión, comió muchas patatas fritas y se quejó toda su vida. ¡El siguiente!» *(Risas.)*

De modo que te pedimos que consideres detenidamente: al final de todo, ¿qué te gustaría que se leyera en tu tumba?

A algunas personas les basta con vivir como patatas de sofá, se conforman con lo que Thoreau llamó: «vidas de desesperación callada.» Algunos pueden hacer eso; dejar que pase el tiempo sin arriesgar y vivir en una niebla toda su vida. Pero otros, los que yo llamo los afortunados, no pueden hacerlo; y su alma crea alteraciones terribles y sufrimientos para decirles: «¡Despierta! ¡Despierta! ¡Tu vida es algo más que este trance bajo mínimos!»

Una de las cosas que abordaremos en este trabajo es cómo reconocer que tus problemas son «una llamada a volver» y «llamadas a despertar» en tu viaje del héroe, para poder tener una relación positiva y útil con estos problemas inevitables, utilizándolos para tu propio crecimiento y despertar.

RD: Yo trabajo mucho en empresas y organizaciones como *coach* y consultor. Para mí es muy evidente cuando una organización ha perdido su alma, o cuando la gente vende su alma o su integridad. El principal trabajo de un *coach* es ayudar a la gente a redespertar su conexión con su alma.

A nivel de la identidad, podemos decir que tenemos dos dinámicas: tenemos un alma y tenemos un ego. El ego es la parte de nosotros que se ha construido a partir de las heridas. Está relacionada con lo que en psicología se llama el «yo idealizado», la persona que creo que tengo que ser para que me quieran, para ser aceptable, para estar bien. Este ego se convierte en una especie de trampa para el alma; esto se ve en las empresas. Y, entonces, a veces ocurre algo mágico y el alma vuelve a estar presente, cantando su canción única y desplegando su viaje único.

Te daré un ejemplo interesante del mundo de las organizaciones: tengo un compañero que participó en un estudio realizado por una gran empresa de telecomunicaciones a resultas de un gran fallo que tuvieron. Habían atravesado una situación muy competitiva y necesitaban desarrollar un producto rápidamente para mantener su cuota en una área concreta del mercado. El proyecto era tan importante que pusieron a 1.000 personas a trabajar en él. Lo que ocurrió fue que uno de los competidores fue capaz de ganarles, poniendo en el mercado un producto más barato, de más calidad y que era más fácil de producir. La razón del estudio era que el competidor había conseguido desarrollar su producto con un equipo de sólo 20 personas. La gran pregunta era: «¿Cómo es posible que 20 personas mejoren el rendimiento de 1.000?» En el lenguaje del viaje del héroe diríamos que 20 personas con sus canales abiertos —20 almas comprometidas con una llamada— siempre superarán a 1.000 egos que se limitan a hacer su trabajo.

Entonces, ¿cómo «da palmadas y canta el alma» en una organización? ¿Qué produce y sustenta esa sensación de vivacidad, de creatividad y de visión en la vida de una persona, de una relación, de un grupo? Ésta es una de las principales preguntas que queremos explorar en este trabajo. Esperamos que el material y los procesos que exploremos sean relevantes e importantes para todos vosotros.

EL MARCO DEL VIAJE DEL HÉROE

RD: Para desarrollar un marco general para este viaje, empezaremos con el trabajo de Joseph Campbell. Campbell fue el mitólogo americano que durante mucho tiempo estudió las distintas historias, leyendas y mitos, tanto de hombres como de mujeres, de las distintas culturas de la historia. Campbell se dio cuenta de que en todas estas historias y ejemplos había una «estructura profunda», que él denominó «el viaje del héroe». El título de su primer libro es *El héroe de las mil caras*, para resaltar que hay muchas maneras de expresar este viaje del héroe, pero todas comparten un marco común. Los pasos siguientes representan una versión simple del mapa de ruta ofrecido por Campbell, y es el que usaremos para ayudarnos a navegar el curso de nuestros viajes del héroe durante este seminario.

Pasos del viaje del héroe

1. La llamada
2. El rechazo de la llamada
3. Cruzar el umbral
4. Encontrar a los guardianes
5. Afrontar y transformar tus demonios
6. Desarrollar el Ser Interno y nuevos recursos
7. La transformación
8. La vuelta a casa

1. *La llamada*

RD: El viaje comienza con una llamada. Venimos al mundo, y el mundo nos presenta circunstancias que piden o que nos hacen sacar nuestra fuerza de vida única, o nuestra vitalidad, como diría Martha Graham. El autor Eckhart Tolle, que escribió *El poder del ahora*, dice que la principal función del alma es despertar. No venimos a este mundo a dormir. Venimos a despertar, y a volver a despertar, y a crecer y evolucionar. De modo que la llamada siempre es una llamada a crecer, a contribuir, a llevar más de nuestra vitalidad o energía de vida al mundo, de vuelta al mundo.

SG: A menudo la llamada a la acción viene de un reto, de una crisis, de una visión, o de alguien necesitado. Se ha perdido algo que es necesario recuperar; algún poder del mundo ha decaído y tiene que ser renovado; algún aspecto esencial de la vida ha quedado herido y tiene que ser sanado; ha surgido algún gran reto que tiene que ser afrontado. Pero, igualmente, la llamada puede venir de la inspiración y la alegría: oyes una pieza musical preciosa y despiertas a una dimensión de belleza que deseas apasionadamente seguir desplegando en el mundo; sientes un asombroso amor de padre que te llama a elevar ese poder arquetípico en el mundo; te enamoras de tu trabajo y es en lo único que puedes pensar. Como veremos, la llamada del viaje del héroe puede venir tanto de un gran sufrimiento como de una gran alegría, y a veces de ambos al mismo tiempo.

RD: Debemos resaltar que la llamada del héroe es muy diferente de un objetivo personal procedente del ego. Al ego le gustaría tener otra televisión y un poco más de cerveza, o al menos ser rico y famoso. El alma no quiere ni necesita eso; quiere despertar, sanar, conectar, crear; despierta a la llamada de los grandes retos, no para glorificación del ego, sino para servir y honrar la vida. Cuando un bombero o un policía entra en un edificio en llamas para salvar a alguien, ése no es un objetivo deseado. Es un desafío y un reto, y no hay garantía de éxito. De otro modo no necesitarías un héroe. De modo que la llamada exige valentía. Exige que seas más de lo que has sido.

SG: Otra cosa que exploraremos es que puedes oír la llamada de muchas maneras en diferentes momentos de tu vida. En uno de nuestros ejercicios te pediremos que hagas un seguimiento de la historia de tu llamada. Por ejemplo, una versión simple de este seguimiento es la siguiente: «Reserva unos momentos para repasar tu vida, tomando conciencia de diversas experiencias que te hayan tocado realmente, que hayan despertado en ti una profunda sensación de vivacidad y belleza.» Otra pregunta similar es: «¿Qué es lo que haces en tu vida que realmente te lleva más allá de tu yo normal?» Tus respuestas a estas preguntas sacarán a la luz algunas de tus maneras de sentir la llamada.

Como seguiremos resaltando, cuando oyes la llamada, tu alma se expande y tu espíritu se vivifica. Si puedes notar cuándo ocurre esto, puedes tomar conciencia, registrar y favorecer tu viaje del héroe. A esto se refería Campbell cuando dijo: «¡Haz lo que te haga feliz!» Muchos han malinterpretado esto como una invitación al hedonismo, en lugar de sentir que las ocasiones en las que más brilla tu espíritu —cuando sientes «dicha»— te indican lo que has venido a hacer aquí, en este mundo.

RD: Como Stephen decía antes, a veces la llamada viene de ciertos síntomas o sufrimientos. Cuando mi madre tenía poco más de cincuenta años, tuvo una recaída del cáncer de pecho que había padecido; ahora se había extendido por todo su cuerpo: no sólo al otro pecho, también a los ovarios, la vejiga y el tuétano de cada hueso de su cuerpo. Los médicos le dieron, como mucho, unos meses de vida. Como puedes imaginar, era lo peor que le había ocurrido nunca. Al principio se sintió como una víctima, y no como una heroína en absoluto.

Yo le ayudé a explorar cuestiones como: ¿cuál es la llamada del cáncer? Este cáncer está llamándome a convertirme en algo; ¿qué es? Mi madre se abrió profundamente a este viaje de indagación, y esto cambió completamente su vida. Para sorpresa de sus médicos, tuvo una notable recuperación y vivió otros dieciocho años casi totalmente libre de síntomas. Posteriormente, cuando miraba atrás, decía: «¡Fue lo mejor que me ha ocurrido nunca! Tuve suerte. Pude vivir dos vidas: la que tenía antes de sufrir el cáncer por segunda vez y la que tuve después. Y la segunda vida fue mucho mejor que la primera.»

La cuestión que exploraremos en este programa es: ¿qué está pidiendo la vida de ti? Esta llamada probablemente no es particularmente fácil: probablemente no te está llamando a dar un paseo por el parque. Lo más probable es que la llamada sea difícil; un sendero muy hermoso pero plagado de dificultades. Habitualmente, este sendero altera el statu quo. Cuando trabajo con las empresas, les señalo que una llamada no implica únicamente mejorar la situación presente. Una llamada y una visión traen el futuro al presente, y pueden alterarlo completamente, imposibilitando que sigas haciendo las cosas como las hacías antes.

Un elemento clave del viaje del héroe es la aceptación de la llamada y comprometerse con el viaje.

2. *El rechazo de la llamada*

RD: Precisamente como la llamada parece tan difícil, suele ir acompañada por lo que Campbell llama «el rechazo». El héroe quiere evitar todas las dificultades que le causará. «No, gracias. Que lo haga algún otro. Es demasiado duro para mí. No tengo tiempo para eso. No estoy preparado.» Éste es el tipo de respuestas usadas habitualmente para rechazar la llamada.

SG: Y aunque algunas de las respuestas negativas a la llamada pueden venir de dentro, otras vienen de fuera, de la familia, de los amigos, de los críticos (lo que Campbell llama los «ogros»), o de la sociedad. Es posible que te digan: «Eso no es realista.» O, tal vez, como se dice hipnóticamente a muchas mujeres y chicas, «eso sería egoísta». A veces esto te lleva a alejarte de la llamada, aunque afortunadamente no siempre.

Yo tenía un amigo llamado Allan. Allan es una de las grandes figuras en el arte postmoderno americano. Había querido ser artista desde que tenía uso de razón, pero su padre era un importante abogado de Nueva York y quería que su hijo siguiera sus pasos. Le repetía insistentemente: «No vas a ser artista. Vas a ser mi socio.» Llevaba al joven Allan a su bufete y le mostraba el despacho que ya tenía reservado para él. Increíblemente, ya tenía su nombre en la puerta.

La mente inconsciente de Allan era muy creativa e insistente. Desarrolló un asma severo que le obligó a trasladarse a Tucson, Arizona, una zona con un clima mejor para esa dolencia, lejos del alcance hipnótico de su padre. Allan desarrolló su arte mientras crecía en Arizona. Ésta es una ilustración preciosa de cómo su mente inconsciente se aseguró de que pudiera responder a su llamada. Mucha gente puede contar historias de cómo escaparon de la opresión, de maneras más o menos notorias, para seguir las indicaciones de su espíritu.

RD: En el caso de mi madre, cuando empezó a mirar dentro y hacer cambios en sí misma, su cirujano la miró directamente a los ojos y le dijo con toda claridad que ese tipo de exploración era «un montón de sinsentidos» y «que la volvería loca». Y el médico para el que trabajaba como enfermera le dijo: «Si realmente te importa tu familia, no les dejarás sin prepararlos para ello», lo que es una «sugestión hipnótica» interesante. La sugerencia implica una presuposición: «Vas a morir, e intentar no morir es egoísta. Deberías prepararte y preparar a todos tus seres queridos para tu muerte, y dejar de montar tanto alboroto.» Mi madre decidió dejar de trabajar para él poco después.

Curiosamente, este médico padeció una enfermedad grave unos seis años después. El mal no estaba tan avanzado como en el caso de mi madre, pero su respuesta fue el suicidio. Y nunca quedó claro si ella había participado por su propia voluntad, pero su esposa murió con él. Porque, por supuesto, él no podía «dejarla sin preparación».

De modo que hay mensajes que vienen de dentro o de fuera para bloquear tu llamada. Una parte clave de nuestro trabajo consiste en reconocer estos mensajes e ir más allá de ellos.

3. *Cruzar el umbral*

RD: Cuando respondes a la llamada y estableces el compromiso con tu camino y con tu viaje del héroe, llegas a un punto que Campbell llama «cruzar el umbral». Ahora estás viajando, estás en la experiencia. «Que empiece el juego.» La palabra «umbral» tiene varios significados. Uno de ellos implica que más allá del umbral hay una nueva frontera, un nuevo territorio, lo desconocido, lo incierto, lo imprevisible, la sombría tierra prometida.

Otro significado del umbral es que has alcanzado los límites externos de tu zona de comodidad. Antes del umbral, estás en territorio conocido; estás en tu zona de comodidad, conoces el terreno. Cuando cruzas el umbral, estás más allá de tu zona de comodidad. De modo que la situación se vuelve difícil, arriesgada, desafiante, a menudo dolorosa y tal vez incluso fatal. Entrar en este difícil nuevo territorio es un reto crucial del viaje del héroe.

La tercera característica del umbral es que es un punto de no retorno. No puedes volver atrás. Es como cuando tienes un bebé; no puedes decir: «Vaya, he cometido un error. Esto es demasiado difícil. Ya no lo quiero. Tómelo de vuelta, por favor.» Cuando cruzas el umbral, sólo hay una dirección a seguir, y es hacia delante.

De modo que el umbral es ese punto en el que vas a entrar en un territorio nuevo donde nunca has estado antes, y no hay vuelta atrás.

SG: Y es precisamente ahí donde tu mente ordinaria te fallará. Tu mente consciente habitual sólo sabe lidiar con distintas versiones de lo que ya ha ocurrido (un poco como «reordenar las sillas de la cubierta del Titanic» para intentar salvar la nave). No puede generar nuevas realidades. Como te das cuenta de que tu mente consciente no puede dirigir este viaje, lo habitual es tener respuestas desconcertantes: parálisis, confusión, temblor, incertidumbre, desmayo, y así sucesivamente. Éstas son las «claves sutiles» que indican que estás siendo llamado más allá de los lugares donde has estado antes.

Esta idea de que tu mente de cada día no puede dirigir el viaje del héroe será central en este trabajo. Por lo tanto, una de nuestras grandes exploraciones prácticas consiste en reorientar tu conciencia en esos momentos hacia lo que vamos a llamar el Yo Generativo, un yo capaz de ofrecerte la sabiduría y la valentía necesarias para navegar el viaje del héroe.

4. *Encontrar a los guardianes*

RD: Campbell señala que a medida que empiezas a realizar el viaje del héroe, debes encontrar guardianes. ¿Quiénes van a cantar mi canción y van a recordarme quién soy? ¿Quiénes tienen el conocimiento o las herramientas que necesito y de las que no sé nada? ¿Quién puede recordarme que el viaje es posible, y ofrecerme apoyo cuando más lo necesite? ¿Quiénes son mis profesores, mis mentores, mis patrocinadores, mis despertadores?

Ésta es una parte significativa de tu aprendizaje en el viaje, una búsqueda constante. Por supuesto, es tu viaje y nadie más puede hacerlo por ti. Es a ti mismo a quien más tendrás que escuchar, del que más tendrás que aprender y con quien más tendrás que consultar. Pero, al mismo tiempo, tampoco es un viaje que puedas hacer solo. No es un viaje del ego. Es algo que exigirá de ti más capacidades que las que actualmente posees.

En este sentido, conviene distinguir entre un *héroe* y un *campeón*. Generalmente el héroe es un ser humano normal al que la vida llama a una circunstancia extraordinaria. Un campeón es alguien que lucha por un ideal del que piensa que es el camino recto, el correcto mapa del mundo. Este ideal es el correcto, y cualquiera que se oponga a él es un enemigo. El campeón impone su propio mapa del mundo a los demás.

SG: De modo que el campeón dirá cosas como: «Estás con nosotros o contra nosotros», y otras frases memorables que oirás de muchos sacerdotes y políticos. *(Risas.)*

RD: «Luchamos por la verdad, por la justicia y por el estilo de vida americano... en todo el mundo.» *(Risas.)* «Y vamos a liberar tu país ocupándolo.»

SG: Un pequeño detalle sobre los guardianes. Pueden ser personas concretas: amigos, mentores, miembros de la familia. También pueden ser figuras históricas o entidades mitológicas. Por ejemplo, cuando considero mi camino como sanador y terapeuta, a veces medito en todos aquellos que me han precedido, los grandes linajes de seres que han dado su amor y han dedicado sus vidas a forjar tradiciones y formas de curar. En la meditación, siento su apoyo fluyendo a través de mí, desde distintas culturas y lugares, llegando a mí para apoyar mi humilde viaje. De modo que otra de las grandes cuestiones que estamos explorando es: ¿cómo siento y me mantengo conectado con estos guardianes que pueden guiarme y darme apoyo en mi camino?

5. *Afrontar tus demonios y sombras*

SG: Una diferencia esencial entre el héroe y el campeón reside en lo que Campbell llamó la relación con los «demonios». Los demonios son las entidades que tratan de bloquear tu viaje, y a veces amenazan tu existencia misma y la de aquellos con los que estás conectado. Uno de los principales retos del viaje del héroe es aprender a lidiar con la «otreidad negativa», tanto dentro de ti como a tu alrededor. El campeón trata de dominar o destruir todo lo que es diferente de su ideal del ego. El héroe opera a un nivel superior, buscando la transformación de su relación con los demonios. El héroe está llamado no sólo a transformarse a sí mismo, sino también a transformar el campo relacional más amplio en el que vive. Éste es un cambio a un nivel más profundo y, una vez más, un cambio que requiere otro tipo de conciencia, que es uno de los principales temas de nuestro viaje compartido.

RD: En muchos sentidos, el clímax del viaje del héroe es la confrontación con lo que llamaremos «el demonio», esta presencia aparentemente malevolente que te amenaza y está determinada a impedir que sigas tu llamada. Campbell señala que aunque inicialmente el demonio se percibe como algo externo que va contra ti, el viaje del héroe te lleva a reconocer que el problema no es lo que está fuera de ti, sino lo que está dentro. Y, en último término, ese demonio es una energía que no es buena ni mala. Es sólo una energía, un fenómeno.

Lo que hace de algo un demonio es el hecho de que le tengo miedo o me siento intimidado por ello. Si no le tuviera miedo, no sería un demonio. Lo que convierte algo o a alguien en un demonio es mi respuesta a ello: mi ira, mi frustración, mi pena, mi culpa, mi vergüenza, y así sucesivamente. Esto es lo que hace que el problema parezca tan difícil. Los demonios ponen un espejo ante nosotros. Revelan nuestra *sombra* interna: las respuestas, los sentimientos o las partes de nosotros con las que no sabemos estar. A veces les llamo nuestros «terroristas internos».

SG: En términos prácticos, el demonio podría ser una adicción, una depresión, una ex esposa... *(Risas.)*

RD: En una empresa puede ser una crisis económica, la recesión, un nuevo competidor, etcétera.

SG: Tu demonio podría ser Saddam Hussein, Osama Bin Laden o George Bush. *(Risas.)*

RD: El demonio podría ser un problema de salud, o podría ser tu jefe, tu madre, tu suegra o tu hijo. La cuestión es que lo que nosotros (y Joseph Campbell) estamos sugiriendo en último término es: *Lo que hace de algo un demonio es tu relación con ello.*

6. *Desarrollar un Ser Interno*

RD: De modo que un viaje del héroe siempre es un viaje de transformación, especialmente la transformación de uno mismo. Cuando trabajo en empresas y organizaciones, les hablo de la diferencia entre el juego externo de un negocio y lo que el autor Timothy Gallwey llama «el juego interno». El éxito en cualquier actividad —bien sea un deporte, tu trabajo, tu relación íntima, una obra de arte— requiere cierto grado de maestría en el juego externo (por ejemplo, conocer los jugadores específicos, el entorno, las reglas, las habilidades físicas que se necesitan, el tipo de conducta característico). Muchas personas pueden aprender el juego externo bastante bien, pero sólo puedes alcanzar el nivel de rendimiento más alto cuando también dominas el juego interno. Esto es función de la propia capacidad para lidiar con la tensión, el fracaso, la presión, las críticas, los bajones, la repentina falta de confianza, y así sucesivamente.

El héroe debe aprender a jugar este juego interno, y esto exige mucho más que nuestra mente cognitiva. Es función de la inteligencia emocional, de la inteligencia somática y de la sabiduría espiritual, que incluye la conexión con un campo de conciencia más amplio, sentir profundamente una inteligencia que está más allá del ego y del intelecto. En el viaje del héroe tienes que crecer. No puedes ser un héroe y negarte a aprender y a crecer.

SG: El cultivo del juego interno puede describirse de muchas maneras. Aquí le llamaremos el desarrollo de un yo interno, una inteligencia intuitiva que conecta la mente consciente con una conciencia mayor que nos permite tener más confianza, una comprensión más profunda, una conciencia más sutil y una mayor capacidad a muchos niveles.

7. *La transformación*

RD: A medida que vas desarrollando nuevos recursos dentro de ti y encuentras a tus guardianes, te vas preparando para afrontar tus demonios (y en último término tus propias sombras internas) y para involucrarte en el gran reto transformador del viaje. Campbell se refiere a estos retos como tus «pruebas».

SG: Éste es un tiempo de gran lucha, dedicación y esfuerzo que conduce a nuevos aprendizajes y a generar nuevos recursos. Aquí es cuando creas dentro de ti y en el mundo algo que no ha existido antes. A esto nos referimos con la palabra *generativo:* ir más allá de lo que ha existido antes para crear algo completamente nuevo. Por supuesto, este proceso puede llevar mucho tiempo. Pueden ser veinte años de matrimonio, toda una vida de trabajo o años de exploración e innovación. Habrá muchos contratiempos y fracasos; ocasiones en las que todo parecerá perdido y el futuro será gris. Éstos son elementos previsibles del viaje del héroe. El héroe es alguien que puede generar nuevos recursos para responder a estos retos y afrontarlos con éxito. La etapa de transformación sucede cuando has tenido éxito en tu viaje.

8. *La vuelta a casa*

RD: La etapa final del viaje del héroe es el retorno a casa. Este retorno tiene varios propósitos importantes con respecto al viaje. Uno de ellos es compartir con los demás lo que has aprendido en tu viaje. Un viaje del héroe no es únicamente un viaje del ego individual; es un proceso de transformación que se realiza tanto para la persona como para la comunidad en la que vive. De modo que cuando un héroe retorna, debe encontrar el modo de compartir sus logros con los demás. Los héroes suelen convertirse en profesores. Además de dar, el héroe debe recibir el reconocimiento de otros para completar el viaje. Ahora estás transformado, eres diferente de antes. Es necesario honrar el viaje.

SG: Por ejemplo, un buen amigo mío es un conocido psicólogo que ha realizado un trabajo muy interesante. Él compartió conmigo que, de niño, le encantaba ver viejas películas de las vidas de grandes científicos, personas como Marie Curie, Louis Pasteur y Sigmund Freud. Cada una de estas películas seguía el modelo general del «viaje del héroe»: la primera llamada, el compromiso, las grandes batallas, los descubrimientos duramente ganados, y así sucesivamente. En el típico final de estas películas, el científico está de pie frente a un numeroso público —las mismas personas que se mofaron de él y le atacaron en una etapa anterior del viaje— y le están dando un gran premio o reconocimiento por el trabajo de su vida. Mi amigo siempre estuvo fascinado por estas películas, sintiendo dentro de sí una llamada a contribuir al mundo con algo significativo. Él me contó esto recientemente, después de que le dieran un premio por su brillante trayectoria profesional ante miles de personas, y de sentir que ese final de película estaba ocurriendo en su mundo real, tal como solía sintonizarse hipnóticamente con él en la pantalla de cine muchos años antes. Estas películas reflejaban su llamada, y el premio era el reconocimiento de que había tenido éxito en el gran reto de su viaje.

No obstante, como señala Campbell, en esta etapa también puede haber muchas resistencias. A veces el héroe no desea volver. Se siente cansado, tal vez cauteloso ante el pensamiento de que los demás no le entenderán, o tal vez aún está exaltado en ese estado de conciencia superior recién hallada. Por lo tanto, del mismo modo que puede haber una negativa a responder a la llamada, también puede haber una negativa a regresar. A veces, como explica Campbell, otra persona o ser tiene que venir y llevar el héroe de vuelta a casa.

Otro problema es que la comunidad no siempre da la bienvenida al líder. Es posible que Moisés baje de la montaña y descubra que la gente está de fiesta; los guerreros pueden retornar de la batalla y no ser bien recibidos, o es posible que no se honren ni valoren los horrores por los que han pasado. Es posible que la gente no quiera escuchar la historia de una persona cuyo viaje refleja que otros miembros de la comunidad necesitan realizar su propia sanación. De modo que una vez que se ha librado la gran batalla por un estado superior de conciencia, su integración en la conciencia cotidiana es otro gran reto.

No obstante, hay abundantes ejemplos de héroes que han alcanzado esta etapa final. Hemos mencionado que Milton Erickson fue un mentor para nosotros. Él es un estupendo ejemplo de un viaje del héroe completo. Uno de los muchos detalles interesantes de su vida es que una poliomielitis severa le dejó paralítico a los diecisiete años, edad de la iniciación a la vida adulta, esa edad en la que el «sanador herido» suele ser atacado por una enfermedad o herida muy grave. De modo que en lugar de seguir el camino tradicional de la sociedad convencional, una persona así es separada de la vida normal y debe emprender su propio viaje de curación. En el caso de Erikson, los médicos le dijeron que nunca volvería a moverse. En lugar de limitarse a someterse a esta sugestión negativa, él emprendió una larga serie de exploraciones cuerpo-mente para ver en qué medida podía curarse de su enfermedad. Asombrosamente consiguió recuperar la capacidad de andar, y desarrolló nuevas comprensiones y recursos sobre el proceso de curación cuerpo-mente. Seguidamente, hizo uso de estos nuevos aprendizajes radicales en su larga carrera profesional como psiquiatra, ayudando a otros a desarrollar su propia capacidad única de curarse y transformarse.

Cuando le conocimos, era un hombre mayor. Sentía mucho dolor y estaba muy débil, y como no podía atender a muchos pacientes, veía principalmente a estudiantes. Cuando le conocí, yo era un mal estudiante universitario. Sólo tenía diez dólares semanales para comprar comida, que incluso entonces no eran gran cosa. Pero sabía que tenía que estudiar con aquel hombre, porque despertaba algo muy profundo en mí. Le pregunté:

—Doctor Erickson, ¿puedo volver de manera regular y ser alumno suyo?

—Sí —respondió.

—¿Cuánto tengo que pagarle? —le pregunté—. Estoy seguro de

que puedo conseguir algunos préstamos universitarios, así que si me dice cuánto, haré las gestiones necesarias.

—Oh, no te preocupes por eso —dijo él—. No tienes que pagarme nada.

Y eso es lo que nos decía a todos los alumnos jóvenes. Estaba retirado, tenía la casa pagada, sus hijos ya se habían independizado y no tenía grandes responsabilidades económicas. Ahora simplemente estaba devolviendo: dando sus dones de héroe duramente ganados a la comunidad. Estuve viéndole durante casi seis años, y nunca le pagué nada. Nos dejaba estar en la habitación de invitados o en el edificio de su despacho. Lo que sí nos decía era:

—La manera de pagarme es transmitir a otros lo que os resulte útil de lo aprendido aquí. ¡Así podéis pagarme!

Muchas veces he deseado haber pagado a aquel anciano con dinero para solventar mi deuda *(risas)*...; pero en realidad no. Creo que podéis sentir que éste es un ejemplo muy hermoso del viaje del héroe. Y cuando me encontré con él, estaba en la última fase de devolver a la comunidad y transmitir a los demás.

RD: A propósito, los médicos no sólo dijeron a Erickson que nunca volvería a moverse. Cuando contrajo la polio y estaba en cama, les oyó cómo le decían a su madre que no viviría hasta la mañana siguiente. Pensó que eso era algo terrible para una madre, y sintió que tenía que asegurarse de que el juicio de los médicos no era correcto. Hizo un viaje dentro de su cuerpo para intentar encontrar qué partes podía mover. Lo único que podía mover a voluntad eran sus ojos. Y así, durante varias horas, cuando venía su madre, él intentaba mover los ojos para captar su atención. Cuando lo consiguió, durante varias horas más se esforzó por diseñar un sistema de señales y finalmente consiguió comunicarle que dirigiera su cama hacia la ventana, para poder estar seguro de que vería amanecer al día siguiente. Así, «su alma revivió». Algo en lo profundo de su conciencia estaba despierto, y el viaje continuó.

SG: Éstos son los pasos básicos del viaje del héroe. Éste es el marco que usaremos durante el resto del programa para permitirte descubrir y profundizar en tu propio viaje del héroe. Exploraremos esto experimentalmente. Haremos demostraciones, y sobre todo os pediremos que trabajéis entre vosotros para desarrollar vuestros propios aprendizajes y comprensiones. Así pues, se os pedirá que trabajéis con vosotros mismos y que seáis buenos *coach* para los demás.

RD: Parte del aprendizaje para ser un buen héroe es aprender a ser un buen guardián. Para aquellos de vosotros que sois *coach* y terapeutas, será importante que hagáis esto desde la conciencia de que es el viaje de vuestro cliente, no el vuestro. Veo mucha gente, especialmente en el mundo de la PNL, que dice: «¡Oh, mi cliente está enfrentando un demonio! *Yo soy* el héroe. Voy a matar el demonio de mi cliente con mi estupenda técnica. Detéctalo. Reencuádralo. Ánclalo.» Cuando intentas «rescatar» o «curar» a tu cliente, le estás enviando el mensaje: «Sí, tú eres una víctima. Sigue siendo una víctima. Yo soy el héroe.» O, a otro nivel: «Yo soy un campeón. Necesito una víctima para que mi ego se sienta bien. Estoy haciendo esto para mí, no para ti.» De modo que recuerda esto: cuando eres el *coach*, tú eres el guardián. Tienes tu propio viaje del héroe, pero tu pareja o cliente también tiene el suyo. Tu trabajo no es ser el héroe de su viaje, sino ser un buen guardián y un buen recurso.

De modo que éste es nuestro mapa. El paso siguiente consiste en «llevarlo a la práctica».

EL YO GENERATIVO

RD: Hemos repasado el mapa básico del viaje del héroe, y hemos sugerido que hay ciertos principios y herramientas que pueden ayudar a recorrer el camino. Cuando llegas a un umbral, por ejemplo, cuando llegas a un lugar donde tienes que adentrarte en territorio desconocido, ya no puedes limitarte a confiar en el funcionamiento y en los recursos de la mente común, en la mente cognitiva consciente. La buena noticia es que tampoco tienes que hacerlo. Tienes más de una mente. Y el viaje del héroe es una oportunidad de aprender más cosas sobre tus otras mentes.

SG: De modo que éste es el segundo de los dos grandes marcos de referencia que vamos a explorar. El primer marco de referencia guarda relación con los pasos del viaje del héroe. El segundo guarda relación con el desarrollo de las herramientas y de la conciencia necesarias para realizar este viaje. Un aspecto clave de este segundo marco de referencia recibe el nombre de Yo Generativo. Se basa fundamentalmente en el trabajo que he desarrollado en los últimos treinta años, desde que empecé a ser alumno de Milton Erickson; después he incorporado otros trabajos, como las artes marciales.

La figura 1.1 muestra las premisas básicas del Yo Generativo. Hemos mencionado las tres primeras anteriormente, a saber: (1) el espíritu está despertando (2) a través de un sistema nervioso humano (3) en un viaje del héroe. Ahora pasaremos a ver que el (4) Yo Generativo tiene tres mentes distintas: somática, cognitiva y campo, y (5) cada una de estas mentes puede operar a tres niveles de conciencia diferentes: primitivo (o regresivo), básico y generativo. Para realizar tu viaje del héroe tendrás que sintonizar estas tres mentes con su nivel más elevado, el generativo, de modo que sean posibles la transformación, la creatividad y la curación. Nos centraremos en elevar tu cuerpo, mente y conciencia del campo a sus niveles generativos más elevados para que puedas coronar con éxito tu viaje del héroe.

1. «EL ESPÍRITU ESTÁ DESPERTANDO...
   - El Espíritu tiene un *don* que ofrecer Y una *herida* que sanar.
   - Espíritu es la identidad más profunda.
   - El Espíritu se activa cuando se desestabiliza la identidad habitual (por ejemplo, en el éxtasis o en la agonía).

2. En la CONCIENCIA HUMANA
   - El sistema nervioso humano es el instrumento más avanzado que ha desarrollado la conciencia.
   - Si no aprendes a tocar el instrumento, vas a tener problemas.
   - Tu experiencia es función de tu estado.
   - Conciencia humana en sintonía MÁS espíritu ES IGUAL A Yo Generativo.

3. En un VIAJE DEL HÉROE
   - La vida de cada persona es como un arco que se despliega hacia el mundo a lo largo del tiempo.
   - El viaje tiene muchos ciclos de muerte y renacimiento.
   - En el núcleo del viaje del héroe está el despertar del espíritu.
   - El sufrimiento es una señal de que uno no está alineado con la llamada/el viaje.

4. Utilizando TRES MENTES
   - Somática, cognitiva y campo.
   - La integración de las tres mentes despierta el Yo Generativo.

5. Operando a TRES NIVELES DE CONCIENCIA
   - Primitivo (totalidad primitiva, campo sin autoconciencia)
   - Ego (conciencia de separación, conciencia sin campo)
   - Generativo (totalidad diferenciada conscientemente, partes y totalidad simultáneamente).

Fuente: Stephen Gilligan, *The five premises of the Generative Self* (2004).

Figura 1.1: Aproximación a las cinco premisas básicas del Yo Generativo.

Las tres mentes: somática, cognitiva y campo

SG: La primera es la mente que está dentro del cuerpo. La llamamos mente somática. Ésta es la mente mamífera; la mente primaria de los niños pequeños. Hay todo un patrón de inteligencia y sabiduría en el cuerpo con el que puedes estar sintonizado o no.

RD: Estamos sugiriendo que el cuerpo no es únicamente una máquina controlada por el cerebro dentro de tu cabeza, sino que también hay un cerebro en tu cuerpo. De hecho, en tu cuerpo hay múltiples cerebros.

SG: ¿Quién fue el que dijo: «Dios dio al hombre dos cerebros, pero sólo suficiente oxígeno para alimentar a uno de ellos»? ¿George Bush? *(Risas.)*

RD: Creo que fue John Lennon. *(Risas.)*

Uno de los cerebros corporales recibe el nombre de cerebro entérico o sistema nervioso entérico en el vientre (*entérico* significa «dentro del estómago»). Los neurocientíficos modernos calculan que el sistema de nervios que rodean el intestino grueso y otros órganos digestivos del vientre tiene una sofisticación y una complejidad aproximadamente equivalente a la del cerebro de un gato. De modo que tienes un cerebro de gato en tu vientre. *(Risas.)* Cuando todo va bien, ronronea. Pero si se siente amenazado..., pssst. *(Más risas.)*

También hay una creciente cantidad de investigaciones que ilustran que el corazón no es únicamente una máquina mecánica de bombear sangre. Tiene su propio cerebro (véase Gershon, 2002). Tengo un colega que ha sido un especialista en cirugía general y del aparato digestivo durante más de 25 años. Es miembro del departamento de cirugía de la Facultad de Medicina de la Universidad de Harvard, y también es miembro de la Asociación Americana para el Avance de la Ciencia. En una conferencia reciente habló de un caso de trasplante de corazón. Cuando el receptor del corazón se recuperó de la operación, empezó a exhibir una conducta nada habitual. Empezó a querer tomar alimentos que antes no le gustaban. Sintió que le obsesionaba una música que antes no le gustaba. Se sentía atraído por lugares de los que no recordaba nada conscientemente.[1]

La situación era un gran misterio hasta que investigaron los hábitos del donante del corazón. Descubrieron que aquellos alimentos habían sido los favoritos del donante, y que éste había sido un músico que tocaba la música con la que se había obsesionado el receptor, y que los lugares a los que ahora iba el receptor eran lugares significativos en la vida del donante. Debido a las estrictas normas de confidencialidad, ni el paciente ni los médicos habían tenido acceso previamente a ninguna información sobre el donante o su historia personal. De algún modo esas preferencias se habían transferido a través del corazón del donante.

SG: Cuando hablamos de algunas de estas experiencias esenciales del viaje del héroe —a saber, los dones y las heridas—, es interesante constatar que una de sus principales características es que las experimentas en lo profundo de tu cuerpo. Cuando estás en un lugar de sufrimiento, no es únicamente una experiencia intelectual; empieza a activarse algo en lo hondo de tu cuerpo. Asimismo, cuando sientes lo más profundo de tu don, hay algo profundo en tu cuerpo que se llena y «el cuerpo eléctrico canta». De modo que la primera mente es la mente somática, base de todo lo demás. Y la calidad de tu conciencia depende en gran medida de la calidad de tu mente somática.

La segunda mente es la *cognitiva:* la mente de la cabeza, por así decirlo...

RD: La mente lógica, analítica...

SG: ... la mente que construye mapas, representaciones, secuencias, símbolos, planes, significados y todas esas maravillosas actividades humanas.

La tercera mente es la *mente del campo.* No sólo hay conciencia dentro de ti, también hay conciencia a tu alrededor. Todos vivimos en

---

[1] Véase un relato muy hermoso de los cambios de personalidad que acontecen a los pacientes que han sufrido trasplantes de corazón en el libro de Paul Pearsall, *The Heart's Code* (1998).

campos dinámicos múltiples, coexistentes: historia, familia, cultura, entorno. Por ejemplo, puedes trabajar en el campo de la PNL, o vivir en un opresivo campo de miedo. Tu manera de vincularte relacionalmente con estos campos, y es de esperar que con lo que está más allá de ellos, es uno de los grandes retos de la vida humana.

RD: En la PNL de tercera generación, la noción de campo está más caracterizada por el cuarto perceptual, la posición del «nosotros». Las posiciones perceptuales primera, segunda y tercera (yo, el otro y el observador) guardan relación con las perspectivas individuales significativas en un sistema de interacción humana al que se le podría llamar el «espacio» de interacción. El campo relacional está creado por las relaciones e interacciones que se producen en ese espacio. La cuarta posición incluye y al mismo tiempo trasciende las otras tres perspectivas.

Como ilustración de esta noción de campo, si combinas dos átomos de hidrógeno y un átomo de oxígeno, consigues algo bastante sorprendente. Consigues agua, que no es hidrógeno ni oxígeno. El agua incluye el hidrógeno y el oxígeno, pero los trasciende. Si retiras el hidrógeno, no habrá agua. Si retiras el oxígeno, no hay agua. Pero el agua es algo más que hidrógeno u oxígeno. Es una tercera entidad creada a partir de su relación, o inmanente en ella.

La noción de mente campo queda reflejada en la siguiente cita de Gregory Bateson:

> *La mente individual es inmanente, pero no sólo en el cuerpo. Es inmanente en las rutas y mensajes exteriores al cuerpo; y hay una Mente más grande, de la que la del individuo sólo es un subsistema. Esta Mente mayor es comparable a Dios, y tal vez sea esta Mente a lo que la gente se refiere con la palabra «Dios», pero sigue siendo inmanente en el sistema social total interconectado y en la ecología planetaria.*
>
> *(Pasos hacia una ecología de la mente, 1972)*

La «mente mayor» de Bateson es un ejemplo de aquello a lo que me refiero cuando hablo de la «mente campo».

SG: De modo que un punto importante de lo anterior es que, para realizar el viaje del héroe, tienes que estar alineado y conectado con cada una de estas tres mentes. Aquellos de vosotros que fuisteis criados en un entorno católico os sentiréis encantados al descubrir que tal vez tengáis la primera aplicación práctica para el signo de la cruz..., porque las tres mentes están... *(Se toca la frente, el corazón, y después abre los brazos hacia fuera.) (Risas.)*

RD: El padre es la mente cognitiva. *(Se toca la frente.)*

SG: Jesús...

RD: ... el hijo es la mente somática. *(Se toca el corazón.)*

SG: Y el Espíritu Santo... *(Abre los brazos hacia fuera.)*

RD: ... es la mente campo.

SG: De modo que hemos estado buscando alguna aplicación práctica al catolicismo de nuestra infancia; y presentaremos esto como el misterio de la trinidad. *(Risas.)*

Tres niveles de conciencia: primitivo, ego y generativo

RD: Ahora, para entender los aspectos generativos de cada una de estas mentes, existen ciertos principios que nos permiten entrar en contacto con los recursos generativos de cada una de ellas.

SG: Cada mente puede funcionar a distintos niveles. Puede parecer un poco complicado al principio, pero creo que pronto quedará claro. El nivel habitual, lo que llamamos el *nivel del ego*, es la mente «común», la mente dentro de la caja. Así que cuando tu mente somática opera desde el nivel básico de conciencia, cuando simplemente vas haciendo las cosas cotidianas, el cuerpo se suele considerar como un «ello». O puedes considerarlo un animal que tiene que ser llevado de aquí para allá a lo largo del día. Lo cargas de cafeína por la mañana y corres al trabajo, impulsando tu cuerpo a lo largo de un día ajetreado. Después, por la noche, vuelves a casa, le das comida, y tal vez alcohol, y te «relajas». Desconectas, te vas a dormir, vuelves a levantarte por la mañana y repites la misma rutina.

En el nivel ego de la mente somática no experimentas la magia en tu cuerpo. No estás experimentando los misterios creativos del cuerpo. No sientes sus conexiones con la sabiduría ancestral, con el conocimiento intuitivo, con la valentía y la ternura. De modo que si afrontas un reto en el viaje del héroe, vas a tener que elevar tu conciencia corporal a un nivel superior.

RD: Lo que llamamos el *estado generativo*.

SG: Los individuos que ofrecen un rendimiento excelente —artistas, atletas, líderes empresariales, sanadores— saben cambiar a un estado superior de conciencia corporal. Saben que para hacer algo generativo, primero tienen que llevar su mente somática al nivel más elevado de conciencia. Estos sujetos practican intensamente para alcanzar y mantener estos estados de la mente somática generativa. Y enseñarte a hacerlo es una de las metas principales de este trabajo, para que puedas tener éxito cuanto afrontes los grandes retos y llamadas de tu vida.

RD: Estos niveles son análogos a las marchas de un automóvil. Tienes que cambiar de marcha para poder abordar las situaciones y retos que te encuentras a lo largo del camino.

SG: Paradójicamente, lo que le suele ocurrir a la mayoría de la gente es que, cuando se encuentran con un reto, reducen a una marcha inferior, no al nivel superior necesario para afrontar ese reto. Esto es lo que convierte el reto en un punto muerto; ante el reto, la conciencia de la persona se degrada hasta un estado primitivo en el que no son posibles nuevas respuestas o aprendizajes.

Por ejemplo, cuando la tragedia del 11-S sacudió a Estados Unidos, el marco de identidad habitual de la psique americana se resquebrajó. Recuerdo haberlo visto por televisión, y hubo una voz dentro de mí que me dijo: «Ahora todas las antiguas distinciones han desaparecido. Todos los antiguos métodos se han ido.» Y pensé —mirando atrás tal vez con excesivo optimismo—: «Ésta es una magnífica oportunidad para todos nosotros de unirnos a un nivel superior.» Y teníamos muchos «guardianes», mucho apoyo para hacer eso, para aprovechar esa magnífica ocasión de crecer en conciencia. Me resulta muy triste comprobar lo que realmente ha ocurrido: en mi opinión, Estados Unidos se desvió mucho de su camino en su respuesta al reto.

RD: De modo que también puede haber un proceso de degeneración. Podríamos pensar en él como una regresión a un estado de conciencia *más primitivo*.

SG: Cuando ya no hay una manera inteligente de responder, vuelves a un estado pre-ego más básico y primordial: más energía emocional, menos linealidad, imágenes más intensas. Volvemos a la sopa primordial de la conciencia. Estamos sugiriendo que esto ocurre cada vez que pierdes la identidad como consecuencia de un trauma, de una pérdida o de un fracaso. Fracasas en el mundo de los negocios y el orden normal se deshace. Tienes una crisis en una relación personal y tu orden normal se deshace. Pero también puede ser un proceso voluntario, positivo. Te enamoras y reconectas con el océano del ser. Saltas de un avión (es de esperar que con paracaídas), sales una noche a bailar extáticamente, te pasas toda la noche riéndote con tus amigos. Todas estas actividades te sacan deliberadamente del marco de la conciencia de tu ego y te devuelven al oleaje fluido de la mente original.

Y queremos resaltar que esto no es malo, porque te introduce profundamente en la conciencia primitiva. Necesitas perder tu mente periódicamente y regresar al nivel primitivo para regenerarte y recrear tu presencia en el mundo. El cambio del ego a lo primitivo, tanto si ocurre en condiciones positivas como negativas, te devuelve a las raíces de la conciencia, desde las que se puede generar nueva vida. Necesitas la conciencia primitiva para recrear tu identidad y para generar algo que esté más allá de donde has estado anteriormente.

Cuando caes al nivel primitivo, la gran pregunta es si te quedarás atascado allí o si podrás mantenerte conectado con los recursos de la conciencia primitiva, mientras que al mismo tiempo añades los importantes recursos del nivel generativo. En otras palabras, ¿qué puedes hacer para soltar las limitaciones del ego, dejarte caer en las aguas creativas de lo primitivo y después avanzar hacia el nivel transformador de la mente generativa?

Principios para crear un Yo Generativo

SG: Una manera de hacer esto es centrarse en los principios generativos de cada una de las tres mentes. Para pasar a un nivel somático generativo, el principio general es: *alinéate y céntrate*. Para pasar a un nivel generativo cognitivo, el principio es: *acepta y transforma*. Para pasar a un nivel generativo de campo el principio es: *ábrete más allá (del problema)*, y *después ábrete más allá de eso*.

RD: En otras palabras, sal de la vieja cajita a todo un nuevo mundo de posibilidades.

SG: Esperamos que para el final de este programa tengáis una comprensión razonablemente buena de estos principios, y algún conocimiento de cómo ponerlos en práctica. Para empezar, nos enfocaremos en el nivel somático generativo y en cómo el centramiento cuerpo-mente puede llevarte allí. El centramiento es una práctica en la que unificas y alineas tu estado somático. Es un proceso en el que tomas tu atención consciente, la dejas entrar en tu cuerpo y después te abres al mundo a través de tu cuerpo. Al hacerlo, llevas toda tu encarnación a un campo unificado en el que emergen muchas propiedades generativas.

RD: Cuando perdemos nuestro centro y nos descentramos se produce una especie de caos, de confusión o de inseguridad que te hace mucho más susceptible a las influencias externas. Cuando estás centrado, el canal está abierto y es fuerte; te sientes en paz y confiado, y tienes muchos recursos a tu disposición.

SG: Cuando te centras, tu mente preocupada se asienta. Tu conciencia es capaz de abrirse. Disfrutas de calma y claridad; eres capaz de estar en reposo incluso cuando estás pensando, y de responder a retos difíciles.

RD: Otra cualidad común del estado centrado es la *presencia*. Toda tu conciencia disfruta de una presencia plena que es justo lo opuesto de lo que los budistas llaman la conciencia agitada y nublada de la «mente simiesca», que va saltando de árbol en árbol, de rama en rama, de preocupación en preocupación.

SG: En tu viaje del héroe, en muchas ocasiones perderás tu capacidad habitual de comprender las cosas y de actuar confiadamente. Tu ego-intelecto no tiene la capacidad de generar nueva conciencia, por lo que se derrumbará al afrontar los retos que te exige ser generativo. Perderás la cabeza de manera regular; ¿no suena eso maravilloso? *(Risas.)*

En serio, el centramiento es lo que te permitirá soltar la necesidad de que tu ego-intelecto lo controle y lo explique todo. El centramiento te permite experimentar estabilidad, sintonía; te permite sentir de manera inteligente y te da la capacidad de responder intuitivamente para poder rendir a un gran nivel en circunstancias difíciles.

RD: Y una vez centrado, tu siguiente desafío será la transformación de tu mente cognitiva. Hacer que tu mente, en lugar de tener que dominar o controlar las cosas, sea capaz de fluir en las relaciones, como un maestro de aikido, de modo que pueda surgir la transformación y puedan emerger nuevas posibilidades. El principio operativo del nivel cognitivo generativo recibe el nombre de *patrocinio*, término acuñado por Stephen en su trabajo para describir «el proceso de despertar la conciencia de la bondad y de los dones de cada persona en el mundo, y de las conexiones entre las personas». Un ejemplo puede ser el de la comunidad de mujeres de Togo cantando al bebé recién llegado. El patrocinio es lo que te despierta o te recuerda quién eres.

SG: Siguiendo con nuestra exploración del proceso de centramiento nos enfocaremos en las habilidades de patrocinio.

RD: Veremos que, mediante el patrocinio, la mente cognitiva generativa se convierte en una especie de campo creativo, no en una posición determinada dentro de ese campo. Por eso le damos el nombre de «mente de mentes». Funciona como un campo o como un contenedor, algo que contiene creativamente todos sus contenidos con vitalidad, energía y una curiosidad creativa que permite que empiecen a surgir nuevas conexiones dentro de ese campo.

SG: Milton Erickson es uno de nuestro grandes modelos de patrocinio, de cómo aceptar lo que está ahí de una manera que permite el emerger de nuevas experiencias. Durante la primera mitad de su carrera, Erickson trabajó en un hospital psiquiátrico con gente que estaba «loca». Un tipo del manicomio decía que él era Jesucristo. Ahora bien, esto no suele ser un problema; siempre hay un Jesucristo en cada hospital psiquiátrico. *(Risas.)* En cualquier caso, toda terapia con «Jesús» había consistido básicamente en convencerle de que él no era Jesús. Por supuesto, «Jesús» respondía bendiciendo a los psiquiatras, y acababa diciéndoles: «Ve en paz, hijo mío.»

A Erickson le gustó «Jesús» inmediatamente, y reflexionó sobre cómo aceptar creativamente y patrocinar su despertar. Caminó hasta «Jesús», se presentó y le dijo:

—Entiendo que eres Jesús.

—Correcto, soy Jesús —dijo el hombre.

—Y eres carpintero, ¿correcto? —replicó Erickson.

—Por supuesto, todo el mundo sabe que soy carpintero —respondió Jesús.

—Y te gusta mucho ayudar a los demás —continuó Erickson.

—Por eso estoy aquí —confirmó Jesús.

—Bien —dijo Erickson—, hay un proyecto de construcción en el ala contigua de este hospital y les faltan algunos carpinteros. Me preguntaba si no te importaría ir allí cada día y ayudarles en el proyecto de construcción.

Jesús accedió grácilmente y a lo largo de las semanas siguientes salía cada día de su ala del hospital y trabajaba de carpintero. Gradualmente fue conectando con los otros trabajadores de la obra, y empezó a funcionar menos como un paciente psiquiátrico y más como un ciudadano trabajador del mundo. Ésta fue la base de la terapia que Erickson realizó con él, y es un ejemplo muy hermoso de cómo utilizó la mente cognitiva generativa para entrar en contacto con la situación creada, abriéndola a nuevas posibilidades.

RD: De modo que el principio del patrocinio guarda relación con recibir y aceptar lo que está ahí, pero conteniéndolo dentro de un marco mayor. El patrocinio tiene que ver con contener lo que ya está presente de una manera que permita que surjan nuevas posibilidades.

SG: Y conlleva esta idea de que dentro de cada experiencia y de cada persona hay dones y semillas de bondad. Es un proceso de «cambio a través del no-cambio»; es decir, se trata de dejar de intentar cambiar algo y limitarse a recibirlo con curiosidad y habilidad, conteniéndolo de un modo que le permita un mayor desarrollo, desarrollar nuevas pautas.

RD: Vamos a descubrir que a menudo es muy fácil patrocinar el don: darle espacio, permitir que crezca. El mayor reto consiste en patrocinar la herida, el «demonio» o la sombra. No queremos patrocinarla; queremos librarnos de ella, queremos curarla, queremos controlarla, queremos luchar contra ella. Pero la verdadera curación y transformación vienen de ser capaces de patrocinar la herida, de patrocinar el demonio, de patrocinar la sombra. Éste es un tipo de habilidad que exploraremos detenidamente en la segunda parte de este programa.

SG: La tercera parte de este trabajo examina cómo abrir campos de conciencia generativos. Esto guarda especial relación con soltar la sujeción hipnótica que produce la atención focalizada en un problema o persona y abrirse a un campo de conciencia más amplio en torno a esa pauta o persona, de modo que tengas a tu disposición una conciencia expandida y más recursos. Veremos que podemos hacer esto a distintos niveles para sintonizarnos con campos más amplios de inteligencia, de modo que uno no vaya caminando por el mundo como un ego-intelecto aislado y desencarnado, sino más bien como una presencia humana encarnada y centrada, profundamente conectada con un campo de conciencia generativo.

En el trabajo con cada una de estas tres mentes —somática, cognitiva y campo—, la idea básica es que tú eres tan bueno como lo sea tu estado de conciencia. Si estás en un estado somático de bajo nivel, no podrás afrontar con éxito los retos de tu viaje. Si tus pautas cognitivas son rígidas y controladoras, fracasarás en las tareas de transformación. Si no estás conectado con campos de recursos más amplios, no llegarás muy lejos.

DESARROLLAR LA CONCIENCIA SOMÁTICA GENERATIVA

SG: De modo que estamos diciendo que tu estado determinará tu experiencia, el significado que le asignes, la capacidad que tengas de responder a ella y tu calidad de vida en general. ¡Eso es mucho! La buena nueva es que eres *tú* quien tiene el principal control sobre tu estado, siempre que desees tenerlo. Y lo que estamos haciendo aquí es explorar cómo puedes elevar tu estado a un nivel superior para poder tener éxito en tu camino de vida.

RD: En PNL nos gusta decir: «Todo comienza con el estado.» Y el modelo de Stephen del Yo Generativo habla de sintonizarse con distintos aspectos de ese estado y aprender cómo llevar cada uno de ellos a sus niveles más elevados.

Ejercicio: conectar con tu centro

SG: El primer punto es: ¿cómo puedes desarrollar y utilizar un estado somático generativo? Para explorar esto nos gustaría introducir algunos ejercicios relacionados con el centramiento.

RD: Éste es un ejercicio para centrarte. Y hay una razón por la que hacemos este ejercicio en primer lugar. Sugerimos que centrarte es la primera y fundamental habilidad que necesitas para tu viaje del héroe. Y volveremos a esto una y otra vez a lo largo del curso: la práctica y la disciplina de caer en tu centro.

SG: Después os propondremos hacer un segundo ejercicio con un compañero, en el que tendréis que usar vuestra conexión con el centro para empezar a explorar vuestra llamada.

RD: De modo que lo que estamos diciendo es: la llamada viene de tu centro. Probablemente todos hemos tenido la experiencia de que cuando ocurre algo difícil o extraordinario, nuestro centro se activa. Sabes que está pasando algo porque empiezas a sentir esa energía, esa actividad en tu centro. Si no estás alienado con tu centro, la energía que se mueve en él puede resultarte atemorizante o abrumadora. Puedes perderte en esa energía, esa energía puede adueñarse de la situación de manera negativa. Pero si estás asentado en tu centro, la energía que venga a través de ti puede ser patrocinada de manera positiva y creativa.

(NOTA. *Ahora empezamos a realizar un proceso de centramiento grupal. Durante esta y otras experiencias grupales solemos cambiar a un tono más suave y lento en nuestras comunicaciones, a un estilo más hipnótico, animando y apoyando así a los participantes a pasar de su ego-intelecto a su conciencia experimental. En estas ocasiones usamos los puntos suspensivos para indicar dónde se hace una pausa de varios segundos o más entre palabras (para permitir una profundización de la experiencia) y ponemos determinadas palabras en cursiva (ciertas palabra o frases vienen marcadas por un tono diferente para darles énfasis.)*

SG: Para comenzar el ejercicio, siéntate en una postura cómoda. Empieza a asentarte y relajarte...

RD: ... y apoya los pies en el suelo para sentirlos enraizados en la tierra.

SG: Otra palabra para centrar es *equilibrar*. Al centrarnos, nos sintonizamos con el punto de equilibrio en cada dimensión de nuestra conciencia. De modo que no estás demasiado lejos hacia fuera (abre los brazos hacia fuera) ni estás demasiado lejos hacia dentro (se encorva hacia dentro), sino que encuentras un punto de equilibrio donde puedes estar dentro y fuera al mismo tiempo. Mientras que el centramiento requiere relajación, no es únicamente relajación —como mirar la tele o beber cerveza en los bares—, es relajación más atención, que es lo que aprenden a usar los artistas y atletas. Se trata de estar relajado *y* consciente, ambas cosas al mismo tiempo.

RD: Vas a centrarte y mantenerte consciente, sin desconectarte. Un buen punto de partida es sentir que tu atención desciende. Entra en el cuerpo y lo atraviesa. Empieza a sentir las plantas de los pies. Hay todo un universo de sensaciones en las plantas de tus pies que está siempre allí, pero del que no siempre eres consciente.

SG: De modo que tómate unos momentos para empezar este proceso. Puedes hacerlo con los ojos abiertos o cerrados. Experimenta. Éste es tu propio proceso de aprendizaje desde dentro.

RD: Y recuerda, lo que estamos diciendo fundamentalmente es que entrar dentro no es como irse a dormir. De hecho, es lo opuesto: estás despertando más y más; conectando y despertando.

SG: Asentándote dentro... y relajándote.

RD: El paso siguiente es *respirar*.

SG: Al empezar a centrarte... cambias del pensamiento a la respiración.

RD: Tu respiración siempre está en el presente. Cuando conectas con tu respiración, estás en el presente.

SG: Y al asentarte en la respiración, también podrías empezar a sentir el alineamiento de tu columna. Siente tu columna suave... y luminosa.

RD: En un estado centrado no estás inclinado hacia delante. Puedes imaginar un hilo de luz en la coronilla que tira suavemente de ti hacia arriba, elevando tu coronilla hacia el cielo.

SG: A nosotros, los seres humanos, nos ha costado mucho ponernos verticales. Aprovechémoslo.

RD: Otra manera de ayudar a estirar tu columna es elevar y abrir ligeramente el pecho.

SG: Puedes tomarte unos momentos para respirar arriba y abajo... dentro de tu columna... De modo que tu conciencia empiece a trasladarse de la tensión muscular a esta simple sensación sutil y energética de tu columna.

RD: Y recuerda: al seguir nuestras palabras no te vayas, no entres en la ensoñación. Quédate aquí.

SG: Al mismo tiempo, nuestras palabras pueden quedarse en el trasfondo... Lo que emerge en primer plano... sólo es esta agradable sensación de respirar... *subiendo y bajando por la columna.*

RD: Es como si tu respiración pudiera elevar la energía desde la tierra a través de las plantas de tus pies y ascender a través de la columna hasta el cuello.

SG: Mientras respiras arriba... y abajo... por el interior de tu columna... podrías incluir una especie de autobendición muy simple..., una simple sugerencia para ti mismo... Tal vez sea una palabra como *autocuidado...* o... *autoamor..., autoaceptación...* Algo que puedas usar para empezar a darte una autobendición o autoafirmación por medio de tu conciencia espinal.

RD: Tal vez sea una simple palabra como: *abrirme...* o... *despertar.*

SG: Y mientras te permites sintonizar con tu respiración..., con tu conciencia espinal..., con la energía que sube y que baja dentro del tubo de la columna..., y empiezas a dejar circular esta pequeña autosugestión por la columna..., puedes ir añadiendo algunas sugestiones más para profundizar ese estado... La primera es: *Nada que hacer* en el cuerpo excepto relajarme... Nada que hacer en el cuerpo excepto relajarme... Nada que hacer en el cuerpo excepto relajarme... Sueltas toda la tensión a medida que te vas abriendo más profundamente dentro de esa conciencia centrada.

RD: Y a medida que lo haces, podrías seguir sintiendo ese hilo... elevándote por medio de tu chakra coronario..., elevando suavemente tu columna y cabeza..., sintiendo profundamente tu canal, abriéndose, abriéndose...

SG: Y para ayudarte más, puedes añadir otra sugestión simple a la mezcla: *Nada a lo que la mente se pueda agarrar... Nada a lo que la mente se pueda agarrar... Nada a lo que la mente se pueda agarrar...* Así está bien..., así está bien... Respirar..., eso está bien..., eso está bien... *Sintonía espinal...*; eso está bien..., eso está bien... *Nada que hacer con el cuerpo excepto relajarse...* Así está bien..., así está bien... *Nada a lo que la mente se pueda agarrar...*; eso está muy bien..., eso está muy bien...

RD: Respirando...

SG: Dejando ir todos los pensamientos, dejando ir todas las creencias...

RD: ... y respirando...

SG: ... entrando en la mente de la no-mente..., la mente sin contenidos... Nada que hacer..., excepto relajarse...; nada a lo que apegarse...

RD: ... y respirar.

SG: Y desde ese lugar del alineamiento centrado..., no-mente..., es maravilloso descubrir que puedes recibir experiencias desde más allá de tu mente consciente...

RD: ... una apertura a una mente mayor...

SG: ... y una de las experiencias que puedes recibir de la mente superconsciente... es la experiencia de un profundo bienestar y centramiento que tuviste en el pasado.

RD: Vas recordando esas experiencias positivas y trascendentes en las que tu canal estaba *abierto*..., tu centro estaba *conectado con algo más profundo*.

SG: Deja que la mente superconsciente vuelva a traer los suaves ríos... de la respiración..., esas ocasiones de tu vida... en las que te sentiste profundamente... profundamente completo... y en paz.

RD: Cuando fuiste capaz de *sentir esa vitalidad...* y de *sentir esa fuerza de vida... fluyendo* plenamente a través de ti..., un estado de *excelencia sin esfuerzo*.

SG: Y a medida que *recibes esas experiencias..., respíralas* hacia el momento presente..., concentra toda tu atención... en *respirarlas* hacia el momento presente, hacia tu cuerpo.

RD: Y al hacerlo..., *date cuenta...* ¿En dónde se enfoca tu atención durante estas experiencias... *dentro de tu cuerpo*? ¿Dónde está tu centro *en tu cuerpo... cuando estás en estas experiencias de bienestar*?

SG: Si caminaras por el mundo con esta sensación de bienestar..., *¿dónde estaría tu centro?*

RD: Y a medida que sientes... dónde está tu centro en el cuerpo..., puedes tomar tus manos... y empezar a ponerlas sobre tu cuerpo allí donde tú... *sientas que tu centro está más enfocado en este momento*.

SG: Si tuvieras que hablar de este estado de bienestar..., *¿dónde estaría el centro* de tu discurso?

RD: Asegúrate de que dicho centro esté en algún lugar por debajo del cuello... y por encima de las piernas..., en el cuerpo. Encuentra este centro en tu cuerpo.

SG: Date cuenta de cómo puedes... *tocar tu centro...* del mismo modo que *tocarías a alguien a quien ames profundamente...*, de modo que la cualidad del toque... sea capaz de *despertar el centro...* y de *despertarte a ti* también... Encuentra esa manera de conectar con tu centro... que permite a tu conciencia..., a tu espíritu..., a tu conciencia más profunda... *hacerse una con él.*

RD: También puedes encontrar momentos de dificultad en tu vida... en los que fuiste capaz de *mantenerte centrado..., de mantenerte profundamente conectado* contigo mismo... sabiendo que pase lo que pase, fuera, en ti, a tu alrededor..., siempre te *mantendrías conectado con tu centro.*

SG: Y a medida que sientes... y exploras..., esa cualidad de simple... *conexión profunda* con tu centro... es una gran cosa que apreciar...; *ésa es tu base*. Tú puedes abandonarla, pero ella nunca puede abandonarte... Siempre está allí... Y que cuando *sientes desde esa base*..., cuando *hablas desde esa base*..., cuando *piensas desde esa base*..., empiezan a *ocurrir cosas buenas en tu vida*. De modo que es posible que quieras tener la sensación... antes de que empecemos a concluir este experimento... ¿Hay algún voto, algún compromiso que quieras hacer?

RD: Y ésa será tu ancla con este estado..., tu símbolo..., que te permitirá volver a este lugar... cada vez con más facilidad..., haciendo de él la línea base de tu vida.

SG: Sabiendo que cuando quieras, puedes tocar ese lugar..., sentir esa ancla..., permitirte saber: *ahora vuelvo a mi centro. Vuelvo a casa, a mí mismo..., vuelvo a conectar con mi fuente*... Y como dijo el gran poeta irlandés Yeats: «Cuando estoy en casa conmigo mismo, todo lo que hago acaba siendo como un poema de amor»... *Larga vida al viaje del héroe... Larga vida al viaje del héroe... ¡Larga vida al viaje del héroe!*

RD: *(Su voz se hace paulatinamente menos hipnótica; empieza a reorientar no-verbalmente su atención hacia la sala.)* Ahora tómate un momento para respirar profundamente hacia tu centro. Permite que tu respiración lleve la energía hacia el centro..., que anime el centro, que lo vivifique más y más..., y al hacerlo, déjate volver a este mundo. Pero, a medida que tu atención empiece a reorientarse hacia fuera, mantén tu conciencia sintonizada con el centro.

A menudo renunciamos fácilmente a nuestro centro en cuanto abrimos los ojos o cambiamos nuestro estado de conciencia. Por lo tanto, mantén tu primera atención en ese centro mientras miras a la habitación y empiezas a mover el cuerpo. De modo que no estás soltando ni abandonando tu centro: estás mirando hacia el mundo y vinculándote con el mundo desde tu centro. ¡Bienvenido!

Esperamos que hayas tenido una buena experiencia. Tómate un momento y reflexiona sobre lo ocurrido. ¿Soltar te ha resultado fácil o difícil? ¿Cuál ha sido tu bendición o autosugestión? ¿Cómo ha funcionado para ti? ¿Cómo ha sido el encuentro y la conexión con tu centro? Si has usado un símbolo, ¿cuál ha sido?

SG: Hay muchas cosas que podríamos decir sobre la importancia de centrarse. Hemos hablado de ello como base, como un canal para que el espíritu despierte en el mundo. Hemos hablado de ello como un punto de integración, donde todas las partes de la conciencia cuerpo-mente pueden unificarse. En las artes marciales, a éste se le llama el «punto uno». Cuando un artista marcial afronta múltiples ataques violentos, se le entrena para que permanezca en sintonía con su centro, de modo que su mente se mantenga en calma y consciente, y el cuerpo se organice para dar la respuesta óptima.

En este sentido, estamos hablando sobre el centramiento como un proceso de la atención: ¿dónde y cómo prestas atención? Y estamos hablando especialmente de lo que podríamos denominar la «primera atención». ¿Dónde está tu primer punto de enfoque, el enfoque básico de tu atención? Tienes este preciso don de la atención y puedes enfocarla en cualquier parte, en cualquier cosa.

Yo puedo ponerla fuera de mí, en otra persona, como en Robert, que está aquí, pero entonces él se convertirá en mi poder superior. Me remitiré a Robert para todas las cosas y desconectaré de mi propia presencia. Podría ponerla en mi diálogo interno, y entonces mi atención se vería atrapada en mis palabras. Podría ponerla en alguna imagen o recuerdo: «Esto es lo que ocurrió anteriormente; esto es lo que va a ocurrir constantemente.»

Todo esto son distintas posibilidades, y representan maneras en las que la gente satisface esta importante necesidad de estabilizar su conciencia, fijándola (es de esperar) en algún contenido que no cambie. Pero cada uno de estos contenidos fijos tiene costes significativos: te encierran en una conexión estática, alejada de tu centro y encerrada en una representación inmóvil. Psicológicamente, a esto se le llama *fundamentalismo*, la adhesión rígida a un texto estático, y nosotros lo consideramos el gran oponente de la conciencia generativa.

Por supuesto, la «intención positiva» de estos fundamentalismos es estabilizar la conciencia. No obstante, estamos sugiriendo que el centramiento es una respuesta a esta necesidad de un nivel superior. Como el centro está libre de contenidos, puedes estabilizar tu conciencia a su alrededor, y sin embargo estar totalmente abierto a las pautas y energías siempre cambiantes del momento. Esta «estabilidad más apertura» es una característica de la conciencia generativa, y una habilidad necesaria para el viaje del héroe.

RD: El profesor Richard Moss mantiene que «el mayor regalo que puedes darte a ti mismo o a otra persona es la calidad de tu atención». Aquellos de vosotros que sois *coach* ya lo sabéis. Estamos sugiriendo que para hacer esto con otros, en primer lugar tenéis que daros esta calidad de atención a vosotros mismos. Richard Moss también señala que «la distancia que hay entre tú y otra persona es la misma distancia que hay entre tú y tú». Así que, una vez más, estamos diciendo: el punto de partida está dentro, y el centramiento es el proceso cuerpo-mente que nos lleva a ese lugar. ¿Quién fue el que dijo: «La respuesta está en tu interior»?

SG: ¿George Bush? *(Risas.)* Alguien. George Bush, Madonna o Robert Dilts, no puedo acordarme. *(Risas.)* Los confundo pasado un rato. *(Ambos se ríen.)* A propósito, queremos resaltar que la risa es una habilidad esencial para el viaje del héroe; ¡la vida es demasiado seria como para no tener sentido del humor!

Otra cualidad del centramiento es que te conecta con la mente más profunda. Puedes darle muchos nombres: inconsciente creativo, superconsciente, inteligencia arquetípica, campo. Y a través de tu centro te llega la llamada, surge ese espíritu intentando despertar en el mundo.

RD: Piensa en tu centro como tu manera de acceder a la mente profunda. Según la PNL, los movimientos oculares son claves de acceso a la información cognitiva; son rutas que usa tu mente cognitiva para pensar. Asimismo, tu centro es la clave de acceso a eso que es más profundo que tu mente cognitiva.

SG: Y cuando estás en el viaje del héroe, ese acceso es crucial y necesario. Necesitas conectar contigo mismo más allá de tu mente pensante.

RD: Creemos, pues, que lo primero que deberías decirte a ti mismo cuando estás en una situación complicada es: relájate, serénate, céntrate, ábrete al mundo a través de tu centro. Esto conecta tu mente cognitiva con tu mente somática, permitiéndote un mayor grado de sabiduría.

Ejercicio: hablar y escuchar desde tu centro

SG: Lo que surge de esta unidad cuerpo-mente, de esa integración somático/cognitiva, es un tipo de inteligencia más profunda. Para ver cómo puede relacionarse esta inteligencia profunda con sentir y hablar de tu llamada al viaje del héroe, ahora queremos hacer un segundo ejercicio. Robert y yo haremos la demostración uno con el otro.

(Steve y Robert se sientan en sillas uno frente a otro.)

RD: Vamos a pedirte que empieces por conectar con tu propio centro, y después con tu compañero. Esto te permitirá explorar el principio de que la distancia entre yo y yo mismo determina la distancia entre yo y el otro. Para que yo pueda conectar realmente con Steve, primero tengo que estar conectado conmigo mismo.

SG: De modo que el primer paso de este proceso, y de cada ejercicio que realicemos dentro de este trabajo, es tomarnos tiempo para conectar con nuestro centro. En lugar de hacer algo por nuestro compañero —de intentar enmendarle, impresionarle, seducirle, cuidar de él—, vamos a tomarnos unos momentos en silencio para asentarnos internamente y tranquilizarnos, para encontrar nuestro centro interno. Después vamos a dejar que nuestros ojos se abran muy suavemente para poder conectar con nuestro compañero mientras seguimos conectados con nuestro centro. Para ello, es importante dejar que nuestros ojos se abran principalmente al campo periférico. No se trata de entrar en un concurso con tu compañero para ver quién mira más fijamente, ni de limitar tu atención a ninguna parte de su cuerpo; quieres ver más allá de él, y por tanto has de abrir los ojos a la periferia. En el arte marcial del aikido, a esto le llamamos «ojos suaves». Así es como el aikidoka se orienta visualmente para ser consciente de un campo más extenso, sin concentrarse en nada y siendo capaz de responder creativamente a todo. De modo que no es una conciencia confusa o indiferenciada; muy al contrario. Te estás permitiendo desarrollar una conciencia campo centrada, que, como veremos, es una habilidad crucial para el Yo Generativo.

RD: Mientras miras a tu compañero, trata de suavizar y ampliar tu campo visual para poder ver las esquinas de las paredes que están detrás de él o ella. Experimenta con ello; trata de encontrar ese punto de inflexión donde puedes ser consciente del contenido focal y al mismo tiempo abrirte a un campo de conciencia más amplio. Date cuenta de cómo sintonizas. ¿Puedes suavizar tus ojos para ver más?

SG: Practica este proceso cuando conectes con tu compañero: centrarte, abrirte a tu compañero, abrir tu campo visual más allá de él. Estás tratando de desarrollar un precioso campo de conciencia: conciencia amplia y profunda, sensibilidad a las pautas sutiles dentro de ese campo.

RD: Recuerda: el mayor don que puedo dar a mi compañero es la calidad de mi atención. Por tanto, da tu atención a tu compañero como si fuera un regalo precioso. *(Steve y Robert se toman unos momentos para sintonizar el uno con el otro.)*

SG: A medida que conectamos, empezamos por encontrar nuestro centro y después encontramos una conexión abierta con nuestro compañero. Cuando hayas completado estos dos primeros pasos, indícalo haciendo un gesto con la cabeza, de forma que tu compañero sepa que ya estás preparado para pasar a lo siguiente.

Entonces uno de vosotros va a ser la persona A y el otro será la persona B. En esta demostración, Robert será la persona B y yo seré la persona A.

Prestando atención principalmente a mantenerte conectado no verbalmente contigo mismo y con tu compañero, la persona A va a realizar una declaración simple: «Mi llamada más profunda es _____.» O «Mi llamada más profunda guarda relación con _____.» En cuanto al contenido, puede ser una palabra o frase, o un movimiento corporal, o una imagen simbólica que te venga. Expresa cualquier cosa que te venga cuando hagas la declaración.

Así, por ejemplo... *(sintoniza con Robert)*, Robert, mi llamada más profunda guarda relación con..., y después espero a que la respuesta surja de mi centro. No desde aquí *(se señala la cabeza)*, sino desde aquí *(se señala el centro del vientre)*. *Robert, mi llamada más profunda guarda relación con... curar la violencia.*

RD: Como persona B, estoy dando toda mi atención a Steve. Estoy permitiendo que lo que comparte me toque profundamente. Quiero dejarme tocar y despertar por su llamada, con el fin de poder beberla y reflejársela de vuelta. Cuando resueno somáticamente con su declaración, yo, como receptor, respondo diciendo: *Stephen, lo entiendo; siento verdaderamente que tu llamada más profunda es curar la violencia.*

SG: *(Toma una pausa para inspirar.)* Y la persona A se limita a recibir esto como una especie de bendición. Inspíralo, deja que te lleve de modo más profundo.

Esto es una parte. Después la persona B hace su declaración.

RD: Hago mi declaración permitiendo que salga de mi centro. Podría decir *(Robert toma una pausa y sintoniza con Steve): Steve, mi llamada más profunda es... continuar abriéndome sin miedo al misterio que vivo.*

SG: *(Hace una pausa para absorber y sentir la declaración.)* Verdaderamente estoy bebiéndolo..., siento su belleza..., y entonces le devuelvo: *Robert, verdaderamente siento que tu llamada es abrirte a ese misterio. Y te doy todo mi apoyo.*

RD: *(Toma una pausa y respira.)* Y yo lo recibo.

Esto es una ronda. Seguidamente repetimos el proceso durante cuatro o cinco rondas. Hemos descubierto que hacen falta unos minutos para estabilizarse y empezar a hablar y a escuchar desde el propio centro.

En cuanto a la llamada, no es necesario usar palabras. Podrías simplemente hacer un gesto con el cuerpo. Como dijo Isadora Duncan, la famosa bailarina: «Si pudiera decirlo, no tendría que bailarlo.»

SG: De modo que podrías descubrir que lo que sale del centro es un movimiento. *(Steve y Robert hacen lentamente distintos gestos: abren los brazos, se tocan el corazón con la mano, apuntan al futuro con el dedo..., por poner algunos ejemplos.)*

RD: También podría ser una imagen, un símbolo cuyo significado podría ser desconocido para tu mente cognitiva, simplemente un símbolo que te viene. Mi llamada es... un rayo caído del cielo, un grupo de personas cantando, o el color púrpura. Todo esto podrían ser símbolos o metáforas que surjan cuando abras ese espacio para expresar la llamada desde tu centro.

SG: Estamos tratando de respirar una conexión que contenga todo eso. Recuerda: *tienes que ir despacio.* Esto no es el programa de Oprah Winfrey; no estás intentando impresionar a tu compañero con tu personalidad. Estás tratando de sentir una conexión más profunda con tu centro y con tu llamada. Deja que surja desde un lugar más profundo.

Ahora vamos a demostrar todo el proceso una vez más para darte una sensación completa. De modo que nos tomaremos unos momentos para asentarnos y serenarnos.

RD: Comienza este proceso sintiendo la respiración en la columna, estando presente en tu cuerpo, conectando contigo mismo en tu centro. *(Momentos de silencio en los que tanto Robert como Steve cierran los ojos y se centran.)*

SG: Y cuando sientas esa conexión con tu propio centro, puedes dejar que tu atención se abra suavemente al campo que incluye a tu compañero. *(Steve y Robert conectan uno con otro en silencio durante unos momentos; entonces cada uno de ellos hace un gesto con la cabeza para indicar que está preparado.)*

Robert, mi llamada más profunda guarda relación con... curar las heridas.

RD: *Stephen, veo... y respeto... que tu llamada más profunda guarda relación con curar las heridas.*

Stephen, mi llamada más profunda guarda relación con... (Robert abre los brazos lentamente hacia el campo.)

SG: *Sí, Robert, verdaderamente siento que tu llamada más profunda guarda relación con (repite el movimiento de Robert)... y te envío mucho apoyo para realizar esa llamada.*

Robert, mi llamada más profunda guarda relación con... (Se toca el corazón con las manos y después las abre al mundo.)

RD: *Stephen, verdaderamente, verdaderamente siento..., puedo sentir..., que tu llamada más profunda guarda relación con... (hace el gesto de Stephen)... y apoyo eso con todo mi ser.*

Stephen, mi llamada más profunda guarda relación... con ver la luz en todo..., incluso ver la oscuridad como luz.

SG: *Veo verdaderamente, Robert, esta llamada tan profunda..., verlo todo, incluyendo la oscuridad... como... parte de la luz..., y te envío mucho apoyo. Mucho apoyo.*

(Stephen y Robert, ahora profundamente sintonizados, se toman unos momentos para compartir ese espacio en silencio antes de volverse hacia el grupo.)

RD: *(Con una sonrisa traviesa.)* Y así, Stephen y Robert se volvieron hacia la multitud y dijeron: «¡Adelante!, compartid vuestra llamada más profunda.» *(Risas.)*

Esperamos que con nuestra demostración hayáis podido sentir que la clave aquí —cuando eres *coach*, terapeuta, consultor, amigo— está en la calidad de escucha que ofreces para permitir que alguien toque esos lugares profundos dentro de sí mismo. Y quiero sugerir que puedes dar esa calidad de atención en cualquier momento, a cualquiera, en cualquier lugar. Por ejemplo, cuando vas sentado en un avión, o esperas en la cola del banco, o cuando estás en una fiesta asfixiante. Yo lo he hecho, y es milagroso lo que ocurre cuando das esa atención a alguien, cuando escuchas desde ese lugar de centramiento. Las personas se descubren compartiendo cosas muy profundas y personales contigo sin siquiera saber por qué. Éste es uno de los grandes aprendizajes de este ejercicio.

La otra parte consiste en conectar verdaderamente con tu llamada ofreciendo la misma calidad de atención a la escucha de tu yo interno. ¿Cuál es tu llamada? ¿Cómo puedes sentirla, expresarla, realizarla?

SG: Sugerimos que practiques este ejercicio con alguien hacia quien te sientas profundamente atraído inconscientemente. *(Risas.)*

RD: Y si no puedes encontrar a alguien por quien te sientas profundamente atraído inconscientemente, encuentra a alguien a quien rechaces inconscientemente. *(Risas.)*

SG: Y para mantener vivo el misterio de la vida, ¡no le digas por qué le has elegido! *(Risas.)* De acuerdo, ve hasta donde ningún hombre o mujer ha llegado antes. ¡Y que la Fuerza te acompañe!

JUNTAR LAS TRES MENTES PARA APOYAR LA LLAMADA

SG: Queremos continuar construyendo sobre lo que ya hemos explorado en la sección anterior, y en particular nos gustaría empezar abordando la conexión del viaje del héroe con las tres mentes: somática, cognitiva y campo.

RD: En los dos ejercicios anteriores has conectado con tu centro y has explorado tu llamada. Asumimos que te has tomado el tiempo para practicar esto y has descubierto algunas declaraciones que te han tocado. Una vez que sientes la llamada, el paso siguiente consiste en establecer un compromiso de aceptar y avanzar hacia esa llamada.

SG: Campbell habla de esto; le llama cruzar el primer umbral. Vas más allá de todos los miedos del ego y de las autocríticas que te mantienen alejado de tu llamada; entras en el mundo y emprendes el viaje. Ya no estás atrapado en telenovelas, en los interminables juegos de palabras ni en las inseguridades del ego. Estás caminando en el amplio mundo de la conciencia.

Sugerimos que el Yo Generativo es un método que puede ayudarte a dar este paso. Una de las principales cuestiones que estamos explorando aquí es cómo reconocer tu poder y tu potencia. ¿Cómo puedes organizarte para que tus compromisos, tus ideas y acciones marquen la diferencia en el mundo? A esto nos referimos con ser potente.

Cuando practicas el *coaching* o la terapia, los clientes suelen partir de un lugar de impotencia. Y tanto los hombres como las mujeres sufren de este tipo de impotencia. *(Risas.)* En serio, uno de los grandes sufrimientos que expresa la gente viene de sentir: «Lo que digo y lo que hago no marca ninguna diferencia. Lo que digo y lo que hago no está generando los resultados que deseo en mi vida.» De modo que la tarea del viaje del héroe, así como del *coaching* o de la terapia, es pasar del estado de impotencia —lo que hago no marca ninguna diferencia— a un estado de potencia: lo que hago, digo y pienso marca la diferencia.

RD: «¡Sí, tú puedes!», como diría el presidente Obama. *(Risas.)*

SG: El trabajo con el Yo Generativo implica que puedes conseguir esto integrando las tres mentes —somática, cognitiva y campo— para forjar un estado superior de conciencia. Aquí vamos a explorar tres maneras simples de hacerlo: (1) siente tu llamada y establécela como una intención clara y resonante en la mente cognitiva, (2) alinea la llamada con tu centro en la mente somática y (3) lleva tu llamada al mundo abriendo tu centro hacia el campo.

RD: El siguiente ejercicio de alinear las tres mentes, creado por Stephen, es una buena manera de llevar nuestra fuerza de vida y nuestra vitalidad al mundo.

Ejercicio: alinear las tres mentes para responder a tu llamada

1. Anota tu(s) llamada(s). Sé escueto y positivo; no más de cinco palabras además de: «Mi llamada más profunda es ___ .»
2. Expresa tu llamada tres o cuatro veces, anotando tus sentimientos en cada ocasión.
3. Sintoniza somáticamente, con tu mano en tu centro, y después vuelve a expresar tu objetivo, asegurándote de que tu voz resuena con tu centro. Ralentízate de una manera significativa para sentir la conexión entre tu voz y tu centro. Nota cualquier diferencia que se pueda producir.
4. Con una mano sintoniza somáticamente con tu centro, y con la otra mano señala hacia el «futuro». Asegúrate de sentir tu energía en dos direcciones a la vez: conectada con el centro y extendiéndose a través y más allá de tu dedo. Al mismo tiempo que extiendes la energía hacia el futuro y la mantienes en el centro con igual resonancia, vuelve a expresar tu llamada. Nota cualquier diferencia.
5. Cuando hayas encontrado el alineamiento resonante de las tres mentes, mantenlo meditando sobre el compromiso de plasmar la llamada en el mundo.

SG: En el primer paso del ejercicio estás identificando y expresando la llamada. Empieza por tomar una hoja de papel y date unos momentos para estar con esa declaración abierta: «Mi llamada más profunda guarda relación con X» o «Mi llamada más profunda es hacia X». Por ejemplo, «Mi llamada más profunda es ser una presencia amorosa en el mundo», o «Mi llamada más profunda es llevar más integridad a la política», o «Mi llamada más profunda guarda relación con la justicia social.» Tómate tu tiempo para centrarte y escuchar tu voz más profunda. Recuerda: tu llamada no viene del ego-intelecto, viene de tu centro más profundo. Anota lo que venga, usando cinco palabras o menos para cada respuesta. Después mantente así unos momentos, déjalo ir y vuelve otra vez a la declaración, viendo si te viene otra respuesta diferente. Tómate un par de minutos y mira si puedes acabar con cuatro o cinco declaraciones del tipo: «Mi llamada más profunda es _____ .»

RD: Antes de seguir, haz esto ahora. Anota varias declaraciones que reflejen tu llamada.

(Pausa.)

SG: Ahora vamos a demostrar el resto del ejercicio, y después os invitaremos a practicarlo con un compañero. Este proceso de alinear las tres mentes para plasmar una intención es un ejemplo de lo que Robert llamaba «llevarte a ti mismo del rumor a la realidad.»

Demostración con Marcos

SG: Bienvenido, Marcos. En este breve lapso me gustaría darte apoyo para que explores cómo puedes llevar tu llamado a la realidad. Para dar nuestro primer paso, ¿puedes, por favor, seleccionar una de tus llamadas y decirla en voz alta?

MARCOS: Sí. *Mi llamada más profunda es aliviar el sufrimiento.*

SG: *Tu llamada más profunda es aliviar el sufrimiento.* Eso está bien. *(Respira hondo; después habla al grupo.)* Si tú eres el *coach*, cuando oyes a alguien expresar su llamada, cada vez que sientes que alguien expresa su espíritu, quieres inspirarlo profundamente hacia tu cuerpo. Quieres absorberlo al nivel más profundo de tu ser, respirarlo verdaderamente, dejar que te toque y que te despierte a nivel profundo. Porque estás aquí para absorber su espíritu, llevarlo a lo profundo de tu centro, sentir su poder y su belleza, y dejar que te guíe en conexión con esa persona.

(A Marcos.) Genial, Marcos. En este ejercicio te voy a pedir que tomes esa simple pero importante declaración: «Mi llamada más profunda es aliviar el sufrimiento», y que la repitas en voz alta una serie de veces, bajo tres condiciones diferentes.

Las dos primeras veces te voy a pedir que la enuncies sin ninguna referencia al centramiento a su extensión hacia el campo. Simplemente exprésala con normalidad. Y cada vez que lo hagas, date cuenta de adónde te lleva.

(Al público.) Y el campo receptor —todos vosotros ahí fuera, y también Robert y yo—, vamos a estar en un lugar receptivo y de escucha, notando dónde nos sentimos tocados —o no— cada vez que expresa la llamada. Porque si vamos a realizar nuestra llamada, tenemos que ser capaces de tocar a los demás con ella. Necesitamos la ayuda de los demás. Y si expreso mi llamada débilmente, de manera descentrada, tú no te sentirás tocado, no sentirás que tengo algo grande entre manos. De modo que vamos a ponernos en un estado de ánimo receptivo para poder informar al «héroe» de hasta qué punto nos toca con su espíritu.

(A Marcos.) De acuerdo. De modo que después de la primera ronda, empezaremos la segunda. En la segunda ronda en primer lugar voy a ser tu *coach*, dirigiéndote de una manera que espero sea muy directa, para que encuentres tu centro, de modo que antes de que vuelvas a hablar te sientas profundamente conectado con tu centro. Y en esta segunda parte del ejercicio te voy a pedir que hables muy muy despacio —como cuatro o cinco veces más lento de lo habitual—, porque lo que nos interesa durante esta ronda es que puedas sentir la vibración de tu voz hablando contra la vibración de tu centro. *Ésta es una de las partes clave de la conciencia generativa: aprender a pensar, hablar y actuar desde una profunda conexión con tu centro.* Por lo tanto, para este ejercicio de entrenamiento te voy a pedir que hables increíblemente lento, interesándote más por la vibración no verbal de tu voz alineándose con el centro. Y veremos qué diferencia marca esto en cuanto a dónde te lleva y qué efecto produce en el campo receptor.

Y después, en tercer lugar, te voy a pedir que te enfoques en llevar la llamada que resuena en tu centro hacia el campo; que lleves la energía y la intención desde tu interior hacia el mundo. Para esta parte te pediré que hables como un cantante de ópera *(mueve la mano y el brazo con gesto lento y dramático desde el centro hacia la sala)...* o como un torero en una corrida de toros... ¡OLÉ! *(hace un movimiento dramático como el de un torero toreando con capa).*

En cada uno de estos casos queremos ver cómo podemos extender nuestro centro hacia el campo, y después soltar nuestra energía de una manera hermosa y artística. En este ejercicio verás los distintos lugares donde retienes la energía, donde tu energía deja de desplegarse hacia el mundo; ahí es donde ya no puedes realizar tu intención. Y a medida que vayas abriendo plenamente esa energía desde tu centro hacia el mundo, veremos qué efecto tiene para ti y para el campo. ¿De acuerdo?

MARCOS: De acuerdo.

SG: Y, sobre todo, convierte esto en una experiencia de aprendizaje para ti. No estás aquí para actuar para los demás. Úsala para explorar la conexión contigo mismo.

Vale, empecemos. Sintoniza con la declaración: «Mi llamada más profunda es aliviar el sufrimiento de los demás.» Tómate un momento y después, cuando estés preparado, te voy a pedir que repitas la frase en voz alta. Después tómate una pausa, siente adónde te lleva y vuelve a intentarlo.

MARCOS: ¿La primera vez lo hago sin centrarme?

SG: Sí. Eso es. La primera vez no te centres.

MARCOS: Mi llamada más profunda es aliviar el sufrimiento. Mi llamada más profunda es aliviar el sufrimiento. Mi llamada más profunda es aliviar el sufrimiento. Mi llamada más profunda es... aliviar el sufrimiento. Mi llamada más profunda es aliviar el sufrimiento. Mi llamada más profunda es aliviar el sufrimiento.

SG: Genial, paremos aquí; tómate un momento para sentir por dentro... ¿Qué ha ocurrido durante este proceso? ¿Te has sentido más conectado, menos conectado, cohibido?

MARCOS: No siento mucha conexión.

SG: Sí, cuando lo dices así no sientes mucha conexión. Estoy seguro de que eso tiene sentido. Y, si te parece bien, me gustaría compartir mi experiencia de la escucha. Puedo ver que la llamada es muy importante para ti. Puedo ver que hay mucha emoción profunda conectada con ella. Y lo que experimento como testigo es que cuando el sentimiento empieza a abrirse, es retomado rápidamente. *(Realiza unos pocos movimientos repetitivos para mostrar la apertura y el cierre subsiguiente.)* Y esto evoca en mí un deseo de ayudarte. Pero, una vez más, soy un psicoterapeuta. ¡Todo evoca en mí el deseo de ayudar a la gente! *(Risas.)*

De modo que veamos qué ocurre cuando lo dices desde un estado de centramiento cuerpo-mente. Para dejar atrás la primera experiencia, tal vez te gustaría dar un paso atrás, salir del primer estado..., y después da un paso adelante cuando estés preparado para centrarte.

(Marcos hace eso.)

SG: Respira hondo. *(Marcos respira.)* Me gustaría invitarte, con los ojos cerrados, a *realizar unas pocas respiraciones profundas... Eso está bien... Y déjate sentir de manera simple..., eso está bien..., que es hora de volver... a tu centro...; eso está bien... Suelta todo lo demás...; eso está bien... Relaja la columna..., sintoniza con tu centro...; eso está bien..., y si hay alguna experiencia específica, alguna manera particular, que tú uses... para encontrar ese lugar de bienestar, ese lugar de conexión, ese lugar de centramiento..., entonces adelante, usa esa vía... Usa mi apoyo de cualquier manera que pueda ayudarte... para sintonizar con tu centro..., y cuando lo sientas... toma una de tus manos y tócate allí... para poder empezar a dirigir tu atención... a un lugar por debajo del pensamiento..., a un lugar por debajo de cualquier preocupación... Vuelve a tu base.* (Marcos se pone la mano en el corazón.) *Eso está bien, genial...; tómate unos momentos para inspirar esa conexión, para sentir la conexión entre tu mente y tu centro, entre tú y tu centro...*

Bien. Ahora, dentro de un momento, te voy a volver a pedir que expreses tu llamada. Puedes mantener los ojos cerrados, mantener tu atención sintonizada con tu centro, mantener tu primera atención conectada con la energía de tu centro. Y mientras mantienes esa conexión, te voy a pedir que expreses la llamada. Una vez más, te voy a pedir que lo digas anormalmente lento, en esta ocasión explorando cómo dejar que tu voz conecte y exprese la energía vibratoria de tu centro. En cualquier momento, si sientes que tu voz se desconecta de tu centro, ralentízate todavía más, vuelve a respirar hacia tu centro, establece una conexión más profunda antes de volver a hablar. Podría ser algo así. *(Steve empieza a hablar con voz lenta.)* Miiii... llaaaaaamada másssss. Así, simplemente juega con la vibración no verbal, enganchándola con el centro. Cuando estés preparado, adelante, experimenta con ello.

MARCOS: Miiii.... llaaaamada... mássss... profunda... es... aliviar... el sufrimientoooo.

SG: Bien. Eso está bien. Nota cualquier diferencia en cuanto a dónde te lleva. Y ahora vuelve a intentarlo, esta vez sintiendo la vibración en el cuerpo. Y juega a extender la vibración hacia el mundo, quizá dejando que toque el fondo de la sala. En mi escucha, yo diría que la vibración apunta hacia abajo, hacia el suelo, no hacia fuera, hacia el mundo viviente. De modo que vuelve a intentarlo.

MARCOS: *(Hablando con mucha resonancia.)* Miiii... llaaaamada... mássss... profunda... es... aliviar... el sufrimientoooo.

SG: ¡Eso es! ¡Eso es! ¡Bien! *(Marcos se mantiene conectado con el centro, respirando; parece conectado.)* *Y simplemente respira esa conciencia... y nota cualquier diferencia cuando te conectas con tu intención de esa manera.* Nota lo que ocurre cuando sueltas el mundo superior del lenguaje verbal y las máscaras sociales, y te conectas con tu energía somática, con tu base corporal. Eso está bien, Marcos... Y después, cuando estés preparado, respira hondo y vuelve aquí.

(Marcos respira hondo y se reorienta hacia la sala. Parece mucho más centrado y relajado.)

¿Qué ha ocurrido esta vez?

MARCOS: Uhhh. *(Sonríe; apenas puede hablar.)*

SG: *(Devuelve la sonrisa.)* ¿Algo más? *(Risas.)*

Marcos: Ha sido una experiencia *muy* profunda.

SG: Sí. Puedo verlo: ha sido una experiencia muy profunda.

Marcos: La vibración ha conectado con algo muy profundo dentro de mí. También he sentido emoción.

SG: Sí. Yo también la siento en mí. Esta vez, he sentido que en realidad estabas creando un espacio; un gran espacio energético empezó a abrirse a tu alrededor y a extenderse desde ti.

Marcos: Sí, yo también lo he sentido...

SG: Ha sido genial sentirlo. Y en lugar de interesarme por ayudarte, ¡esta vez estaba interesado en recibir terapia de ti!

(Marcos y el grupo se ríen.)

Fuera lo que fuera que estuvieras tocando, me he sentido tocado por ello, me he sentido atraído hacia ello. He sentido que quería conectar con esa energía.

(Al público.) Por tanto, en este paso, ya no necesitamos que las cosas tengan un significado claro en nuestra mente y nos concentramos en dejarnos bajar a la energía somática, a la vibración somática, y en tomarla como base. Ésta es nuestra fórmula para el Yo Generativo: *cuando tu ego-intelecto cognitivo se alinea con tu yo encarnado y somáticamente centrado, y se sintoniza mediante la vibración y la resonancia, ocurren cosas buenas.*

(A Marcos.) De acuerdo; ¿estás preparado para el tercer paso?

Marcos: Sí.

SG: Aquí vas a ser una famosa estrella de la ópera. Por supuesto, esto es una metáfora para hablar sobre el proceso de sentir profundamente la resonancia de tu centro y después elevar esa energía hacia el mundo, dejándote cantar tu intención en el mundo viviente. De modo que esta vez te voy a pedir que hables así... *(Steve cambia de posición y adopta la postura de un cantante, extendiendo su brazo hacia el grupo.) En realidad lo que quiero es... aliviar el sufrimiento... (Hace un gran gesto, proyectando las palabras y la energía hacia el mundo.)* Te voy a pedir que juegues un poco con esto: mantén un tono juguetón pero serio; encuentra un movimiento exagerado, como si estuvieras lanzando una pelota. *(Hace un movimiento lento y exagerado, como si lanzara una pelota.)* Una vez extendido el brazo, suéltalo. Extiende tu intención hacia el mundo como si lanzaras una pelota *(hace el gesto)*..., o como si cantaras una ópera *(hace el gesto)*..., o como si soltaras flores hacia la multitud *(hace el gesto)*. Tócalo en ti *(toca su centro)*... Libéralo hacia el mundo *(repite el gesto varias veces)*... y después suéltalo. Cuando lo liberes, lo sueltas; ya has acabado con ello. Vuelve al centro... y entonces lo vuelves a intentar. ¿De acuerdo?

MARCOS: Sí.

SG: Vale, ponte de pie con el pie derecho adelantado. Tómate unos momentos para centrarte y sentir la intención de tu llamada en tu centro. Cuando conectes con eso, deja que tu mano lo toque, que toque la llamada, y abre la llamada hacia el mundo *(hace un gesto de barrido)* al expresarla.

MARCOS: *(Dedica unos momentos a centrarse en silencio y conectar con la intención; después abre los ojos y extiende su brazo hacia delante, mientras pronuncia la llamada.)* ¡Lo que más deseo en el mundo es aliviar el sufrimiento! *(Vuelve a la posición de descanso y hace una pausa silenciosa.)*

SG: Eso está bien. Hagamos una pausa momentánea. Quiero asesorarte un poco. ¿Recuerdas eso que hemos dicho sobre liberar la intención con un movimiento grácil? *(Steve hace el movimiento.)* Una vez que sueltas, asegúrate de relajar los músculos, como si lanzaras una pelota. *(Hace la demostración.)* Soltar después de extender te permitirá volver al centro. Si nos extendemos hacia el mundo y permanecemos tensos, no hay respiración en el proceso; el vínculo entre lo interno y lo externo se rompe, el circuito energético de «dejarse caer al centro, abrirse al campo, volver al centro», se rompe. Siéntelo, ábrelo y extiéndelo, suéltalo, vuelve al centro y vuelve a encontrarlo. De acuerdo, vuelve a intentarlo.

MARCOS: *(Se centra en silencio y respira; después hace el gesto.)* Lo que más deseo en el mundo es... aliviar el sufrimiento.

SG: *Respira... Respira profundamente... Sigue la energía desde tu centro hacia el mundo... Deja que tus ojos se extiendan más allá de ti mismo, más allá de cualquier persona, abriéndose hacia el infinito... Después suelta mientras te mantienes centrado.* Pruébalo otra vez, trabájatelo, suelta después de la extensión y mantén tu mente aquí.

MARCOS: Lo que más deseo en el mundo es... aliviar el sufrimiento. *(Respira.)*

SG: Eso está bien. Esto está bien... Pero date cuenta de que empiezas a irte; tus ojos miran a lo lejos; estás cortando la extensión de tu intención. Inténtalo otra vez; mantén la extensión, tal como hace Tiger Woods después de golpear la pelota de golf. Mantén un enfoque relajado pero intencional después de soltar. Completa... Vuelve a intentarlo.

MARCOS. *Lo que más deseo en el mundo es... aliviar el sufrimiento.*

SG: Dilo con todo tu corazón, y con toda tu mente, y con todo tu ser.

MARCOS: *Lo que más deseo en el mundo es... aliviar el sufrimiento. (Su energía aumenta.)... ¡Lo que más deseo en el mundo es aliviar el sufrimiento! (La energía aumenta)... Aliviar el sufrimiento... Lo que más deseo en el mundo es... aliviar el sufrimiento. (El público empieza a aplaudir espontáneamente. Marcos sonríe; está radiante.)*

SG: ¡Vaya!... ¡Eso ha sido asombroso! Precioso. *(El público sigue aplaudiendo y dando apoyo.)* ¡A eso me refería! Me ha llegado mucho, Marcos... Y, como puedes ver *(hace un gesto hacia el público)*, ¡lo mismo le ocurre al campo! ¡Felicidades! *(Steve y Marcos se abrazan.)* ¿Queréis hacer algún comentario sobre este tercer paso?

MARCOS: Hay una gran diferencia entre decirlo al principio y al final, sintiéndolo; porque, internamente, emocionalmente, la vibración estaba ahí... Y sentir cómo lo liberaba manteniendo la conexión conmigo mismo...; no sabía que podía sentirlo y experimentarlo a este nivel. *(Sonríe, está radiante.)*

SG: Sí... Y ahora ya sabes... y todos nosotros también sabemos. Puedes llevar a cabo esta intención profundamente en el mundo, cada día, de todas las maneras posibles. ¡Que tu llamada ciertamente se realice! Muchas gracias, Marcos. *(Se vuelven a abrazar y Marcos sale del escenario con el aplauso del público.)*

RD: A propósito, éste es el tipo de proceso que yo uso cuando asesoro a directores de empresa y ejecutivos para que expresen sus visiones. Ésta es una habilidad clave para los líderes. ¿Qué atrae a la gente a unirse a ti? Si alguna vez ves vídeos de grandes líderes como Martin Luther King, no les verás diciendo algo como *(Robert habla con voz suave y mirando al suelo)* «Tengo un sueño». *(Risas del público.)*

SG: Y después de decirlo..., «tengo un sueño»..., no se retira y dice *(Steve se encoge de hombros, y mira sin interés):* «Oh, bueno...; es igual». *(Risas.)*

RD: Esta noción de ser capaz de extender tu intención centrada hacia el campo es una idea muy profunda para algunos de vosotros que sois profesores, *coaches* o líderes de algún tipo. No sólo para el viaje del héroe, sino para cualquier tipo de capacidad de comunicación. Esto es lo que podríamos llamar «dar poder al mundo». Todos sabemos que cuando algunas personas hablan, lo único que oyes es «bla, bla, bla»..., y te aburres. Pero otros, diciendo lo mismo, enganchan tu corazón, te despiertan, elevan tu nivel de conciencia. ¿Cuál es la diferencia que marca la diferencia? En esto consiste este ejercicio: en vivificar tus palabras y tu llamada, declarando tu intención de manera centrada y extendiéndola.

SG: Tómate tu tiempo y encuentra algunas personas para practicar esto ahora.

EL RETO DE MANTENER LA CONEXIÓN CON TU CENTRO

SG: Queremos establecer un punto simple con respecto a este último ejercicio que nos llevará al siguiente. Cuando asesoras a la gente, has de prestar especial atención a que conecten con su centro y después mantengan esa conexión. Por lo tanto, tienes que ser capaz de observar el estado no verbal de tu compañero, ver dónde almacena tensión. Así, si yo soy el cliente y Robert es mi *coach*, él se da cuenta de mi estado no verbal cuando me pide entrar en un estado generativo. Si al hacer esto ve que he generado alguna tensión, puede inmediatamente llevarme a un estado más relajado. *(Steve hace como que se tensa mucho, y Robert interviene para intentar hacer reajustes suaves, guiando no-verbalmente a Steve a un estado relajado y una postura alineada.)*

RD: Sí., eso es..., así está bien. *(Más risas cuando Steve parece estar borracho de relajación.)*

SG: Bien. Me siento genial. Así que lo contrato como *coach*. Como es muy caro, sólo le voy a contratar cinco minutos. *(Risas.)* Pero, en serio, imaginemos que tomamos una piedra y la dejamos caer dentro de un cuerpo *(hace el gesto de dejar caer una piedra desde la coronilla dentro del cuerpo)*: ¿sería capaz de fluir a través de él —porque eso significa que la conexión cuerpo-mente está abierta y es generativa— o se quedaría parada y bloqueada en algún punto? *(hace un ruido de choque)*, porque ahí es donde la fuerza de vida generativa se bloquea y se vuelve no generativa.

RD: Ahí es donde el canal no está completamente abierto. Éste es un ejercicio para aprender cómo «abrir el canal» más plenamente.

SG: El primer reto para el *coach* consiste en ver si el cliente puede conectar somáticamente con su centro. El segundo reto consiste en asegurarse de que el cliente no pierda su conexión con el centro mientras dirige la atención hacia el mundo externo. Muchos de nosotros podemos encontrar nuestro centro si nos retiramos de la acción en el mundo, pero lo perdemos en cuanto tenemos que interactuar con otro ser humano. Al asesorar a la gente con este ejercicio vemos mucho de esto... *(Hace la demostración extendiéndose hacia el mundo y perdiendo el equilibrio.)*

RD: Si haces esto, pierdes el eje vertical, la conexión cielo-tierra que te estabiliza y te abre a un nivel superior al tiempo que te mantiene vinculado con el mundo.

SG: El tipo de postura que quieres adoptar es como la postura del «guerrero» en yoga, o como sostener literalmente un arco y una flecha. Hay una tensión relajada que te estabiliza y mantiene tu centro mientras disparas a la diana. De modo que tu atención te asienta en la tierra.

RD: Siente claramente tus pies.

SG: Porque va a haber muchas tormentas en el campo. Si vas a vivir el viaje del héroe, te toparás con muchas personas desagradables que no quieren que tengas éxito. Si tu primera atención se pierde en ese campo negativo, eres carne muerta.

RD: Pero date cuenta, por ejemplo: si Stephen es la tormenta negativa que viene hacia mí *(Steve se acerca a Robert de manera amenazante)* y en lugar de darle mi primera atención la mantengo en mi centro *(Robert se alinea y se centra mientras Stephen le empuja, manteniéndose relajado y abierto y mirando más allá de Stephen)*, entonces todo está bien. No pierdo mi camino. Al conservar mi centro y mi alineamiento vertical, no me entrego al problema.

SG: Lo interesante de este pequeño encuentro que acabamos de mantener es lo que he sentido al «atacar» a Robert. He sentido este campo abierto y centrado a su alrededor como una especie de campo de fuerza. Algo en mí ha dicho: «Ni se te ocurra atacar a este tipo.» No porque no sea un depravado —ésa es una parte de Robert que investigaremos más adelante *(risas)*—, sino porque sentí su campo energético extendiéndose de manera vibrante y flexible. Como decimos en aikido, no me dio ninguna apertura.

Ejercicio: centrarse activamente

RD: Ahora queremos realizar otro ejercicio relacionado con esta capacidad de conservar el propio centro, lo que llamamos «centrarse activamente». En el viaje del héroe, tu llamada a veces se encuentra con grandes resistencias, tanto de dentro de ti como en las personas que te rodean. De modo que el gran reto es encontrar la forma de establecer y mantener el compromiso con tu llamada incluso cuando te zarandeen las tormentas de la negatividad. Ésta es una poderosa característica tanto del héroe como del líder: cuando las cosas se ponen feas, tienes que mantenerte centrado. Por lo tanto, este ejercicio intenta encarnar y asentar la llamada aún más profundamente en tu cuerpo.

Por ejemplo, las personas que practican artes marciales (aikido, kárate, judo, kung fu, etc.) suelen hablar de la importancia de mantenerse centrado y en calma, incluso cuando están en medio de una competición intensa. De hecho, como decía Stephen antes: «Si cedes tu centro a tu oponente, ya has perdido la competición.» Cuando pierdes tu centro y te sientes molesto, empiezas a perder otros recursos y a menudo empiezas a ir contra ti mismo.

Existen dos maneras de mantenerse centrado: enraizarse y fluir. Cuando nos enraizamos, asentamos nuestro centro en un punto, haciéndonos sólidos y capaces de «defender nuestro terreno», a pesar de cualquier fuerza que actúe contra nosotros. Cuando fluimos, podemos afrontar y acompañar cualquier fuerza que venga por nuestro camino. Manteniéndonos centrados, salimos de la línea de fuerza y nos movemos en círculo a su alrededor, para acabar ligeramente por detrás y a un lado. Ambas estrategias pueden ser útiles y apropiadas dependiendo de la situación.

Lo que sigue es una visión general del ejercicio:

1. Haciendo uso de la memoria o la imaginación, revive una situación en la que te resulte difícil mantenerte centrado y disponer de recursos.
2. Sal de esa experiencia y entra en un estado interno en el que te sientas alineado, centrado y relajado.
3. Cuando estés preparado, pide a tu compañero que empiece a empujar y a tirar de ti físicamente con suavidad desde distintos ángulos (desde los hombros, la cadera, la parte frontal, la espalda, de un lado a otro, etc.), mientras practicas el mantenerte centrado, enraizado, equilibrado y alineado, tanto fí-

sica como mentalmente. Haz esto afrontando y reflejando energéticamente la presión procedente de tu compañero y dirigiéndola hacia abajo a través de tu centro, a través de tus pies, hacia el suelo. Mantente relajado con las rodillas flexibles y la respiración en el vientre. A medida que te vayas sintiendo más cómodo y confiado con tu capacidad de mantener este estado, póntelo más difícil pidiendo a tu compañero que te empuje un poco más fuerte. Durante esta práctica pide a tu compañero que te empuje y tire de ti de modo que ya no estés en el mismo lugar, sino que te vayas moviendo por el espacio. Da una vuelta en círculo en torno a tu compañero para acabar ligeramente por detrás de él y a un lado. Mientras te mueves, mantente enraizado, estable y conectado con tu centro.
4. Cuando estés preparado, mantén el estado de centramiento, vuelve a la situación difícil y percibe cómo cambia tu experiencia. Deberías sentirte mucho más capaz de lidiar holgadamente con la situación.

RD: Así pues, lo que hemos estado haciendo hasta ahora es mantenerte conectado con tu llamada, y después conectar con tu centro para que puedas vivir tu llamada en el mundo. Queremos profundizar esta exploración haciéndote trabajar con situaciones en las cuales no te sea fácil mantenerte conectado con tu llamada o con tu centro. Tenemos que asumir que habrá energías procedentes del mundo exterior que te alterarán; como decía Stephen, esas intensas tormentas de negatividad. Cuando emprendes la tarea de llevar tu espíritu al mundo, puedes convertirte fácilmente en una diana.

SG: Ésta es, por supuesto, una de las principales razones por las que la gente no vive su viaje del héroe. Estoy seguro de que la mayoría estaréis de acuerdo con la afirmación: «Quiero ser capaz de vivir plenamente en el mundo.» El problema es que hay un gran «pero» que puede producir miedo y contención: «*Pero* probablemente me sentiría herido... *Pero* dejaría de gustar a la gente... *Pero* sería demasiado duro.»

RD: Estas resistencias y alteraciones suelen ser el resultado de una programación que comienza a una edad muy temprana. Expresas tu energía de vida y alguien te dice: «¡Shh! ¡Shh! ¡Shh! Los niños no tienen que hacer ruido.» De modo que nos llegan estos mensajes desde el principio mismo: «No muestres tu vitalidad única.» La cuestión es: ¿cómo podemos mantenernos centrados en nuestra llamada ante estas turbulencias? La turbulencia podría venir de tu familia, de tus compañeros de trabajo, de tu jefe, de tus médicos...

SG: ... o de tu propia mente. Empiezas a pensar: «Oh, ¡Dios mío!, ¿qué pasaría si...? ¿Y si...? ¿Y si...?» Cuando la gente empieza a explorar el centramiento, solemos oír comentarios animados y optimistas como: «¡Esto es genial! ¡Voy a mantenerme centrado el resto de mi vida! ¡Nunca, nunca, nunca voy a volver a perder el centro!» Y nosotros decimos: «Lo perderás cien veces al día como mínimo.» Pero estamos explorando cómo recuperarlo. Suéltalo, vuelve a traerlo. Suéltalo, reconecta con él.

RD: Ahora digamos que quiero mantener mi centro y Steve viene agresivamente. *(Steve pone su mano en el hombro de Robert y empieza a empujarle.)* Si me pongo rígido *(Robert se tensa y casi se cae)*, en realidad estoy cediendo mi centro. *¡No puedes estar rígido o tenso y centrado al mismo tiempo!* No es una fuerza basada en la capacidad muscular, sino en la energía de vida centrada y alineada que reside dentro de los seres vivos.

Por tanto, el objetivo es ser flexible y mantenerse centrado, como un árbol. Y en esto consiste este ejercicio. Asimismo, el centramiento no es algo que hagas con la mente cognitiva. Si al centrarme subo a la cabeza, he abandonado mi cuerpo y no estoy enraizado. Esto podría provocar un ataque de pánico; el cuerpo se queda cerrado y rígido, y la atención mental se pierde en la cabeza, que es como una caja cerrada. El centramiento es un antídoto para este tipo de estados negativos. Una vez más, el principio que debe operar aquí es: deja que tu atención caiga. Relájate. Déjate caer.

Demostración con Carmen

RD: Nos gustaría hacer una demostración de esto y después pediros que lo practiquéis. Tengo curiosidad por saber si alguien de los presentes está esforzándose por mantenerse conectado con su llamada y está interesado en conseguir algo de asesoramiento para ello. *(Robert selecciona a Carmen del público y la invita a salir al escenario para realizar el ejercicio.)*

De acuerdo, empecemos así. Por favor, cuéntame dónde te alejas de tu llamada. ¿Dónde ocurre eso? ¿Qué ocurre exactamente, tanto en el mundo externo como en el interno?

CARMEN: Hay situaciones en mi vida en las que, cuando trato de hacer algo, vienen los pensamientos negativos y tengo la sensación de quedarme congelada.

RD: ¿En qué situaciones de tu vida te ocurren más estas cosas?

CARMEN: En mi empresa.

RD: En tu empresa. ¿Hay algunos momentos en tu empresa en los que parece existir más tensión, como durante una reunión, o durante una presentación, o cuándo?

CARMEN: En algunas reuniones específicas.

RD: Entonces hay ciertas reuniones. ¿Hay también determinadas personas o tipos de personas?

(Carmen afirma con la cabeza.)

(Al público.) Para comenzar el ejercicio, identifica alguna situación concreta en la que esa persona pierda su centro y se vea atrapada en campos negativos. El otro día estaba asesorando a alguien que decía que cada vez que hacía una presentación ante la junta directiva de su empresa el ambiente en la sala era tan denso y cargado de tensión que se sentía cada vez más pequeño. De modo que ésa era una situa-

ción particular en la que perdía conexión con su llamada y con su centro.

(*A Carmen.*) Entiendo, Carmen, que, para ti, en tu mundo, hay momentos en tu empresa, en ciertas reuniones, con ciertas personas, en las que afrontas un gran reto. (*Carmen afirma.*)

De acuerdo. Exploremos cómo podrías cambiar este estado. Como primer paso voy a pedirte que entres brevemente en esa situación problemática. A esto le llamamos «probar el veneno». Cuando estés preparada, da un paso adelante y entra en la situación, permitiéndote experimentar cómo es. (*Carmen da un paso adelante.*)

Y permítete ver lo que ves, oír lo que oyes y sentir lo que sientes en ese estado... Y cuando estés preparada, infórmame de qué cosas eres consciente.

CARMEN: *(Se tensa)...* He vuelto a una situación del trabajo.

RD: Sí. Y al estar de vuelta en esa situación, ¿sientes tensión en tu cuerpo?

CARMEN: Sí, mucha.

RD: Esto es lo que decía Stephen. Como *coach*, estás dejando caer una piedra imaginaria a través del cuerpo-mente del cliente, sintiendo dónde están sus bloqueos energéticos. ¿Cuáles son los lugares donde el canal está cerrado? Y después puedes consultar con el cliente... *Carmen, ¿dónde sientes esa constricción o contracción?*

(*Carmen apunta hacia el pecho y los hombros.*)

Gracias. Y si tuvieras que poner palabras a esa alteración... ¿Dónde sientes la turbulencia?... ¿Y cuál sería el mensaje negativo que conlleva?

CARMEN: Ellos no escuchan.

RD: ¿Y por qué no escuchan? ¿Qué están diciendo sobre ti? ¿Cuál es su mensaje para ti?

CARMEN: Quiero traer innovación y cambio.

RD: Quieres aportar innovación y cambio. Ésa es tu llamada. ¿Y cuál es su respuesta? ¿Es algo como «Eso no nos gusta aquí» o «No eres lo suficientemente buena»?

CARMEN: «Nosotros no entendemos.»

RD: Sí. Ellos dicen: «Nosotros no entendemos. No tiene sentido lo que propones. Y, al oír eso, ¿hay alguna sensación visceral que lo acompañe?

CARMEN: *(Carmen se tensa ahora más; parece muy incómoda y mueve la cabeza.)* Sí.

RD: *(Al público.)* De modo que podemos ver con toda claridad: que a medida que Carmen entra en la situación, pierde su centro. Es como si su canal se hiciera cada vez más pequeño. Su espíritu ya no se abre hacia el campo, está contraído. El reto consiste en cómo cambiar esto.

(A Carmen.) Entonces, Carmen, me gustaría que dieras un paso atrás y salieras de la situación. *(Carmen da un paso atrás e inspira.)* Bien. Y ahora, sintonicémonos con tu llamada. Recuerda el ejercicio anterior, en el que te centraste y después expresaste tu llamada. Tómate unos momentos para sentir eso; después expresa tu llamada en voz alta.

CARMEN: *Mi vocación es recorrer el camino de la comunicación.*

RD: De acuerdo, bien. Y nota si te sientes centrada al decir eso, especialmente cuando te empujo suavemente. *(Robert empuja muy suavemente el hombro de Carmen.)*

CARMEN: No.

RD: Desde aquí no parecía que lo estuvieras.

SG: Y, a propósito, ésta es la norma. Cuando una persona entra en contacto con su estado problemático, pierde su centro. *Esto es lo que convierte una situación difícil en un problema imposible.*

RD: De acuerdo, Carmen, tomemos un poco de tiempo para asegurarnos de que puedes encontrar tu centro. Recuerda que dijimos que centrarse tiene que ver con dejarse caer, bajar tu centro de gravedad, llevarlo más cerca del suelo. Y una manera de hacerlo es, en lugar de tener las rodillas estiradas, dejarlas ligeramente dobladas. Eso está bien; dobla un poco las rodillas, respira, y déjate caer en tu centro.

Bien. ¿Así está mejor? *(Carmen afirma.)* A continuación me gustaría pedirte que explores un poco cómo encontrarte e interactuar con las energías que vienen del exterior. Voy a hacer esto empujándote suavemente desde distintas direcciones, y voy a pedirte que intentes absorber el empujón hacia tu centro; mantenerte centrada y flexible al mismo tiempo.

Lo primero que me gustaría explorar es cómo afrontas mi energía cuando te empujo un poco. *(Robert empieza a empujar suavemente, sintiendo cómo responde Carmen.)* Mmmm, cuando hago esto *(empujar suave)*, no siento mucha conexión. Siento como si simplemente me cedieras tu centro a mí. No siento tu presencia; es como si te fueras. *(Carmen afirma con la cabeza.)* Ésta es una de las maneras de responder a las presiones externas: simplemente ceder y dejar que los demás se apropien.

La otra opción es la resistencia muscular. Cuando empujo, puedes prepararte, y tal vez empujar de vuelta. Probemos eso. *(Robert empuja, Carmen se tensa. Entonces Robert suelta la presión rápidamente y Carmen pierde el equilibrio.)* Y ahí podéis ver que cuando te resistes, también me entregas tu centro. *(Carmen se ríe y afirma con la cabeza.)*

Puedes perder tu centro ante una fuerza externa por medio de la sumisión pasiva o de la resistencia terca. Pero, tal como nos enseñan las tradiciones como el aikido, hay un tercer «camino medio» en el que puedes usar un centro flexible para dar y recibir energía, manteniéndote conectado contigo mismo y más allá de ti. Te voy a pedir que explores esto reflejándome energéticamente. Por ejemplo, cuando te toco en el hombro *(Robert le toca el hombro)*, recíbelo, y después extiéndelo de vuelta hacia mí, como una ola. Mantente relajada; llévalo a tu centro y vuelve a extenderlo, como una danza de dar y recibir.

En PNL hablamos de reflejar, pero no solemos hablar de reflejar energéticamente. Es un proceso relacional que va en ambos sentidos. Puedes ver que Carmen no empuja contra mí; se está encontrando conmigo para que yo pueda sentirla y ella pueda sentirme a mí.

(A Carmen.) A continuación me gustaría que te encontraras con

mi energía y la dirigieras hacia tus pies. Y lo que vas a descubrir es que mi energía, en lugar de empujarte lejos o hacerte perder energía por resistirte a ella, se añadirá a la tuya y te hará más fuerte. *Usa la energía que viene del empujón para alimentar tu centro y asentarte más.*

Bien; dobla las rodillas y deja que la energía descienda a través de tus piernas hacia el suelo. Encuentra, recibe y canaliza la energía hacia abajo a través de tu centro... Ahí está..., eso está bien... *(Robert y Carmen sonríen a medida que sus movimientos y energías se combinan en una especie de danza estacionaria.)* ¿Y tienes la sensación de estar haciendo un gran esfuerzo ahora?

CARMEN: No.

RD: De modo que hay fuerza sin esfuerzo, un poder sin fuerza muscular. ¡Esto es lo que te da el centramiento! *(Robert y Carmen continúan el ejercicio hasta que en un momento Carmen parece perder ligeramente el equilibrio.)* De acuerdo, ahí mismo; ¿has sentido eso? *(Carmen afirma.)* Has empezado a subir de tu centro hacia tu cabeza. *(Carmen sonríe y afirma.)* Por eso necesitamos un poco de *coaching* somático: tenemos que incorporar esta habilidad a nuestras pautas somáticas. No es únicamente una idea intelectual, es una habilidad somática. Volvamos a intentarlo *(Robert empuja)*...; eso es..., eso es.

SG: *Relaja los ojos, Carmen...; relaja los ojos... Eso está bien.*

RD: *(Carmen parece perder ligeramente su equilibrio.)* Aquí mismo has vuelto a perder tu centro; ¿has podido sentirlo? *(Carmen afirma.)* De acuerdo, ahora vayamos más despacio para que realmente puedas sentir tu centro y la energía que surge de él *(sigue empujando)*. ¡Eso está bien!... ¿Puedes sentir que estás empezando a moverte alrededor de tu centro?

CARMEN: *(Sonríe.)* ¡Sí!

RD: De acuerdo; hagamos una pausa momentánea... Puedes empezar a sentir que dentro de ti hay un centro constante. Desde ese centro puedes sentir tanto una gran fuerza como una asombrosa flexibilidad. Puedes sentarte en él. A veces lo llamamos la «cola del canguro» o la «cola del dinosaurio». Es un cola energética que sientes detrás de ti, y te sientas sobre ella. *(Hace la demostración.)*

SG: Escuchemos cómo ha sido para Carmen.

CARMEN: Cuando me he dejado responder desde mi centro mientras me empujaban, ha sido como si mi cuerpo estuviera manejándose a sí mismo, como si tuviera su manera natural de hacerlo. Yo no tenía que hacerlo. Era como una danza.

SG: En este caso solemos decir que la «mente somática generativa» está empezando a abrirse. Y tal vez hayáis visto que sus ojos estaban empezando a comportarse de una manera muy distinta: su enfoque era suave, estaban muy abiertos y miraban más allá de Robert, hacia el campo abierto. *(Carmen afirma con la cabeza.)* Para realizar el centramiento, pasas de la visión focal a sintonizar con el campo periférico, abriendo un gran espacio para que la energía pueda entrar, atravesar tu cuerpo e ir más allá del mismo.

RD: Ahora que tenemos en su lugar la primera parte del trabajo somático, quiero añadir una pieza más, que guarda relación con las sugestiones «hipnóticas negativas» que forman parte de ese estado problemático. Y así, al volver a comenzar la danza... *(Robert y Carmen realizan el proceso de centramiento activo: Robert trata suavemente de sacar a Carmen «de su centro» con sus palabras y sus manos, mientras Carmen explora cómo puede mantener su centro durante las experiencias desestabilizantes)*, date cuenta de cómo puedes mantenerte centrada y añade las palabras: *Tú no tienes sentido..., yo no te entiendo... Tú no tienes ningún sentido..., yo no te entiendo. ¿De qué estás hablando?... No te entiendo..., no puedo escucharte. (Carmen se mueve grácilmente, como un bambú al viento, mostrándose centrada y relajada.)*

Bien, Carmen..., eso es genial. *(Robert y Carmen sonríen.)*

(Al público.) Entonces entendéis la idea: ahora estoy añadiendo la energía de las palabras, porque esa energía también puede desequilibrarte.

De acuerdo, ahora la última parte. A veces, lo que quieres hacer es sólo apartarte del camino de la energía.

En esta primera estrategia, te encuentras con la energía, la absorbes y la bajas a través de las piernas hacia el suelo para enraizarte y fortalecerte más. Aprendes que la energía de otros, positiva o negativa, puede ser recibida de una manera que te fortalezca. Yo la reflejo, siento su fuerza, como dice Campbell, porque en último término no es ni buena ni mala, sólo es energía. Y puedo usarla para que me ayude a enraizarme.

Lo segundo que puedo hacer es mantenerme centrado y apartarme del medio situándome a un lado de la energía que viene hacia mí.

SG: Éste es un movimiento clásico del aikido llamado *tenkan*. No te apartas de esa energía, pero tampoco la bloqueas ni te dejas aplastar por ella. Te encuentras y te fundes con ella girando, y después uniéndote a ella.

RD: Cuando percibimos una amenaza o agresión, las respuestas habituales son las estrategias de supervivencia: lucha, huida, congelación. Aquí estamos aprendiendo una cuarta estrategia llamada *flujo*. Al girar a un lado, empiezo a dibujar un círculo a su alrededor y me mantengo cerca por detrás, mientras camino con ella de manera segura y con curiosidad. *(Robert lo demuestra unas cuantas veces.)*

(A Carmen.) De acuerdo, voy a volver a empujarte, y tú me recibes, pero, al hacerlo, déjame pasar como hace un torero con el toro, girando hacia un lado, moviéndote desde tu centro. *(Robert se mueve hacia Carmen con las manos extendidas hacia fuera. Carmen da la espalda a Robert, haciendo que éste choque con ella. Robert y Carmen se echan a reír.)* ¡Éste es un buen aprendizaje! *(Robert y Carmen se ríen.)* Por eso hacemos *coaching* somático. Tienes que llegar a tener esto en el músculo; ha de ser una respuesta automática para que no tengas que pensar en ello. Vamos a intentarlo de nuevo; esta vez, muévete a un lado, no te pongas enfrente de mí. *(Al hacerlo, Carmen se gira otra vez frente a Robert, produciendo una nueva colisión. Ambos se ríen.)*

SG: Recuerda, Carmen, piensa como un torero. Deja que pase el toro mientras te echas a un lado. Déjame que te guíe. *(Steve ayuda detrás de Carmen.)*

RD: De acuerdo, soy el toro. *(Risas.)*

(A medida que Robert se acerca lentamente hacia Carmen, Steve la lleva hacia un lado, mostrándole el movimiento correcto. Carmen sonríe cuando Robert pasa a su lado.)

¡Eso es! Eso es. *(Aplauso.)*

De acuerdo; ahora vamos a volver a intentarlo, y en esta ocasión añadiré las palabras. ¿Estás preparada? Céntrate, prepárate como un torero para atraer la energía hacia ti, y después, cuando pase junto a ti, échate a un lado. Avísame cuando estés preparada. *(Carmen afirma con la cabeza; Robert va hacia ella.)* No te entiendo. Tú no tienes sentido. No te entiendo.

(Carmen se desliza elegantemente hacia un lado, dejando pasar a Robert. Robert mira sorprendido; Carmen está encantada. El público se ríe y aplaude a Carmen. Robert sonríe y la felicita.)

Interesante, ¿verdad? *(Carmen afirma con la cabeza).* Genial; vamos a volver a intentarlo. Me aproximaré a ti desde distintos ángulos y direcciones. Simplemente siente esta danza de hacerte a un lado, disfrutando de la floritura como un torero. Sal de la línea, mantente en un lugar de seguridad y curiosidad, siente cómo puedes responder positivamente.

(Robert se le acerca desde distintas direcciones. En cada ocasión, Carmen se aparta y gira, acabando ligeramente por detrás de él y acompañándole mientras Robert sigue avanzando en su dirección. Ahora ella le está guiando con un sentimiento de confianza.)

¿Ves? Recibir «ataques» apartándote de la línea puede dejarte libre y hacer que sientas curiosidad por cómo unirte a esa energía de manera segura.

(Carmen resplandece y parece muy feliz.)

Ahora voy a pedirte que vuelvas a esa situación difícil en tu empresa. Inspira; cierra los ojos; mantente conectada con tu centro mientras sientes esa vieja situación..., desde este nuevo lugar de centramiento. *(Carmen parece muy centrada y relajada.)* Y date cuenta, no tienes que pensar en nada ni intentar nada. Simplemente deja que tu conciencia sienta cómo puedes estar de otra manera en esa situación.

(Al público.) Probablemente podéis notar una gran diferencia en su estado somático cuando hace esto. *(A Carmen.)* Y, Carmen, ¿qué sientes estando aquí ahora?

CARMEN: Es completamente diferente. Tengo la sensación de que tengo algo valioso que decir y de que la gente quiere escucharme.

RD: *(con voz suave.)* Sí, tienes algo valioso que decir y la gente quiere escucharte... *(Al público.)* Podéis ver que esta reprogramación se está produciendo ahora mismo a un nivel muy profundo. Es muy poderoso contemplar esta reorganización... *(A Carmen.)* ¿No es maravilloso saber que tienes otra mente que llevar contigo a esta situación? Y siento curiosidad, Carmen: tal como te sientes ahora, ¿cómo expresarías tu llamada?

CARMEN: *(Con voz fuerte, clara y congruente.)* Mi llamada es recorrer el camino de la comunicación.

SG: Bravo. *(Gran aplauso. Carmen hace la reverencia y sale del escenario.)*

RD: De acuerdo. Vamos a revisar los pasos de este ejercicio. En primer lugar, identifica la situación difícil. ¿Dónde te resulta difícil manifestar tu llamada? Es posible que la situación te parezca pesada, o tal vez turbulenta. Comparte los detalles de la situación con tu *coach*, y seguidamente ponte en ella y revívela. En PNL decimos: asóciate con ella en el estado presente.

Después sal de la situación y empieza a realizar el proceso de centramiento activo. Recuerda que has de mantener las rodillas flexibles. En cuanto las estiras, cedes tu centro. Mientras el *coach* se acerca a ti en el proceso de centramiento, encuéntrate con su energía, absórbela y reflejasela manteniéndote flexible... Recibe, absorbe y refleja.

SG: Recuerda: recíbela en un estado centrado y relajado. Si te encuentras con ella con agresividad o agitación, aumentarás la agresión del atacante. Cuando te encuentras con la energía desde un lugar de relajación centrada, se disipa la agresión del ataque. Ésta es la comprensión básica del aikido.

Y, a propósito, cuando Robert dice que te «encuentras con ella», nos referimos a que extiendes tu propia energía, a que la irradias hacia fuera. No la bloqueas ni chocas con ella, no colapsas pasivamente... Extiendes tu propia energía más allá de la energía entrante, recibiéndola, reflejándola como en una danza. *(Hace la demostración de un movimiento de aikido.)* ¿Ves?, tengo las manos abiertas y siento la energía discurrir por mis dedos. Tengo los ojos plenamente abiertos y siento que la energía se extiende a través de ellos. Mi centro se mantiene abierto y sintonizado. De modo que no estoy en una contracción de «lucha o huida»; al contrario, todo está en un estado de «flujo», por lo que puedo mezclarme con cualquier cosa que entre y utilizarla de manera positiva. Esto me da confianza, libertad y la capacidad de traducir la energía negativa en energía positiva. Consideramos que ésta es una de las grandes habilidades y contribuciones del héroe en su viaje.

RD: No necesitas escapar de la energía ni luchar con ella. Conecta con ella. Absórbela y dirígela hacia la tierra. Siéntate sobre la cola del canguro. Mantén el canal abierto. Recuerda: *en el cuerpo sólo tiene que haber relajación; en la mente, nada a lo que aferrarse.*

Ahora os invitamos a explorar esta habilidad somática del centramiento activo mientras revisáis una situación complicada o difícil. Estamos seguros de que descubriréis algunos aprendizajes muy interesantes. Habrá algunas partes del cuerpo con las que tendréis que trabajar pacientemente para que se hagan más fluidas; otras tendrán que estar más presentes. Este proceso es único para cada persona.

Recientemente estaba haciendo el proceso con una mujer que es vicepresidenta de un banco. Cuanto tocaba la parte posterior de su espalda durante el centramiento activo, ella se cerraba mucho; tenía esta pauta de vulnerabilidad reactiva en la espalda. Descubrir cómo mantener esa parte relajada y cómo mantenerse conectada con su centro cambió mucho su manera de interactuar con sus compañeros en su entorno laboral. Curiosamente, siempre le preocupaba que sus compañeros de trabajo hicieran cosas «a sus espaldas», o que alguien le diera una «puñalada por la espalda». Al aprender a centrarse, estas maneras de relacionarse cambiaron positivamente. Por lo tanto, todo el mundo encontrará distintos aprendizajes y diferentes mejoras al explorar el centramiento activo.

Como *coach*, cuando sientas que el cliente es capaz de mantenerse centrado cuando le mueves físicamente, añade las «sugestiones hipnóticas negativas» que acompañan a la situación difícil. Haz que el cliente explore cómo absorber y soltar la energía de estas palabras de manera positiva. Después, mientras te mantienes enraizado, pasa de absorber la energía hacia el suelo a ponerte a un lado. Muévete en círculos, piensa como un torero, disfruta de la danza.

Después haz que el explorador cierre los ojos, respire, se centre, vuelva a la situación original y note los cambios que se puedan producir en su experiencia de ella. Invariablemente habrá transformaciones significativas y positivas, como ha compartido Carmen. Lo interesante es que el problema se transforma sin que tengas que pensar conscientemente en cambiarlo. El problema se transforma cuando cambias el estado en el que te vinculas con él. Después, por último, da el importantísimo paso final de expresar «la llamada» estando en esa situación con esa nueva presencia.

Habitualmente, este ejercicio de *coaching* sólo dura unos diez minutos.

EL ESTADO SOMÁTICO GENERATIVO

SG: En esta sección vamos a enfocarnos en desarrollar un estado somático generativo en ti y en los demás para que puedas realizar tu viaje del héroe. Estamos diciendo que cuando tienes que crear algo nuevo, o transformar o curar algo, has de estar en un estado generativo. Este estado generativo tiene que estar presente en las tres mentes: somática, cognitiva y campo. Para desarrollar una mente somática generativa, usamos el principio general de «alineamiento y centramiento». Esto permite una conciencia somática caracterizada por la relajación, la concentración, la flexibilidad, la apertura y la inteligencia sensual.

Otra manera de referirse al centramiento es como «unidad cuerpo-mente»; el pensamiento cognitivo está unido con la base somática. Para conseguir este estado de unidad tienes que ser capaz de pensar sin apretar los músculos. En cuanto aprietas tus músculos, te disocias de la base somática y tu estado degenera hacia el intelecto desencarnado. Esta capacidad de pensar sin tensión muscular es una característica esencial de la conciencia generativa; es un elemento básico de prácticas como la meditación y el trance generativo, y de los retos que exigen un alto rendimiento en los deportes, en el arte (como la música o la escritura), en la intimidad o en los negocios. Cualquiera de estas prácticas podría ser una parte importante de tu viaje del héroe; todas ellas exigen dominar la capacidad de «pensar fuera de la cajita», o de crear algo más allá de lo que ya ha sido probado anteriormente. Aquí estamos viendo cómo puedes organizarte y entrenar tu conciencia para llevarla a un lugar donde pueda hacer eso.

Si no estás en un estado somático generativo, estás condenado a reaccionar con «la lucha, la huida o la congelación». Estarás en un estado conservador que sólo puede producir más de lo mismo. De manera que cuando surja el desafío de crear algo nuevo, como inevitablemente ocurrirá, te limitarás a «reordenar las sillas de la cubierta del Titanic».

RD: Y eso no va a impedir que la nave choque con un iceberg.

SG: *(Guiñando un ojo.)* La ciencia ha demostrado que las pautas musculares de la mente consciente desencarnada son exactamente idénticas a las de esa dolencia que la profesión médica denomina estreñimiento. *(Risas.)* De modo que ves a la gente haciendo esto *(Steve adopta una postura como de estreñimiento)*, diciendo: «¿No ves que estoy intentando pensar?» Y lo único que puedes decir es: «¡Sin duda parece que estás haciendo otra cosa!» *(Risas.)* Ahora, desde esta postura tensa y cerrada, ¿qué oportunidades crees que tengo de transformarme?

RD: ¿O de ser creativo?

SG: No muchas. Así pues, estamos diciendo que para operar a un nivel generativo necesitas tener acceso a los niveles sutiles de conciencia. Pero cuando haces esto *(vuelve a la postura de «estreñimiento»)*, te cierras el acceso al inconsciente creativo. Esto envía un mensaje al sistema nervioso: «¡Congela ese estado! ¡Cierra el flujo! ¡No permitas que entre nada nuevo!»

RD: Le damos el nombre de cierre *neuromuscular*, que es una contracción del canal.

SG: El cuerpo-mente pierde su totalidad y su centro, de modo que ya no tienes acceso a la inteligencia interna. El campo se contrae y ya no te sientes conectado con el espacio más allá de los estrechos confines del ego-intelecto. Pierdes acceso a esa inteligencia mayor que la mente consciente, que necesitas para hacer cualquier cosa interesante y generativa.

¿Cuántos de vosotros tenéis dentro una voz que dice: «No eres lo suficientemente bueno»? *(Pasados unos momentos, las manos empiezan a alzarse.)* Puedes ver cómo se desarrolla esa lucha; una mente dice: «Sí, eso es» y otra dice: «Cállate, no admitas nada.» *(Steve lo demuestra levantando un brazo, y después haciendo que el otro brazo lo empuje rápidamente de vuelta.) (Risas.)* Te estamos animando a que estés de acuerdo con esa voz que te dice que no eres suficiente. Tu mente consciente no es suficiente; necesita conectar con la nave nodriza de la conciencia profunda. *La conciencia generativa es la que te permite esa conexión.*

Cada vez que haces esto *(Steve contrae el cuerpo)*, estás retirándote de la conciencia mayor, que es donde ocurren todas las cosas buenas. De modo que el centramiento cuerpo-mente es una manera de entrenar tu base somática para que te mantengas conectado con el campo profundo de la conciencia, al «ayuntar» tu pequeña mente con la gran mente. Cuando puedes hacer eso, ocurren cosas buenas; si no puedes, es fácil que ocurran cosas malas.

En este contexto, quizá podamos abordar por un momento el gran tema histórico del «pecado». No tenemos que esperar hasta el domingo para deciros que todos vosotros sois unos pecadores. *(Risas.)* Nos estamos refiriendo a que, sin connotación negativa, lo que se llama «pecado», o en un contexto diferente «neurosis» o «síntoma», es un estado básico de la conciencia humana que está tratando de crear algo. Lo que lo convierte en un estado negativo es que el ser humano se relaciona negativamente con él; el pecado o el síntoma es un estado humano nuclear sin centramiento cuerpo-mente u otras conexiones relacionales generativas.

Por ejemplo, consideremos los siete pecados capitales, esos viejos favoritos de toda la familia. ¿Quién puede nombrarlos? Por ejemplo, ¿qué has hecho a la hora de comer?

MIEMBRO DEL PÚBLICO: Gula. *(Risas.)*

RD: Eso está bien. La gula es uno. ¿Algún otro? ¿Cuál es ese «estado de pecado» en el que muchos os encontráis a esta avanzada hora del día?

MIEMBROS DEL PÚBLICO: ¡Pereza! *(Risas.)*

SG: Genial. Estáis disfrutando del estado pecaminoso del vago. ¿Qué otros pecados habéis experimentado hoy? ¿Qué hay de la lujuria? *(Risas.)* ¿De la avaricia?.. ¿De la envidia?... ¿Del orgullo?... ¿De la ira? *(Distintas manos alzadas, sonrisas y risas se extienden entre el público.)*

¿Veis?, son experiencias muy comunes, tan comunes que sugerimos que son el estado experiencial básico de la conciencia humana. ¡Pero sólo son medio humanas! Son las «estructuras profundas» que el inconsciente nos da para hacernos humanos. Para hacerlas plenamente humanas, para hacerlas generativas y positivas, tenemos que «humanizarlas», tenemos que mantener relaciones creativas y positivas con ellas. Al llevar la plena conciencia humana a estos estados medio humanos, sin valor generativo, se transforman en estados plenamente humanos, con un valor significativo y positivo.

Alguien me preguntó antes: «Bueno, ¿cómo usas este trabajo somático generativo para tratar las adicciones?» Las adicciones, como otros síntomas y «pecados», son profundas experiencias somáticas sin un centro humano. Si te centras, el problema llegará a ser una solución.

RD: Así, para ser claros, un síntoma o problema es un profundo estado somático sin centro. Cuando trabajo con adictos —pueden ser adictos a la comida o a fumar o a cualquier otra cosa—, muy a menudo la sensación es: «Hay un agujero negro en mí y nada puede llenarlo.» Ésta es una manera de decir que uno no siente su centro.

SG: De modo que estamos proponiendo una fórmula:

Pecado más centramiento igual a gracia.

O desde otra tradición ligeramente distinta:

Síntoma más centramiento igual a recurso/solución.

Éste es uno de los principales valores de desarrollar un estado somático generativo: te permite transformar tus experiencias negativas en positivas. Como simple ejemplo, ponte momentáneamente en un estado de pereza. Déjate estar en un estado de profunda pereza... *(Se producen algunos cambios en el público.)* ¡Parece que muchos de vosotros no tenéis que cambiar nada! *(Risas.)*

RD: En serio, dejaos hundir en ese estado. Abandonad los juicios, dejad de intentar cambiarlo, simplemente observadlo con curiosidad.

SG: Y cuando tengáis una sensación de ese estado, nos gustaría que fuerais muy lentamente, de dentro afuera, permitiéndoos encontrar un estado de centramiento. Sentid curiosidad por los cambios sutiles en la postura, en la respiración, en la orientación, que os facilitan empezar a llevar cierto centramiento al núcleo de esta experiencia de la pereza. Soltad los nombres, soltad los juicios; simplemente mejorad el estado añadiendo la experiencia somática generativa del centramiento.

RD: Y, al hacerlo, notad cualquier cambio que se produzca. Tu manera de sentirte a ti mismo... Tu manera de sentir las cosas... La calidad de tu experiencia interna.

SG: Y presta atención a esto: ¿cuál es el nombre de tu estado actual? ¿Cuál es el mejor nombre para ese estado? ¿Sigue siendo «pereza» o ha cambiado el nombre? ¿Alguien quiere decir qué nombre le da ahora a este estado?

Miembros del público: Meditación..., sintonía..., conciencia profunda.

SG: Es asombroso, ¿verdad? Así pues, nota sólo eso, y después déjate volver a la habitación... ¡Bienvenido! Esperamos que incluso en este breve experimento puedas sentir lo que ocurre cuando llevas el centramiento somático a un estado negativo. ¡Su naturaleza misma empieza a cambiar! Como comprobaremos enseguida, puedes aplicar esto a muchos tipos de problemas. Digamos que una persona quiere dejar de fumar. Y dice: «Ya no quiero fumar, pero algo en mí siente la necesidad de fumar un cigarro.»

RD: Es un impulso del cuerpo.

SG: Como veremos en la parte siguiente del programa, puedes aproximarte al problema con curiosidad. ¿Cómo encontramos y sustentamos la intención positiva de este síntoma? Operamos desde la presuposición de que *cada síntoma representa un intento de curación o transformación, y que llevándolo a un estado generativo, puede ser contenido y guiado hacia su forma positiva*. De manera que, cuando te estás deslizando hacia un estado de ansiedad, o adicción, o ira, algo en tu conciencia está tratando de curarse o transformarse. *Para realizar su «don o su bondad» humanas, tienes que absorberlo en la conciencia generativa.*

El centramiento es un componente vital de este estado generativo. Por lo tanto, cuando trabajes con un estado negativo en ti o en otra persona, no intentes librarte de él o tratarlo duramente. En cambio, te recomendamos que desarrolles un estado generativo y abordes el reto desde ahí.

Por ejemplo, en el caso de los fumadores, puedes ayudarles a centrarse y a desarrollar un estado de testigo y de curiosidad. Después, pídeles que sus cuerpos expresen la pauta somática básica del problema una y otra vez. Por ejemplo, el fumador podría, con los ojos cerrados, repetir lentamente la pauta conductual de elevar el cigarrillo y darle una calada. Mientras lo hace repetidamente, le pides que lo ralentice, que se centre, que empiece a desarrollar un movimiento grácil. ¡Representar un problema grácilmente es un verdadero cambio transformador! A medida que la persona repite la pauta problemática como una danza grácil y centrada, pídele que contemple una pregunta como: «Mi inconsciente está intentando traerme algo. ¿Qué es?» Conteniendo esta pregunta en un estado centrado y rítmico pueden surgir todo tipo de comprensiones útiles.

RD: Paradójicamente, he trabajado con muchos fumadores y la intención positiva de esa conducta era recordarles que debían respirar.

SG: Para otros, la intención positiva es tener tiempo para ellos mismos.

RD: Cuando ayudé a mi padre a dejar de fumar, descubrió que fumar era la única cosa en toda su vida que hacía sólo para sí mismo. No para su familia, ni para su trabajo; era la única cosa sólo para él. Y es triste que ésa sea la única cosa que haces sólo para ti. Pero ésa es la comprensión que tuvo.

SG: De modo que si es eso lo que surge, aprecias felizmente la intención y la necesidad positivas: *¡Es muy muy importante que hagas algo sólo para ti!*

RD: ¿No es maravilloso saber eso?

SG: Y si puedes apreciar que el fumar está tratando de ayudarte a conseguir algo muy positivo, como tomarte tiempo para ti mismo, puedes seguir usando el centramiento para averiguar otras maneras de honrar esa necesidad, sin tener que fumar. Cuando conoces la intención positiva, puedes generar nuevas maneras de satisfacer esa importante necesidad.

RD: De modo que estás conectado, centrado, y después te abres más allá de las formas fijas del problema.

SG: Si no puedes centrarte, probablemente no podrás conseguir una respuesta significativa a la pregunta de la intención positiva. ¿Qué está intentando sanar o crear mi conciencia profunda? ¿Cómo puedo crear de maneras que no sean negativas?

RD: Veo que mucha gente formada en PNL busca la intención positiva antes de haber desarrollado un estado generativo para inquirir eficazmente. Dicen algo como *(Robert se acelera hasta un estado ansioso)*: «¿Cuál es la intención positiva de fumar? ¿Cuál es? No sé cuál es esa intención.» *(Robert vuelve a calmarse.)* Estamos diciendo que a menos que hayas desarrollado anteriormente un estado generativo que incluya el centramiento, no serás capaz de responder a esa pregunta de manera útil.

Cuando estás centrado, puedes invitar al síntoma a ese espacio generativo, proponiendo la pregunta sobre la intención positiva. Así, la intención positiva y las otras maneras de expresarla vendrán a ti. Te planteas la pregunta desde un estado centrado, en lugar de perseguir la respuesta en un estado descentrado.

APRENDER A ESTAR CON LO QUE SE ESTÁ MOVIENDO EN TI

SG: De modo que tu camino hacia el viaje del héroe pasa directamente por el cuerpo. Ésa es la primera mente con la que tienes que conectar para transformar tu vida. Probablemente debería resaltar que aunque el centramiento es un proceso simple, no suele ser fácil. Podrías decir: «Bueno, si el centramiento es tan genial, ¿por qué tan poca gente lo practica?» En parte es una cuestión de ignorancia: en una cultura dominada por el consumismo y los fundamentalismos, está prohibido encontrar tu propio centro. Lo que quiero decir es: ¿cuántos televisores más vas a querer comprar si estás profundamente conectado con tu centro? *(Risas.)*

Pero otra razón es que el camino de vuelta a tu yo más profundo suele estar lleno de trampas. Te encontrarás con que en tu centro están atrapadas muchas experiencias distintas. En el viaje del héroe, Campbell habla sobre esto en términos de atravesar umbrales y batallar con demonios. Pero no hay que preocuparse, porque, como veremos enseguida, existen maneras de afrontar hábilmente estos obstáculos. De momento, podemos limitarnos a señalar que cuando hablamos de centramiento, siempre estamos hablando de dos niveles distintos. El primer nivel está libre de contenidos; es un espacio abierto a través del cual fluye la vida. En términos budistas, es vacío y espacioso; en términos neuropsicológicos, es un transductor que aporta información/pautas energéticas de un dominio a otro.

RD: Piensa en ello como el canal abierto del que hablábamos antes. El centro es el canal abierto que te permite vivir de una manera libre y creativa.

SG: El segundo nivel, sin embargo, es el contenido que pasa por el canal en cualquier momento dado. De modo que tenemos este canal abierto, que es tu centro, y el material que se mueve a través de él, que es tu conciencia cognitiva. Una de las principales tareas de la conciencia cognitiva es diferenciar estos dos niveles. Si practicas la meditación o el centramiento, estás aprendiendo a estar presente de una manera no reactiva, simplemente siendo testigo de lo que ocurre a cada momento, conforme el río de la vida fluye a través de ti. Estás aprendiendo a «estar con» algo o alguien sin convertirte en ello. Entonces eres libre de actuar de manera creativa, amorosa y positiva.

RD: Los budistas hablan de la relación entre las nubes y el cielo. Si me identifico con las nubes, puedo perderme en los contenidos confusos y tormentosos de mi experiencia. Pero si me centro y me abro al campo del cielo que está más allá de las nubes, puedo dejar que las nubes o los contenidos de mis pensamientos pasen por mi conciencia sin dejarme alterar por ellos. El cielo no está tratando de decir: «Tengo que librarme de las nubes y tener días soleados eternamente.» Puedo ser consciente de todas las nubes y dejarlas pasar.

SG: Por lo tanto, cuando pensamos en el centro, estamos pensando en ese núcleo de conciencia encarnado y sintonizado que puede abrirse a cualquier cosa que esté allí, inspirándola, espirándola.

RD: Y si no estás centrado, lo que ocurre es que te dejas atrapar por lo que está sucediendo. Empiezas a reaccionar a la vida, a perderte en el reflejo de «lucha, huida o congelación». De modo que cuando surgen las energías negativas —ira, miedo, desesperación— te pierdes en ellas.

SG: En un estado descentrado, el problema absorbe al yo. Te pierdes en él. Cuando te centras, el yo puede absorber positivamente el problema. Puedes invitarle a tomar el té, conectar con él de manera inteligente y positiva, y después dejar que siga su camino, cuando todas las partes se han visto beneficiadas por la conexión. Así, en el centramiento, estamos desarrollando un estado superior de conciencia, un contexto o una especie de nido al cual puedes invitar a las experiencias que necesitan transformación... y, en el proceso, también transformas tu conciencia.

Esta importante distinción entre los niveles de contexto y contenido del centro ha quedado muy bien ilustrada en una de las técnicas simples que usaba una de nuestras principales mentoras, Virginia Satir. Cuando trabajaba con familias, solía plantear dos preguntas consecutivas a los miembros de la familia que empezaban a luchar o a cerrarse. En primer lugar preguntaba: «¿Cómo te sientes con respecto a eso?», y seguidamente: «¿Cómo te sientes con respecto a sentirte así?» La primera pregunta es la del contenido. Para un *coach* o terapeuta, en realidad no importa lo que el cliente sienta: puede tratarse de ira, o felicidad, o miedo, o cualquier otra cosa. La respuesta a la segunda pregunta es la que realmente importa: ¿Cuál es tu relación con lo que estás experimentando? ¿Estás de acuerdo con ello? ¿O sientes la necesidad de tratarlo con dureza o violentamente? Es este segundo nivel el que determina todo lo que sigue. *Lo importante no es el contenido, lo que importa es la relación humana con el contenido.*

RD: Tu segundo sentimiento determina tu relación con el primero. Si estoy enfadado y tengo miedo de mi enfado, o si estoy enfadado con el enfado, o me siento avergonzado de él, entonces el enfado se convierte en un problema.

SG: En realidad, podemos decir esto con respecto a cualquier cosa. Ninguna experiencia es un problema en y por sí misma; es tu relación con ella lo que la convierte en un problema o en un recurso. De modo que si tienes una intensa fantasía de querer asesinar a alguien, no es un problema. *(Risas.)* Lo digo en serio...; estos sentimientos vienen y van en el río de la vida. Pero si te cierras muscularmente en esa experiencia, o tratas de alejarte de ella, entonces se convierte en un problema. Pero si puedes estar con ella de manera centrada, se convierte en información útil. De modo que todo depende de cómo contienes algo.

Tuve una cliente que creció en una familia donde la regla era: «Sé siempre positiva.» De modo que esta persona siempre iba caminando por ahí así *(sonríe de manera no natural y dice en voz alta):* «Hola, ¿cómo estás?» *(Risas.)*

RD: *(Sonriendo incongruentemente y haciendo el gesto «no» con la cabeza.)* Estoy genial, Steve.

SG: *(En una voz muy alta y poco auténtica.)* ¡Yo mismo no podría ser más feliz!

RD: *(Sarcásticamente.)* La vida es maravillosa, ¿no crees? *(Risas.)*

SG: Y esa familia era el grupo de personas más desdichadas que he conocido nunca. *(Risas.)* Así que trabajamos con ella, tratando de conectarla con su centro, el lugar «por debajo y anterior» a todas las máscaras del ego que pone la mente consciente. Y después de un par de sesiones, ella entró y le pregunté:

—¿Cómo estás?

—He tenido la semana más extraña —dijo ella.

Si haces trabajo de trance, ésta es una señal muy buena. Significa que el inconsciente creativo está aportando algunas nuevas experiencias a la conciencia de la persona que le resultan «extrañas» o «diferentes» con respecto al «rango normal» de la identidad egoica. En cualquier caso, continuó diciendo:

—Toda la semana he sentido tanta melancolía..., y nunca siento melancolía... Pero lo que es aún más extraño es que me he sentido bien sintiéndome tan triste. *(Risas.)* Esto no tiene sentido, ¿o sí? —preguntó ella.

—Por supuesto que sí —dije yo—. Mi antepasados son de Irlanda, y ése es el único sentimiento en el que los irlandeses confían. Porque saben que, por muy bien que vayan las cosas, los ingleses siempre están a cinco minutos de distancia..., ¡y van a venir a llevárselo todo! *(Risas.)*

Pero en este ejemplo puedes escuchar que la mujer estaba sintiendo los dos niveles del centro. En el nivel del contenido, ella se sentía triste; pero, en el nivel del contexto, se sentía feliz de poder permitir finalmente que esos sentimientos prohibidos estuvieran ahí. Esta segunda mente es la base de la mente cognitiva generativa. Esto es lo que exploraremos seguidamente.

RD: El principio organizador de esta segunda mente es el *patrocinio*, que es el término usado por Stephen para describir esta capacidad generativa de recibir lo que está ahí, crear un entorno nutricio que permita que las cosas sean, y después conectarlas de una manera creativa y respetuosa que les permita integrarse, transformarse y desplegar creativamente sus potenciales positivos más profundos.

SG: Lo que hemos estado explorando hasta ahora es cómo crear tu base somática, tu primera mente generativa, para que puedas ser un ser humano centrado y sintonizado que participe creativamente a cada momento de una manera positiva e intencional. Y hemos venido señalando que si pierdes esta base, empiezas a funcionar reactivamente con miedo o con ira, bloqueando el flujo de vida. Este cierre del canal te alejará del camino de tu vocación más profunda, haciendo que te pierdas en las telenovelas insignificantes del día, en lugar de desplegarte en los grandes viajes de tu vida.

RD: De modo que el héroe sabe que la vida puede ser difícil, pero eso no es un problema. *(Risas.)* ¿No os resulta agradable saber eso?

SG: Seguidamente, vamos a construir sobre esta base de la totalidad somática que, entre otras cosas, crea un nido dentro de ti. Y entre lo que entre en él, podrás usar tu mente no para controlarlo, sino para abrirte a su bondad y a su intención positiva, los dones contenidos en esa experiencia.

CONCLUSIÓN: MANTENER TU CANAL ABIERTO

RD: De momento, no obstante, nos gustaría terminar esta parte del programa como comenzamos, con un poco de meditación. De modo que poneos en una postura cómoda. ¡Y daos cuenta de cuánto habéis tenido que cambiar vuestra posición para poneros en una postura cómoda! *(Risas.)* Da miedo, ¿verdad? Es bueno que hayáis pasado de posturas incómodas a posturas cómodas. ¡Deberíamos haber sugerido esto hace mucho tiempo! *(Risas.)*

SG: *Tomemos unos momentos para ir hacia dentro y asentarnos...*

RD: *Y recuerda esa antigua sabiduría..., a saber..., relájate..., encuentra ese espacio interno, el espacio interior.*

SG: *Suelta tu identidad basada en la acción.*

RD: *Tómate un momento... para convertirte verdaderamente en el cielo... que puede contener las nubes que estén presentes.*

SG: *Y también te puedes convertir en la tierra..., con unas raíces que entren profundamente en lugares ancestrales.*

RD: *Al mismo tiempo eres el cielo..., y por encima de las nubes hay un lugar donde siempre brilla el sol. Tú eres la luz.*

SG: *Y en ese lugar de descanso... volvamos a esta idea central... del viaje del héroe..., que constituye tu camino de vida.*

RD: Y, para cerrar, quiero compartir un poema de un autor anónimo, titulado «Mira este día».

*Mira este día, porque es vida,
la vida misma de la vida.
En su breve curso está contenida toda la verdad de la existencia,
la alegría de crecer,
el esplendor de la belleza,
la gloria de la acción.
Porque el ayer sólo es un recuerdo,
y el mañana sólo es una visión.
Pero cada día bien vivido
hace de cada ayer un recuerdo de felicidad
y de cada mañana una visión de esperanza.
Por lo tanto, ¡mira este día!*

SG: Y este día hemos hecho despuntar la idea de que la vida puede ser vivida como un viaje del héroe, una gran apertura de conciencia a través del tiempo en un camino hacia la transformación generativa, hacia tu propia curación y la curación del mundo. Y, este día, hemos abordado algunas de las ideas simples de este viaje del héroe. Que hay una conciencia que está por debajo y es anterior al ego-intelecto, que está por debajo de la mente consciente. Ha estado incluso antes de que tu mente pensante se desarrollara. Llamamos a esa presencia original el singular espíritu humano que eres tú.

RD: Esa fuerza de vida, esa vitalidad de la que hablaba Martha Graham... Y hemos visto que el objetivo último del viaje del héroe no es hacer..., sino mirar atrás al día vivido y poder decir: «Éste ha sido un buen día. Ha sido un día bien vivido.» Poder mirar atrás, a toda una vida, y decir: «Ha sido una buena vida, una vida bien vivida.»

SG: Y al mirar atrás al día vivido desde ese lugar de apertura y gratitud, puedes valorar los aprendizajes realizados que quieras apreciar y recordar de manera especial. Tal vez lo que has aprendido sobre tu llamada. ¿Cuál es el camino más profundo que quiere ser vivido desde tu interior?

RD: ¿Y puedes abrir tu canal, abrir tu corazón y tu mente, a ese camino?

SG: También hemos hablado de que cuando empiezas a recorrer este camino, llegas a ciertos umbrales, lugares en los que te sientes llamado a dar un paso en un nuevo territorio, a ir más allá de donde has estado antes. Que probablemente habrá muchas ocasiones en los días próximos en las que te encontrarás llegando a lugares de tu viaje en los que resulta difícil dar el paso siguiente..., en los que te sentirás paralizado y descorazonado. Forman parte previsible e inevitable de cualquier camino significativo. Y, en esas ocasiones, ¿sabes volver a tu centro? ¿Cómo puedes acordarte de no entregar tu mente al problema y de devolverla a casa para unirla con el centro de tu ser interno?

RD: Así que te deseamos que ésta sea una noche bien vivida, y te invitamos a aprovecharla como una oportunidad para caer periódicamente en tu centro. Empieza a orientarte hacia tu centro. Nota si puedes empezar a sentir más y más. ¿Dónde y cuándo sientes que te acercas al centro? ¿Dónde y cuándo sientes que te alejas del centro? ¿Cómo vuelves al centro... en cualquier momento, en cualquier lugar, de cualquier manera que él se ofrezca a ti?

SG: Y en la gran tradición de Milton Erickson, simplemente señalaremos que cada uno de vosotros tendrá una serie de sueños esta noche. La ciencia nos enseña que esta noche tendrás seis o siete sueños. Y vamos a sugerirte que te sientas libre de dedicar sólo uno de ellos a recibir un mensaje profundamente significativo sobre tu viaje del héroe.

RD: Podrías pensar que necesitas tener dos sueños sobre tu viaje del héroe.

SG: Pero nosotros consideramos que debes limitarte sólo a uno.

(Risas.) Y también sentimos que *debería* ser el tercer sueño de la noche.

RD: Tal vez quieras resistirte y hacer que sea el quinto. Pero *nosotros* realmente queremos que sea el tercero.

SG: Algunos de vosotros nos desafiaréis abiertamente...

RD: ... y tendréis tres sueños sobre vuestra llamada...

SG: ... pero *nosotros* pensamos que *debería* ser el tercer sueño.

RD: Y *nosotros* pensamos que sólo debería ser un único sueño.

SG: Pero estoy seguro que nos mostraréis quién manda aquí... determinando el número de sueños que vais a tener esta noche.

RD: Y cuál...

SG: ... será sobre vuestra...

RD: ... llamada.

SG: Pero, tengáis los sueños que tengáis... y sean cuales sean vuestros sueños..., nosotros queremos resaltar de manera enérgica que verdaderamente podéis tener un sueño agradable..., profundo..., reparador a lo largo de toda la noche...

RD: ... y despertar muy frescos.

SG: De modo que cuando volvamos a empezar, podáis traer toda vuestra mente somática a la siguiente parte del viaje... y toda vuestra mente cognitiva... y todo vuestra mente campo... para explorar los misterios del alineamiento de la trinidad.

RD: Así que salid al mundo...

SG: ... y extended la palabra sagrada del viaje del héroe.

RD: Id y centraos. *(Risas y aplausos.)*

SEGUNDO DÍA

CONCIENCIA COGNITIVA GENERATIVA

SG: Buenos días a todos. Os deseamos un muy muy muy buen día.

RD: Y, por supuesto, nuestra primera pregunta es: ¿ha sido el tercer sueño? *(Risas.)* ¿U os habéis resistido y habéis tenido al menos dos sueños? *(Más risas.)*

Ayer empezamos a explorar esta noción de la «llamada» a realizar el viaje del héroe, la idea de que hay una energía única en ti que es el don que aportas al mundo. También señalamos que cada uno de nosotros, en nuestro paso por la vida, queda herido o lleva las heridas de nuestra cultura o de nuestra familia, y que el viaje del héroe consiste tanto en compartir nuestro don como en sanar nuestra herida y las heridas de los demás. De modo que queremos empezar como siempre, con unas pocas lecturas. Esta primera, para mí, guarda mucha relación con lo que haremos hoy. Es un texto de Marianne Williamson que ha sido citado ampliamente porque fue leído por Nelson Mandela en una ocasión señalada:

> *Nuestro miedo más profundo no es a ser incapaces. Nuestro miedo más profundo es que somos poderosos más allá de toda medida. Es nuestra luz, no nuestra oscuridad, lo que más nos atemoriza. Nos decimos a nosotros mismos: ¿quién soy yo para ser brillante, genial, talentoso y fabuloso? En realidad, ¿quiénes somos nosotros para no serlo? Tú eres un hijo de Dios.*

> *El hecho de hacerte pequeño no sirve al mundo. Nada hay de iluminación en encogerse para que otros no se sientan inseguros a tu alrededor. Todos tenemos que brillar como hacen los niños. Nacimos para manifestar la gloria de Dios que llevamos dentro. Y no está sólo en algunos de nosotros; está en todos. Cuando dejamos que nuestra luz brille, inconscientemente damos permiso a los demás para que hagan lo mismo. A medida que nos liberamos de nuestro propio miedo, nuestra presencia libera automáticamente a otros.*
>
> (A Return to Love: Reflections on the Principles of «A Course in Miracles», 1992)

RD: Creo que esta preciosa oración dice algo muy importante sobre el viaje del héroe, a saber, que dejes brillar tu luz, liberándote y liberando a otros del miedo.

Tengo una segunda lectura breve de D. H. Lawrence:

> *Cuando salimos de la botella de vidrio de nuestro ego,*
> *y como ardillas dando vueltas en la*
> *jaula de nuestra personalidad*
> *conseguimos escapar y volver al bosque,*
> *temblamos de frío y de miedo,*
> *pero nos pasan cosas*
> *que nos demuestran que no nos conocemos.*
>
> *La vida fresca y sin mentira*
> *y la pasión tensan y fortalecen nuestros cuerpos;*
> *plantamos nuestro pies con un nuevo poder*
> *y las cosas viejas se caen,*
> *nos reímos,*
> *y las instituciones se desvanecen como papel quemado.*

RD: Por lo tanto, salgamos todos de nuestras jaulas y volvamos de nuevo al bosque el día de hoy.

SG: Muy bien dicho, Robert. Hoy vamos a explorar el principio cognitivo generativo del patrocinio. Este principio está implícito en el trabajo de los budistas tibetanos, que resaltan que posiblemente el mayor don de la conciencia humana en la capacidad de transmutar la energía negativa en positiva; ser capaces de conectar con una pauta negativa y transformarla en algo que tenga valor para los seres humanos. ¿Creéis que tenemos esta capacidad?

RD: Decid «Amén», hermanos y hermanas. *(Risas.)* Decid: «Yo creo.» *(Más risas.)*

SG: ¿Y creéis que confiar plenamente en que podéis hacer eso marcaría una diferencia en vuestra manera de vivir vuestra vida cotidiana? ¿Creéis que si simplemente os concedierais un poco de tiempo y un poco de atención, podríais abriros a cualquier cosa que esté allí y a usar este don de vuestra conciencia humana para transformarla? La creencia en esta posibilidad es la base del proceso de patrocinio. Puedes escucharlo en este precioso poema de Rumí, el gran poeta sufí de hace 700 años. Algunos dicen que él es el mayor poeta de todos los tiempos, y yo no lo discuto. Este poema se llama «Una cabra se arrodilla».

> *El ser interno de un ser humano*
> *es una jungla. A veces dominan los lobos*
> *y a veces los jabalíes. ¡Ten cuidado al respirar!*
> *En un momento, cualidades suaves, delicadas,*
> *como las de José, pasan de una naturaleza a otra.*
> *Y al momento siguiente cualidades perversas*
> *se mueven ocultamente...*
> *A cada momento una nueva especie surge en el pecho,*
> *ahora un demonio, ahora un ángel, ahora un animal salvaje.*
> *Pero, en esta jungla asombrosa, también están los*
> *que pueden absorberte en su propia rendición.*
> *De modo que si tienes que acechar y robar algo,*
> *¡róbales a ellos!*

SG: En este poema puedes escuchar la importantísima distinción entre los dos niveles de la mente cognitiva. Tal como ayer hablábamos de los dos niveles del centro somático —el contenido y el espacio que contiene al contenido—, lo mismo decimos de la mente generativa. En lo somático generativo creamos una especie de «cuerpo de cuerpos»; en lo cognitivo generativo abrimos una especie de «mente de mentes». Se trata de añadir otro nivel contextual.

RD: En la PNL podrías decir que es una «metamente», que incluye y transciende a las demás mentes.

SG: De modo que en la mente generativa, la propia identidad se extiende al campo que contiene todos los patrones.

RD: Como decía Gregory Bateson, está al nivel «del patrón que conecta».

SG: Este nivel de la metamente generativa difiere marcadamente de lo que denominamos el nivel normal de la mente del ego, donde la identidad está en una posición o en una parte del campo. Así, si Robert y yo estamos juntos en un campo, la mente común diría: «Éste soy *yo* aquí; y eso de ahí *no soy yo*. Y mi identidad está *aquí* mismo... Yo *no estoy allí*.»

A este nivel de la identidad, cuando tenemos diferencias —que son inevitables— veré tu perspectiva distinta de la mía como una amenaza para mi identidad. Por lo tanto, para preservarme «a mí mismo», debo lidiar con estas diferencias borrando «al otro». *(Steve empieza a ir hacia Robert como un zombie asesino armado con un hacha.)* «Debo matar, matar, matar» *(Muchas risas.) (Steve se ríe mientras continúa moviéndose.)* Y, de algún modo, debo retirar esta horrible amenaza a mi identidad procedente del campo por cualquier medio que sea necesario.

Ahora nos reímos, pero la manera en que esto se despliega ahí fuera, en el mundo, no suele ser tan divertida. Se le llama fundamentalismo, y por desgracia actualmente es la ideología dominante en el planeta. «Mi posición es la posición verdadera. Y la suya es la posición del infiel. De modo que él debe ser destruido.» *(A Robert, con voz de matón de la mafia.)* No es nada personal. Es puramente profesional. *(Risas.)*

RD: Cuando somos capaces de pasar al nivel generativo, a un nivel superior con respecto a la identidad habitual del ego, en lugar de ser opuestos, nos hacemos complementarios. Podríamos decir que elevándonos al nivel de identidad del campo generativo hemos creado una tercera entidad que nos contiene a ambos, y mucho, mucho más. Es algo parecido a nuestro ejemplo anterior de unir dos átomos de hidrógeno y un átomo de oxígeno para conseguir agua. El agua no es hidrógeno y no es oxígeno. Pero no puede existir sin su relación. Emerge de su interacción. Y ése es el estado generativo: emerge de contener a todos los miembros del nivel inferior de una manera armoniosa.

SG: Por supuesto, esto se aplica igualmente a los seres humanos. Si has tenido alguna vez una relación íntima...

RD: ... o si has leído sobre alguien que haya temido una... *(Risas.)*

SG: ... puedes ver que en el primer estadio de la intimidad, la fase romántica, uno más uno es igual a uno. De modo que lo que pensamos del amor es: «Nos fundimos y vivimos felices para los restos.»

RD: *(Robert abraza a Steve como en un sueño.)* Steve, ¡amor mío! *(Risas.)*

SG: Y como Robert está mostrando, esta fusión romántica es literalmente como estar drogado. El cerebro libera hormonas que te ponen en un «trance de unidad»; es la manera que tiene la naturaleza de ponerte una trampa. «Ven aquí, pequeño mío...» *(Risas.)* Por supuesto, el efecto de todas las drogas acaba pasándose, de modo que en algún momento entras en la segunda fase de la intimidad, donde las diferencias se hacen más evidentes que la unidad. Todas esas cosas que eran tan hermosas en tu pareja, ¡ahora te molestan muchísimo! Pero, para cualquier relación íntima, este movimiento hacia la «dualidad» es un paso esencial. El reto es darnos cuenta de que, aunque nos queremos, tenemos diferencias significativas.

RD: La diferenciación es necesaria. Es esencial.

SG: Esta diferenciación permite pasar de identificarte con una única posición a identificarte con un campo que contiene muchas posiciones. Ésta es la tercera fase de la intimidad. Para disfrutar de un amor maduro y creativo debemos desarrollar una conciencia de campo, un «nosotros» que incluye pero va más allá del «tú» y del «yo». Nuestras diferencias no desaparecen —en algunos sentidos se hacen más claras—, pero hay un espacio emergente que las contiene. Esta conciencia de campo es un nivel superior con respecto a la conciencia de la «posición ego». Es la base no sólo de la capacidad generativa interpersonal —en la que el «nosotros» contiene y guía al «tú» y al «yo»—, sino también de la generatividad intrapersonal, donde la conciencia metaespacial hace sitio para cada parte de mi pensamiento, de mi comportamiento, de mis sentimientos y de mi ser. Esto permite la complementariedad en lugar de la competición; permite la relación «ambos/y» en lugar de «una cosa o la otra». Como veremos, esto produce una enorme diferencia a la hora de conseguir resultados generativos.

Cuando miramos a los problemas, generalmente vemos un choque entre posiciones, donde uno intenta deshacerse violentamente de una posición para afirmar otra posición diferente. Un ejemplo típico es la amplia brecha que suele existir entre el «ideal del ego» —como Robert decía antes, lo que creo que quiero, o lo que pienso que debería hacer— y lo que está ocurriendo realmente. Por ejemplo, quiero tener salud, pero como doce pasteles de nata al día. ¡Eso es una diferencia entre el ideal del ego y la realidad!

Normalmente, la identidad del ego intenta resolver esto «librándose» del estado problemático. ¡Deja de comer pasteles de nata! ¡No sientas miedo! ¡Ataca a la persona que no está de acuerdo contigo!

RD: De modo que tratas de controlarlo, de minimizarlo, de librarte de ello.

SG: Y si eso funciona, ¡genial! A veces lo que funciona es simplemente decir «no» o ignorar algo. En tal caso, estupendo, suéltalo y pasa a otra cosa. Pero si el problema sigue presentándose, es de esperar que te des cuenta de esto: he tratado de librarme de ello. Eso no ha funcionado. ¿Cuál es mi plan B? Y el plan B es lo que llamamos patrocinio.

PATROCINIO

RD: El patrocinio es entrar en el espacio generativo de ser capaz de contener lo que está allí de manera segura y hábil, de manera que permitas el emerger de experiencias y realidades nuevas y positivas, algo parecido a la metáfora del cielo que contiene a las nubes. Y a través de ese entorno capaz de contener, la transformación se vuelve posible. Un principio esencial de nuestro trabajo es: cualquier energía que no esté centrada, patrocinada e integrada es un problema. Un problema viene representado por cierta energía desconectada, rechazada y descentrada; en otras palabras, una sombra.

Si piensas en cualquier emoción con la que luches, probablemente podrás comprobar que no estás centrado cuando la sientes. No te gusta y no la quieres, y no está integrada con ninguna otra de tus energías. Estas energías siempre toman una forma pura y primitiva. De modo que el patrocinio guarda relación con dar la bienvenida a lo que está ahí, con centrarte en ello de una manera que te permita contenerlo. La transformación se produce a medida que esa energía se integra con otras energías y otros aspectos de ti.

SG: Dejadme que dé un ejemplo. Vivo cerca de San Diego, en el sur de California. Hace un par de años, tenía un grupo de supervisión un viernes por la mañana. Unos seis terapeutas iban a venir a una sesión de unas tres horas para explorar algunos de sus casos difíciles. Una de mis alumnas trabajaba a unos treinta kilómetros al norte de donde yo vivo. Tenía una cliente, una oficial de los marines de veintiséis años, que llegó con la siguiente historia: cuando era niña, ella y su hermana sufrieron abusos sexuales repetidos a manos del vecino de su casa. Cada vez que esto ocurría, el agresor decía: «Si se lo dices a alguien, mataré a tu hermana.» De modo que ella no se olvidó, pero no se sentía libre de contar lo que le estaba pasando. Tenía miedo de lo que podría hacerle a su hermana.

Y así, ella emprendió su viaje del héroe, como muchos supervivientes del trauma. Se alistó en los marines, ¿y qué tipo de especialidad crees que desarrolló? Se convirtió en una experta en pequeñas armas de demolición. Se trata de esas pequeñas armas de destrucción masiva que creíamos que había en Irak. Y resultó que habían estado en los Estados Unidos en todo momento. *(Risas.)* ¿Quién lo hubiera pensado? ¡Estábamos asombrados! *(Más risas.)* En cualquier caso, en un momento dado obtuvo un pase de seguridad para tener acceso a estas pequeñas bombas. Y adivina qué tipo de fantasías empezaron a visitarla. ¿Paz, amor y perdón? No, por supuesto que no... Tenía intensas fantasías de tomar una de aquellas bombas y hacer una visita a quien tú sabes. En realidad, *ella* no quería hacerlo. *Ella* no quería quitar la vida a nadie, y sabía que si lo hacía, su propia vida se habría acabado. Pero las fantasías eran muy intensas.

De modo que fue a la clínica y empezó a contárselo a su terapeuta (que era alumna mía). Cuando la terapeuta escuchó las fantasías, se sintió tensa y atemorizada *(Steve empieza a actuar, tenso y atemorizado)* y *trató de sugerir... relajación. Por favor, tan sólo relájate..., piensa en una escena en la playa...; ¡cualquier cosa menos esa fantasía! (Dicho con un tono muy tenso, que produce la risa del público.)*

Por lo visto, había olvidado los ejercicios de centramiento somático de los que hemos estado hablando. Y, por supuesto, esto hizo que su cliente se pusiera aún más nerviosa. Por suerte, la terapeuta contaba con un grupo de apoyo al que llevar el caso, y estuvimos hablando de cómo podía proceder. Al poco, la terapeuta, con aspecto tenso, dijo:

—Lo siento. Ojalá pudiera gestionar esto mejor, pero me siento abrumada.

—No hay problema —dije yo—. ¿Qué te parecería invitar a tu cliente a nuestro grupo de supervisión? Tú y yo juntos podemos entrevistarla durante una sesión, o quizá dos, y a partir de ahí veremos cómo van las cosas.

Ella pensó que era una buena idea y la cliente también. De modo que el viernes siguiente me encontré con ellas en la sala de espera. Esta mujer parecía sufrir una especie de estado de trance disociado muy interesante. Me refiero a un trance sin un centro humano para guiarlo o llevarlo a tierra. Tenía el pelo enmarañado, le faltaban dientes, llevaba unas gafas de cristales muy gruesos y tenía una extraña sonrisa en el rostro. Pensé: «Sí, creo que podría hacerlo. Estoy contento de que haya venido.» *(Una pequeña risa.)* De modo que entramos en mi despacho y nos aposentamos. Suelo tomarme un par de minutos con el cliente para centrarme en silencio al comienzo de cada sesión. Digo algo como: «Bueno, parece que quieres hacer algo muy importante para ti el día de hoy. ¿Por qué no nos concedemos unos momentos de silencio para conectar con lo más profundo de nosotros?» Esto da al cliente la oportunidad de entrar dentro y asentarse, y también me da la oportunidad de sintonizarme con mis «mantras meditativos», como: «Algo está tratando de curarse aquí. Algo de su espíritu está tratando de venir al mundo. Que pueda yo sentirlo, recibirlo y ayudar en este despertar.»

RD: Y nosotros dijimos: hay una intención positiva detrás de esta fantasía, detrás de la energía, dentro del síntoma.

SG: A continuación, el siguiente mantra meditativo que repito es algo como: «Cualquier cosa que sea lo que haya allí, seguro que tiene sentido.» No me preguntes cómo tiene sentido, porque mi mente consciente es la última en enterarse. Pero, en el patrocinio, aceptas que cada momento de experiencia «tiene sentido» en cuanto al despliegue del espíritu en el mundo. Así, mientras estaba sentado allí, no tardé mucho en sentir que su furia homicida era una buena señal de que el proceso de curación había comenzado. Si has sido torturado y un miembro de tu familia ha sido violado repetidamente, y no pudiste lidiar con ello por las razones que fuera, y después algo cambió de modo que pudiste empezar el proceso de curación, ¿cuál crees que sería el primer paso? ¿El perdón? *(Negando con la cabeza.)* Un primer paso muy saludable sería darse cuenta de que ¡quiero matar a ese bastardo! ¿No os parece que esto tiene sentido? Y una de las ideas clave del patrocinio, a diferencia de lo que me enseñaron las monjas católicas, es que *pensarlo no es hacerlo*. Es decir, puedes hacerle un sitio al pensamiento o al sentimiento sin tener que manifestarlo. Al ser capaz de «estar con él sin convertirse en él» —éste es un aspecto clave de la conciencia generativa—, puedes empezar a transformarlo en una experiencia positiva.

RD: De modo que patrocinas la energía, no el comportamiento.

SG: Podríamos decir que estás tratando de crear un campo energético donde poder contenerlo y recibirlo.

RD: Por tanto, estamos patrocinando el impulso, no una conducta específica. En PNL nos gusta decir: «Separa la identidad de la conducta.» Haré todo lo que esté en mi mano para cuestionar o detener un comportamiento dañino; y, al mismo tiempo, haré todo lo que esté en mi mano para apoyar la identidad y la intención positiva que están dando lugar a esa conducta.

SG: Entonces la miré, sentí esta conexión con ella, y dije en tono provocativo pero amable: «Entiendo que quieras hacer estallar por los aires a cierto gilipollas...» Sus ojos se abrieron de par en par con sorpresa y fascinación. Entonces, previsiblemente, se giró en el otro sentido, ocultando sus ojos como una niña tímida. Generalmente, cuando tocas algo en el centro de una persona, pasan un par de segundos antes de que la persona tenga que desconectar de ello. Eso está bien; cuando ella desconecta, tú no lo haces. Te muestras respetuoso, relajado y conectado. Poco después le pregunté: «¿Cuáles crees que podrían ser tus mejores técnicas?» *(Algunas risas.)* Ella volvió a parecer muy interesada y sus ojos empezaron a moverse, indicando que estaba accediendo visualmente a distintas fantasías. Cuando pareció estar especialmente absorta en una, le dije: «¡Sí, *ésa*! ¿Cuál es *esa* fantasía?» Ella me miró, sonrió unos momentos y volvió a esconder sus ojos.

A estas alturas ya sentía una profunda conexión con ella, y empecé a registrar mis propias imágenes de fantasía. (Esto indica que el terapeuta/*coach* está empezando a situarse en el campo relacional del cliente. El punto no consiste en perderse o quedarse fijado en esas imágenes, sino en sentir curiosidad por las distintas maneras en que el inconsciente creativo podría expresar la rabia justificada.) Elegí una y dije: «¿Qué tal meterle una bomba lapa por el culo?» *(Risas.)* Esta vez, ella me miró y continuó mirándome, profundamente absorta. Ésta era su manera de decir: *Estás hablando mi idioma, de modo que mi inconsciente te va a prestar toda la atención.*

RD: Recuerda ese paso clave en el ejercicio de centramiento activo: *Encuéntrate con la energía molesta. No salgas corriendo ante ella, no te opongas a ella. Encuéntrate con ella. Seguidamente considera cómo a partir de ese encuentro respetuoso puedes unirte a ella y redirigirla para poder producir nuevas pautas y resultados.*

SG: Y esto requiere bendecir la herida cuando te encuentres con ella. Para que una experiencia primitiva se vuelva plenamente humana necesita ser bendecida. De modo que le dije:

—No conozco todas las imágenes que fluirán a través de ti a lo largo de las semanas siguientes. Pero sé que se te hizo algo muy muy malo. Y, por la razón que sea, no has podido empezar a curarte hasta ahora. Pero parece que la curación está empezando a ocurrir, así que yo le digo a esa presencia en ti que está empezando a curarse, *bienvenida..., bienvenida..., bienvenida.* Y, a propósito, cuando sientes esa presencia que quiere matar al bastardo, ¿dónde experimentas la energía más claramente en tu cuerpo?

Ella se llevó *intensamente las manos al vientre.*

—Sí, ahí es donde la siento yo también —le dije con mucha simpatía.

Mientras sintonizaba con esa presencia en su centro, sintiéndola como la fuente de su fuerza y sabiduría, continué:

—Me gustaría mucho decir... a esa presencia dentro de ti: «Hablas con una gran integridad. Hay mucha rabia, es bueno saber eso. Dentro de esa rabia es donde está todo tu poder. Y me gustaría darte las gracias por empezar a curar eso.»

Sus ojos se llenaron de lágrimas y su cuerpo se relajó conforme su herida recibía mi bendición y empezaba a ser tratada. Empecé a enseñarle cómo centrarse en ese sentimiento esencial, como exploramos ayer, para poder empezar a crear un espacio seguro y a dejar que lo que tuviera que ser curado se curase. Así comenzó su viaje para transformar la herida de la furia oscura en un recurso humano para proteger la vida, para decir no, para cuestionar la injusticia social y la violencia. Su conexión con la energía del vientre se convirtió en su ancla, en su toma de tierra y en su lugar de sabiduría.

RD: Antes mencionamos el proceso de centrar, patrocinar y después integrar. Sea cual sea la energía, se presente como se presente un problema, te centras y lo afrontas. Llévalo a tu centro. Invítale a tomar el té. Siente curiosidad por cómo os puede ayudar a ambos esa conexión.

La pieza que vamos a explorar a continuación es el patrocinio. No sólo me encuentro con ella y o bien la llevo a tierra o me muevo con ella, también le doy algún tipo de bendición. El filósofo Albert Camus dijo: «Hasta que alguien no ha sido visto o bendecido por otra persona, no existe plenamente.» De modo que el patrocinio guarda relación con ver y bendecir lo que está allí. A la gente le suele resultar fácil hacerlo con un don. Es más difícil ver y bendecir una herida. Sin embargo, en nuestro viaje del héroe ésta es una capacidad y un reto básico: curar las heridas y transformar los «demonios». El patrocinio es una relación generativa para curar, transformar y despertar. Esto es lo que exploraremos a continuación.

SG: Este proceso de patrocinio es el proceso esencial del arte, de la cultura, de convertirse en persona. En cada caso hay que tomar alguna energía primitiva y llevarla a su forma plenamente humana. En el patrocinio tratas de humanizar lo que está en la psique.

RD: El mismo principio está activo en la buena paternidad.

SG: Sin duda estaréis de acuerdo con que los niños no llegan al mundo siendo personas plenamente formadas. Es un *largo* proceso de patrocinio. Tal vez uno de los mayores logros de la civilización es ayudar a los niños a comer como personas. *(Risas.)* Mi hija tiene casi dieciséis años y ha estado recibiendo terapia desde hace mucho tiempo para afrontar este problema. *(Risas.)* Tres sesiones de terapia al día, cada día, 365 días al año, para intentar ayudarla a comer como un ser humano. Y finalmente estamos viendo algún progreso. *(Risas.)*

Y tanto si se trata de comer como de cualquier otra cosa, hay muchos problemas y energías molestas en el camino que nos lleva a ser plenamente humanos. Cuando un niño tiene un año de edad, es probable que le veas lanzando la comida a su alrededor y extendiéndola por su rostro con gran deleite. ¿Recuerdas esos días? *(Algunos afirman con la cabeza y se ríen.)* Y si eres el padre, es de esperar que no le grites: «Eres un niño muy malo. ¿Por qué no eres más como los demás bebés? Si fueras un buen bebé, comerías exactamente como un adulto.» Es de esperar que no hagas esto y que te des cuenta de lo siguiente: bueno, esto es un trabajo inacabado, este niño necesita un poco de ayuda para madurar. Me gusta ayudarle.

Mi hija es una niña muy fiera; tiene una energía guerrera muy buena y positiva. A los tres años estaba en el jardín de casa jugando con una amiga. La amiga le quitó su juguete y Zoe respondió tomando un bate —¡que por suerte era de plástico!— y pegando a la otra niña en la cabeza. *(Risas.)* Ése es uno de los grandes momentos en la práctica de la paternidad, ¿no es cierto? La cuestión es: ¿cómo patrocinas eso? ¿Cómo aceptar que, en cierto sentido, eso despierta la bondad y los dones de tu hija? Le dices: «Oh, ¡es tan maravilloso que estés expresando tus sentimientos! Todos tenemos que expresar nuestros sentimientos espontáneamente.» *(Risas.)* O vas hasta ella, la zarandeas y le gritas: «¡En nuestra familia no hacemos este tipo de cosas! ¡Eso es malo malo malo!» Por supuesto que no. Una vez más, el principio del patrocinio es sentir y reconocer la energía y la intención positiva que yacen en el núcleo del comportamiento, y conectar con ella para que puedan surgir nuevas posibilidades. De modo que primero te das cuenta: «¡Vaya, esta niña tiene un espíritu muy fiero. Es un gran don, pero tiene trabajo que hacer.» Después conectas para bendecir ese espíritu y explorar cómo podría expresarlo de maneras más humanas. No te libras de la fiereza, la humanizas.

RD: Una clave del patrocinio es sentir el valor humano y positivo que hay detrás de una energía. Para ello tienes que ser capaz de contener esa energía, sea cual sea, cualquiera que sea esa conducta, a fin de averiguar cómo dar sentido a la situación. ¿Qué resultados positivos está tratando de conseguir? Como ejemplo, puedo recordar un momento en que mi hijo era pequeño. Se enfadó con su hermanita y empezó a mostrarse muy agresivo con ella, pegándole, empujándola y haciéndola llorar. Como padre, ¿qué puedes hacer? Le pegas y le dices: «No pegues a tu hermana. ¡Está mal pegar a otra gente!» *(Risas.)* Yo decidí explorar su intención positiva. De modo que le pregunté:

—¿Qué quieres conseguir empujando a tu hermana? ¿Qué consigues con eso?

Por supuesto, él me miró como si fuera un completo idiota y respondió:

—Quiero hacerle daño. *(Risas.)*

Ahora bien, ésta es la esencia del patrocinio. Ése es un momento en el que tienes que aceptar la energía y estar con ella un poco más. De modo que en lugar de decir: «Bueno, entonces eres un chico malo», o «Está mal querer hacerle daño», le pregunté:

—¿Y qué consigues haciéndole daño?

—Me desquito. Ajusto cuentas.

—¿Y qué consigues ajustando cuentas? ¿Por qué ajustar cuentas?

—Porque entonces es justo. Ella ha cogido mi juguete, de modo que ajusto cuentas.

—Ah, justicia; eso es algo importante —dije yo—. Quiero asegurarme de que tengas justicia en tu vida. Exploremos los caminos de la justicia. ¿Cómo puedes usar las palabras más que las manos para conseguir justicia? ¿Qué aspecto tiene la justicia? ¿Qué sensación produce la justicia?

Desde ese marco es posible explorar cómo esa intensa energía puede operar al servicio de algo que tiene valor humano. Tu principal interés no reside entonces en librarte de nada, sino en ver qué nuevas posibilidades pueden surgir aceptando y redirigiendo lo que ya está allí.

SG: Un principio básico es:

Para transformar algo, en primer lugar deja de intentar cambiarlo.

La mayor parte del tiempo que estamos tratando de cambiar algo en nosotros mismos o en los demás, emitimos el mensaje: «No estás bien en tu estado actual. No eres digno de amor tal como estás.» Esta degradación del espíritu humano, sea intencional o no, hace más difícil que la persona cambie. De modo que, en lugar de eso, digamos: «Estoy seguro de que lo que haces y experimentas tiene sentido. Estoy seguro de que golpear a tu hermana tiene mucho sentido. Y me gustaría mucho poder apoyar lo que está ocurriendo dentro de eso.» Sientes curiosidad por cómo en la raíz de «golpear a mi hermana» hay un profundo interés por la justicia, por cómo en el corazón de todos los síntomas y problemas hay un joya de bondad humana. El patrocinio es el arte de conectar con esa bondad intrínseca y liberarla.

RD: Y liberándola es como crecemos los seres humanos. Así creces como persona. Nos damos cuenta de que este proceso de patrocinio probablemente es un planteamiento muy diferente para muchos de vosotros. Para los que habéis recibido la formación en PNL, cuando tu cliente afronta síntomas y sentimientos difíciles, se te enseña a pensar: «Oh, ¡esto es un estado negativo! Aquí tengo una herramienta para arreglarlo. Aquí hay una herramienta para disociarlo, para cambiarlo, para librarse de él.» Nosotros estamos proponiendo algo radicalmente distinto. En lugar de decir: aquí están las herramientas para que el ego controle las emociones que no le gustan, proponemos: aquí hay un método para que el alma crezca, para hacernos más plenamente humanos.

Como dijo Albert Einstein, no puedes resolver un problema con el mismo tipo de pensamiento que lo creó. De modo que si el problema que afrontas es un conflicto, no vas a resolverlo fortaleciendo una mitad del conflicto. La otra mitad también tendrá que decir lo suyo, tanto si es un conflicto dentro de una persona como si es un conflicto entre personas, culturas o países. El uso del «poder sobre el otro» como método fundamental genera una escalada del conflicto, no una nueva solución.

SG: Recuerda: hemos señalado que existe una diferencia fundamental entre un héroe y un campeón. Ante un conflicto o un reto, el campeón está allí para derrotar al otro, para hacer que una parte del sistema domine a las demás. La llamada del héroe, por otra parte, consiste en cambiar la dinámica relacional y el campo relacional, de modo que el planteamiento «una cosa o la otra» característico de la violencia pueda dejar paso al «ambos/y» de la complementariedad. Estás tratando de crear más totalidad en el campo, en lugar de favorecer que una parte del campo posea un control unilateral.

RD: Por tanto, estamos planteando que en el viaje del héroe, el objetivo no es derrotar o destruir el sentimiento difícil o la energía negativa. Es humanizarlos empezando por hacerte tú mismo más humano. Empieza centrándote, abriendo el nivel somático generativo; después añade el proceso cognitivo del patrocinio, que te permite contener lo que está ahí de manera que puedan surgir nuevas experiencias y resultados positivos.

Es importante reconocer que si has conseguido derrotar o suprimir la energía problemática, esa energía ya no está disponible para ti. Si realmente yo consiguiera reprimir todas mis emociones, me quedaría insensible y sin energía. De modo que una parte de lo que decimos es que hay energías contenidas en el problema que necesitarás para triunfar en tu viaje del héroe. Cuanto más desafiante sea el viaje, más vas a necesitar toda la energía disponible. Vas a necesitar el poder contenido en el miedo. Vas a necesitar el poder contenido en tus juicios críticos. Vas a necesitar la energía contenida en tu pena y en tu tristeza..., así como la energía de tu alegría y de tu excitación. Tener acceso a esas energías es lo que te permite hacer lo extraordinario. Desde esta perspectiva, cuando derroto al enemigo me derroto a mí mismo.

La práctica del patrocinio

RD: En nuestro siguiente ejercicio vamos a aplicar el proceso de patrocinio para entender y apreciar más profundamente el viaje del héroe dentro del contexto más amplio de tu vida.

SG: En este proceso que yo desarrollé, entiendes toda una vida, la tuya o la de otra persona, en términos del viaje del héroe. Es muy interesante entrevistar a alguien sobre el pasado, el presente y el futuro de su viaje existencial, de manera que la persona pueda sentir cada parte significativa de ese viaje bajo la luz positiva del intento de su espíritu de despertar plenamente en el mundo. Vamos a hacer una demostración de este proceso y después te vamos a pedir que la repitas con un compañero. Las preguntas para la entrevista son las que vienen a continuación.

Ejercicio: preguntas para tu viaje del héroe

1. ¿Cuál es tu llamada?
2. ¿Cómo sabrás que tu llamada ha sido realizada? (estados internos/externos).
3. ¿Cuándo oíste la llamada por primera vez? ¿Cuáles fueron las llamadas subsiguientes? (sucesos «positivos trascendentales» y sucesos «negativos»).

4. ¿En qué sentido has rechazado la llamada? ¿Cuáles han sido las consecuencias de tu rechazo?
5. ¿Qué personas son los modelos/ancestros/patrocinadores de tu llamada?
6. ¿Qué personas representan ejemplos negativos/advertencias?
7. ¿Cuáles son los demonios que bloquean tu camino? (estados internos/hábitos o adicciones/asociaciones externas).
8. ¿Cuáles son los distintos recursos que sustentan/nutren/motivan tu camino?
9. ¿Qué te permitirá profundizar en tu compromiso con el viaje del héroe?

RD: Como hemos resaltado en nuestros ejercicios anteriores, la clave para hacer que esto sea significativo no es únicamente hacer las preguntas, también es el espacio o contenedor que creas para que tu cliente las responda. Esto significa que tu presencia es más importante que las preguntas. Podrías plantear estas preguntas y conseguir respuestas muy superficiales del ego-intelecto de alguien. Lo que estamos intentando hacer es crear el espacio para que la persona pueda responder estas preguntas desde el alma. Como *coach*, como terapeuta, como padre, como director, tu trabajo consiste en crear y mantener un espacio donde poder mostrar lo mejor de ti y de los demás. Por tanto, antes de empezar la entrevista y las preguntas, Stephen y yo vamos a dejarnos caer en ese lugar de conexión con nuestros centros.

SG: No hace falta que sea nada salvaje ni esotérico. Guardaremos eso para la tarde. *(Risas.)* Podéis empezar diciendo algo como: «Vamos a tomarnos unos momentos antes de comenzar nuestra conversación para interiorizarnos y asentarnos.» *(Robert y Steve se ralentizan y empiezan a centrarse.)*

Demostración con Stephen

RD: Una vez más, sé que la distancia que siento entre Stephen y yo es la misma distancia que siento entre yo y yo mismo. *De modo que quiero empezar por conectar conmigo mismo... Relajarme... y llevar la atención a mi centro...* Como practicamos ayer, una vez que te dejas caer a tu centro, abres el campo para incluir a tu compañero. Recuerda: *el mayor regalo que puedes dar a otra persona es la calidad de tu atención.* Por eso siente y comprométete a llevar una alta calidad de atención a la entrevista.

SG: Y desde este lado, cuando estés siendo entrevistado, aprovecha al máximo esta oportunidad para realizar un profundo autoaprendizaje. Deja de intentar impresionar o agradar al entrevistador, y acepta agradecido el apoyo que pueda darte para conectar profundamente contigo mismo.

RD: Como antes, cuando cada uno de vosotros se sienta centrado y preparado, dad la «señal secreta», la afirmación con la cabeza... *(Momentos después, tanto Robert como Steve hacen la señal de estar ya preparados.)*
Steve, cuando reflexionas sobre tu vida y también sobre tu futuro, ¿cuál dirías que es la llamada más profunda de tu vida?

SG: *(Hace una pausa para reflexionar.)* Bien, es interesante... A veces resulta difícil encontrar palabras, porque donde experimento mi respuesta no hay palabras. Pero pienso que, a día de hoy..., quizá la mejor manera de expresarlo sea decir que tiene que ver con... *ir siempre más allá de la realidad dada.* Hacer esto para mí mismo, pero también para las personas con las que entro en contacto. Ayudarles a sentir que hay un número infinito de realidades. Y cada persona tiene la capacidad de acceder y vivir en tantas realidades distintas. *No tienes que limitarte a ninguna realidad dada, siempre hay algo más allá...* Estoy muy seguro de que mi llamada guarda relación con esta idea.

RD: *(Lenta y suavemente.)* Stephen, realmente siento ese precioso espacio en el que dices que no hay palabras para esa llamada.

También escucho que, a día de hoy, tu llamada puede expresarse en términos de ayudarte a ti mismo y a los demás a ir más allá de cualquier realidad limitada..., ver que hay muchas realidades. Y tu llamada guarda relación con ayudar a la gente a llegar a ese lugar, para que puedan reconocer que, de algún modo, pueden elegir realidades.

SG: Mmmm..., sí..., interesante. Justo estaba recordando... unas experiencias muy profundas que tuve de niño.

RD: Sí. Estaba a punto de preguntarte cuándo sentiste esa llamada por primera vez.

SG: *(Haciendo una pausa en el ensueño.)* Bueno, en realidad existen distintos tipos de experiencias conectadas con eso..., pero una que estaba recordando es la de haberme sentido profundamente triste y confuso con respecto al estado tan cerrado, deprimente y lóbrego en el que sentía que estaba la mayoría de la gente cuando yo era niño. Así que no sé, quizá por eso tenga este impulso...; a veces quiero sacar a la gente de su trance..., tengo ganas de decirles: «¿No te das cuenta de que hay más?»

Y luego tengo otro tipo de recuerdos... *(Sonríe.)* De niño había ocasiones en las que tenía las experiencias más asombrosas e increíbles. Estoy recordando, por ejemplo, cuando tenía ocho o nueve años y tuve una profunda conexión con mi abuelo italiano. Fue un patrocinador tan positivo para mí; le quería tanto. Estábamos en la gran reunión familiar del domingo de Pascua. Yo estaba en el rincón, mi lugar tradicional, y estaba como en trance, observando qué le pasaba a la gente. Recuerdo haber sentido esta especie de conexión telepática con mi abuelo. Era una sensación tan placentera saber que me quería. Estábamos en su casa y él estaba recogiendo los platos de aperitivos para llevarlos a la cocina y rellenarlos. Recuerdo haber sentido una profunda conexión con él, y entonces él empezó a caminar hacia el pasillo. Justo cuando estaba a punto de desaparecer de mi vista, tuve una comprensión que me horrorizó: «¡Voy a perder la conexión con él!» De modo que en ese momento de mi infancia, salté de mi cuerpo y volví a caer dentro de él, y pensé: «¡Vaya!» *(Se ríe un poco.)*

Cuando él entró en la cocina, sentí que yo estaba sentado justo detrás de sus ojos, como siendo testigo de toda su conciencia. ¡Fue una experiencia asombrosa, asombrosa! Pero cuando empezó a cortar las verduras, tomé conciencia de algo sorprendente: *Él no era consciente de mí en ese momento. Yo no existía en su realidad en ese momento.* Fue verdaderamente una conmoción. Pero esa conmoción abrió este espacio...; en un momento empezaron a aparecer muchas, muchas experiencias en mi mente. Vi a mis familiares y a mí mismo en la base de las escaleras, posteriormente, esa misma noche, cuando le decíamos adiós. Yo sabía que probablemente no volveríamos a verle en unos cuantos meses, y tomé conciencia de todas las experiencias que él tendría en esos meses..., *¡y yo no estaría en la mayoría de ellas!* Fue una experiencia preciosa, sentir que había incontables realidades más allá de la mía. Y después me vi a mí mismo a vista de pájaro dentro de su vecindario en San Francisco, y en cada casa había gente que no conocía, y que nunca conocería, y cada uno estaba en su realidad experiencial, momento a momento a momento. Fue realmente asombroso sentir que había incontables realidades, un número de realidades siempre en expansión, y que podía pasar toda la vida explorándolas y nunca llegar a arañar la superficie. Recuerdo que en ese momento me di cuenta: *¡Voy a explorar esto el resto de mi vida!*

RD: *(Hace una pausa, lo inspira, y después responde delicadamente.)* Me siento muy tocado por eso... Puedo sentir a ese niño de nueve años y verdaderamente sintonizar con él. Puedo sentir ese despertar..., es muy intenso. Puedo ver que ése fue un momento clave que ha dejado huella en ti.

SG: Sí...

RD: ¿Puedes decir algo de las llamadas subsiguientes? ¿Desde lo que hemos venido llamando las experiencias transcendentales y positivas..., o desde las intensas luchas que te llevaron a ayudar a los demás a superar cualquier realidad dada y a reconocer que hay infinitas realidades?

SG: Oh, ciertamente recuerdo una serie de experiencias muy profundas y positivas que supusieron aperturas importantes en mi conciencia.

RD: Mmmm...

SG: Pero resulta interesante; pienso que, sobre todo en aquellos primeros días, llegar a esos lugares de alegría y júbilo exigía que yo me disociara, que me separara de toda la infelicidad que se producía en mí y a mi alrededor. Y esa estrategia de disociación..., bueno, tenía muchos aspectos positivos, pero también tenía algunos negativos. Creo que utilizaba las experiencias «transcendentales» positivas para evitar lidiar con mi herida y mi dolor emocional. Es algo así como una versión de la idea de que el don se usa para ocultar la herida.

RD: Mmmm... Suena como si además de ayudarte a ti mismo y a los demás a llegar a ese lugar de reconocer las infinitas realidades, en tu viaje también hubiese algo que guarda relación con... estar con lo que es, con lo que te está pasando; con conectar de algún modo las energías difíciles.

SG: Sí, quiero decir que el don de ver todas las realidades asombrosas está ahí, y creo que estaría ahí independientemente de mi historia personal. A todo el mundo se le da una joya, y creo que ésa es la que me dieron a mí...; pero, como sabes, esa luz puede usarse para enmascarar la oscuridad... y yo crecí en una familia muy violenta y alcohólica, donde había muchas cosas que no se podían tratar. De modo que, mirando atrás, parece que en algún sentido he explotado el don. Puedo apreciar que entonces me ayudó, pero también puedo sentir que ahora ya no me ayuda. De modo que, mientras hablamos, me resulta interesante sentir cómo ha cambiado el camino con el tiempo.

RD: Esto me recuerda otra pregunta: en tu vida..., ¿cuándo rechazaste tu llamada y qué consecuencias tuvo eso para ti?

SG: *(Hace una pausa.)* Creo que me he desviado de mi camino de manera significativa al menos de dos maneras. Una es cuando me dediqué a perseguir la fama y la fortuna más que a vivir el don; eso realmente me ha metido en problemas.

RD: Mmmm...

SG: Y la otra es haber seguido esa inclinación de los irlandeses católicos hacia el sexo, las drogas y el *rock and roll*. *(Robert se ríe.)* En serio; a veces, perderme en eso me ha alejado del sentimiento de estar viviendo mi llamada. De modo que éstas son dos cosas a las que he aprendido a prestar atención..., en parte porque sé por propia experiencia cuánto dolor generan para mí y para las personas que amo. También sé por experiencia cuánto placer y satisfacción me produce vivir más cerca de mi camino... Asimismo, como sabes, pasé por un divorcio muy doloroso hace tres años, y siento que en gran medida tuvo que ver con haber dejado de vivir desde mi centro. Pero actualmente me siento mejor de lo que me he sentido en mucho tiempo.

RD: Mmmm. Puedo verlo.

SG: Es genial sentir cuál es mi llamada y experimentar la felicidad y la excitación de poder vivirla.

RD: Entonces, ¿dónde percibes que está tu actual filón de crecimiento? Otra manera de decir esto es preguntar: ¿cuáles son los demonios que bloquean tu camino?

SG: *(Hace una pausa.)* Uno de los demonios..., lo que me acaba de venir es que he notado cierta amargura hacia mi ex esposa por el divorcio, y he sentido que realmente necesito sanar la amargura y el enfado que hay ahí... Yo diría que otro demonio es esta especie de miedo interno que surge a veces y me hace pensar que nadie me querrá nunca. Y eso, por la razón que sea, me lleva a trabajar más duro.

RD: Otra cuestión que me surge es: ¿qué personas han sido los modelos, los ancestros o los patrocinadores de tu llamada? Y en este momento me pregunto si alguno de ellos podría ser un recurso para curar tu amargura y el miedo del que estabas hablando?

SG: *(Hace una pausa.)* Cuando era más joven, creo que tenía muchos más patrocinadores. Una de las ventajas de estar en la veintena era que tenía un asombroso panteón de grandes profesores: Erickson,

Bateson, Satir, John Lilly, Grinder, Bandler, profesores de Standford... Podría seguir indefinidamente. Y últimamente he notado que no he conectado con patrocinadores positivos del modo que necesito y me gustaría.

RD: Mmmm...

SG: Pero siento mucho interés por el budismo tibetano, en particular por algunos profesores como el Dalai Lama. Algunas de estas personas son verdaderamente grandes modelos y profesores de cómo curar la ira y la amargura internas. Son de gran ayuda para mí, personal y profesionalmente. Y he sentido, en parte a partir del trabajo que hemos hecho juntos, que necesito encontrar buenos patrocinadores en mi vida actual.

RD: Mmmm..., eso me toca mucho, y me suena cierto. También puedo sintonizar con ello personalmente. Lo cual me lleva a dos preguntas clave; la primera es: ¿qué recursos sustentan, nutren y motivan tu camino? Y con relación a esto, ¿qué te permitiría profundizar tu compromiso con el viaje del héroe?

SG: En realidad he venido prestando mucha atención a esa pregunta. Siento cada vez más que la respuesta tiene que ver con el proceso esencial de autocuidado, cómo alimentarme a mí mismo teniendo una vida laboral tan ajetreada. Me doy cuenta de que trato de recordar que la lectura es uno de los grandes recursos que abre mi imaginación. Me devuelve a una sensación de maravillamiento, de entrar en una realidad más allá de la mía y de sentir curiosidad por cómo se abre dicha realidad.

Y después mi meditación diaria y mi práctica de yoga. Éstas son muy importantes. *(Hace una pausa y sonríe.)* Y, como sabes, tengo un amor, Grace, que *realmente* me devuelve a mi centro. *(Robert y Steve se ríen.)* Por desgracia, ahora mismo ella vive en China y yo vivo en Estados Unidos. Pero verdaderamente es una relación tan esencial..., y hablamos todos los días. ¡Doy gracias a Dios por Skype! *(Robert se ríe.)*

RD: ¡Puedo ver que eso también exige que expandas tu realidad!

Lo cual me lleva a mi pregunta final, que es sobre tu futuro. ¿Cómo sabrás que tu llamada ha sido realizada? Al mirar a tu futuro, ¿cómo sabrás que estás sobre la pista? ¿Y qué parece estar llamándote ahora hacia el futuro?

SG: Bueno, la respuesta que percibo en mi interior es que siento este corazón radiante.

RD: Sí, un corazón radiante...

SG: Y he visto una imagen de mí mismo con los brazos abiertos así *(abre los brazos)*, con un gran sentimiento de libertad.

RD: *(Con ternura.)* Realmente veo... y honro ese enorme corazón abierto.

SG: Gracias, Robert. Es genial recibir tu amor y patrocinio... *(Robert y Stephen se ríen.) (Aplauso.)*

Habilidades de patrocinio

RD: Una de las cosas que hemos estado explorando aquí es: ¿cómo mantienes una conversación sagrada con alguien? ¿Cómo invitas a alguien a hablar desde el fondo de su corazón sobre sus sueños, sus verdades, sus llamadas, sus viajes de vida? Sé que cuando estoy asesorando al gerente de una gran compañía, ésa es precisamente la calidad de conversación que busco. Y lo mismo ocurre cuando trabajo con alguien que tiene algún problema de salud. Y, como creo que probablemente habéis sentido, vuestro compromiso con esa conversación puede abriros este campo precioso que acoge y sustenta las verdades más profundas.

Creo que es muy poderoso estar en ambos lados de una conversación así. Para mí, como entrevistador, en lo que Stephen compartía había oleadas de cosas que me tocaban muy profundamente. No eran sólo las palabras que Stephen usaba, sino el lugar desde el que hablaba, la energía que había detrás de sus palabras.

SG: Creo que Robert me ha apoyado de una manera genial. Es

posible que no lo pareciera, pero la mitad del tiempo me he olvidado de que él estaba ahí, porque sus preguntas, y su manera de plantearlas, me han permitido introducirme en un espacio interno muy interesante. Y después ha sido un placer volver y contemplar esos ojos radiantes y sonrientes, y tener la sensación de que mi viaje le interesaba mucho.

RD: En el libro de Stephen *La valentía de amar*, describe una serie de habilidades de patrocinio. La primera es ser internamente congruente, estar conectado con uno mismo. La segunda es estar conectado con el compañero. Y me he dado cuenta, al ser el escuchador en este caso, que había veces en las que tenía que tener mucho cuidado de no perderme en lo que Stephen decía para poder seguir estando presente para él al recibirlo. De modo que tenía que tener en cuenta continuamente tanto la conexión conmigo mismo como la conexión con él.

La tercera y la cuarta habilidades del patrocinio también son complementarias. Son la curiosidad y la receptividad. La curiosidad es una expresión de mí mismo, de mis intereses. Pero tiene que estar equilibrada con la receptividad a lo que Stephen está dando: a lo que quiere dar, a lo que está dispuesto a dar. Porque si sólo eres curioso, sólo tratas de satisfacerte a ti mismo. Y si sólo eres receptivo, no estás suficientemente presente en ti mismo para crear el espacio en el que esta exploración continúe ocurriendo. De modo que en este ejercicio, cuando eres el *coach* o escuchador, es importante encarnar estas cuatro importantísimas habilidades: tu conexión contigo mismo, tu conexión con el cliente, tu curiosidad interna y fascinación, y también tu receptividad a lo que esa persona necesita realmente y quiere compartir o decir.

SG: De modo que júntate con un compañero y haz este ejercicio. Recuerda, las preguntas básicas que estás planteando a tu compañero son: *Háblame sobre el viaje del héroe..., su pasado, presente y futuro. Háblame de tus demonios, de tus guardianes y de tus recursos. Háblame del despliegue más profundo de tu vida.* No hace falta que utilices todas las preguntas de la lista anterior, pero éstas son algunas de las que podéis usar.

RD: Y no tienes que plantearlas en el orden exacto que siguen en la lista. Puedes añadir, sustraer o modificarlas en función de cómo sientas que se despliega la conversación.

SG: Y cuando seas el entrevistador, inspira profundamente todo lo que la persona comparta. Sintonízate con esta petición silenciosa: *Lléname con el hermoso trance de tu viaje del héroe. Quiero ser un observador/participante a todos los niveles.*

RD: Cuando escuchaba a Stephen, ha habido momentos en los que *(inspira)* literalmente estaba respirando la belleza de su historia. Y, al hacerlo, sentía una conexión con la vitalidad única, con la energía única de Stephen y su viaje. Esto es una parte importante del patrocinio: siente y refleja la belleza más profunda del despliegue del espíritu de esa persona. Es como la cita de Martha Graham: encuentra y conecta con la fuerza de vida de tu compañero.

SG: *Mi cliente está realizando un viaje asombroso.*

RD: *A esta persona le está ocurriendo algo grande. ¿Qué es? Hay algo grande aquí mismo.*

SG: De modo que buscad un compañero y después llegad allí donde nadie ha estado antes.

LIDIAR CON LA RESISTENCIA Y EL RECHAZO

SG: Este ejercicio es una manera de ver y de sentir lo mejor que hay en una persona, de comprobar que todas sus experiencias —positivas y negativas— forman parte del despliegue más profundo del viaje del héroe. No se trata de ignorar las dificultades y los dolores de una vida, sino de situarlos dentro de un contexto mayor. Por grandes que sean los problemas de una persona, el espacio del ser siempre es mucho mayor. Sientes que en el núcleo de cada experiencia esencial el espíritu está tratando de despertar, de curarse, de crecer.

RD: Una vez que tienes esta sensación general de tu viaje, es posible sintonizar con distintas partes de él. A continuación nos gustaría explorar algunos aspectos del *umbral* y del *rechazo* a la llamada. A menudo nos encontramos con resistencias en los umbrales de nuestro viaje, frecuentemente porque sabemos que vamos a tener que lidiar con los demonios y las sombras que aparecen en el camino. Y la mala noticia es que no hay únicamente un demonio, hay muchos demonios.

SG: *(Aparentando estar sorprendido y molesto.)* Oh, ¡eso es genial! *(Risas.)* ¡Primero me atraes hacia el viaje del héroe y ahora me dices que voy a ser poseído por muchos demonios! *(Más risas.)*

RD: *(Con la mano sobre el hombro de Steve.)* La buena nueva es que eso no es un problema. *(Risas.)* Como Stephen muestra en broma, a menudo hay resistencia inmediatas, dilaciones y dudas cuando surge el tema de los demonios. Ayer, en el proceso de centramiento activo que practiqué con Carmen, trabajamos con los «demonios» o las energías negativas procedentes de fuera de ti. Ahora también vas a incluir los demonios que vienen de tu interior. De modo que nuestro próximo ejercicio, que yo mismo he desarrollado, tiene el nombre de «Emprender el viaje del héroe». O también se podría decir que es dar el paso siguiente de tu viaje. Lo que sigue es un resumen de lo que vamos a hacer.

Ejercicio: emprender el viaje del héroe

Cuando hayas completado tu reflexión, puedes empezar el viaje del héroe dando los pasos siguientes con un *coach* o compañero. Uno de vosotros será el «cliente», el otro será el «coach». Este proceso hace uso de una línea temporal y del marco «como si», para ayudarte a identificar y transformar cualquier resistencia que tengas a cruzar el umbral y emprender tu viaje.

1. Crea una línea temporal imaginaria en el suelo. Pon la «llamada» y el «demonio» en sus respectivos lugares de la dimensión futura de la línea temporal.

pasado · presente · futuro

Figura 2.1: Puede usarse una línea temporal física para recordar el pasado y anticipar el futuro.

2. Haz que el cliente/héroe esté en el presente y tenga una sensación del umbral que debe cruzar para afrontar con éxito su demonio y llevar a cabo su llamada. Pregunta: «¿Qué te retiene? ¿Dónde está tu resistencia?»

Figura 2.2: El patrocinador ayuda al cliente a plasmar su resistencia a cruzar el umbral representando físicamente la resistencia.

3. Asesora a tu cliente/héroe, ayudándole a detectar el lugar físico de su resistencia: interactúa con el cliente para crear una metáfora física del sentimiento de resistencia (retener/empujar al cliente hacia atrás, arrastrarle hacia abajo, sacarle de su camino). Representad las diversas posibilidades hasta que encontréis aquella que el cliente sienta intuitivamente que es la adecuada.

4. Seguidamente el patrocinador y el cliente cambian de lugar para que el cliente se ponga en la posición de su propia resistencia. Desde esta perspectiva, el cliente considera las siguientes cuestiones: ¿cuál es la intención positiva de la resistencia?, ¿cuáles son los recursos que necesito para realizar la intención positiva de una manera nueva y más apropiada?, ¿cómo puedo cambiar la expresión física de esta resistencia de modo que se convierta en un guardián de la intención positiva más que en una limitación?

Figura 2.3: El patrocinador y el cliente cambian de lugar para que éste tome el papel de la resistencia y pueda reflexionar sobre su intención positiva.

5. El cliente abandona el presente en su línea temporal y camina hacia el futuro, actuando como si fuera capaz de cruzar el umbral y de ir al lugar futuro al que le lleva su llamada. El cliente

se sitúa en el lugar que representa la llamada con una sensación de éxito y de centramiento.

6. Desde el lugar de la llamada, el cliente/héroe se gira y mira hacia el presente, donde está luchando con el umbral. Desde este lugar, el cliente se convierte en su propio guardián o autopatrocinador, y ofrece un recurso y un mensaje a su yo actual.
7. El cliente retorna al presente, trayendo el mensaje y los recursos necesarios desde la posición futura, y transfiriéndolos al presente. El cliente reflexiona sobre cómo usar estos recursos para transformar la resistencia anterior en un guardián.
8. Tomando estos recursos, el cliente camina de nuevo hasta ese lugar futuro sobre la línea temporal que representa la llamada.

RD: Un componente clave de este ejercicio es el proceso que llamamos «autopatrocinio», por el que te conviertes en tu propio *coach*, en tu propio guía, en tu propio líder creativo y compasivo. Como en el centramiento activo, también vamos a activar la mente somática. Porque, como Stephen decía antes, la mente ego habitual no es suficiente para el viaje del héroe.

También vamos a «fisicalizar» aspectos del viaje usando una línea temporal física para representar tu recorrido. El cliente se mueve a algún lugar de su línea temporal donde siente resistencias o dudas sobre su capacidad de continuar con su viaje; un lugar donde sientes que algo te detiene o te retiene. No se trata tanto de algo fuera de ti como de algo interno que te está deteniendo. Queremos resaltar que estas dudas y resistencias forman parte esencial de cada viaje. Todos los héroe se lo piensan. A Jesús también le pasó. «¿Es realmente esto lo que quiero hacer? ¿Verdaderamente me estás pidiendo que haga esto?» De modo que queremos apreciar la presencia de estas dudas y ver cómo pueden contribuir positivamente al viaje.

SG: En su mapa del viaje del héroe, Joseph Campbell llama a esto «negar o rechazar la llamada». Nadie recorre su camino de transformación sin grandes obstáculos, internos y externos. Se supone que tienes que afrontar estas resistencias. Se supone que tienen que entrarte dudas. Te avisan de que te estás acercando a un umbral, de que vas a dar un paso más allá de donde habías estado antes. ¡De modo que tenlo previsto! Y al mismo tiempo, entrénate para trabajar hábilmente con estos puntos inevitables de tu viaje.

RD: Con frecuencia estas dudas no son lógicas ni verbales. Pueden aparecer somáticamente como tensiones corporales, contracciones o miedos. Estas dudas no suelen ser pensamientos claros y lógicos. Pueden surgir en el cuerpo como una sensación de que algo te está deteniendo o reteniendo, por lo que tenemos que trabajar con las resistencias corporales y con las mentales.

Demostración con Vicente

RD: Me gustaría pedir un voluntario, alguien que quiera explorar cómo transformar estas resistencias. *(Se alzan una serie de manos y Robert elige a un hombre.)* ¿Cómo te llamas?

Hombre: Vicente.

RD: Vicente, me gustaría que empezaras hablándonos un poco de tu viaje, de tu llamada.

Vicente: He descubierto en el ejercicio anterior que mi viaje comenzó cuando tenía once o doce años. Estaba en los Boy Scouts. Recuerdo haber escuchado el mensaje de Baden Powell, el fundador de los Scouts. El mensaje es que tenemos que dejar el mundo un poco mejor de como lo encontramos. Ese mensaje realmente me tocó, en parte porque había visto muchas injusticias de niño.

RD: Sí. ¿De modo que sientes que tu llamada guarda relación con dejar el mundo mejor de lo que lo encontraste? ¿Y promover la justicia, transformar la injusticia?

Vicente: Por encima de todo, ser un modelo, mostrar a los demás cómo se puede vivir la vida.

RD: Como dijo Gandhi, tienes que ser el cambio que quieres ver en el mundo... Bien... Tengo curiosidad, Vicente; ¿tienes algún tipo de símbolo para ti mismo, algo que pueda representar esa llamada?

VICENTE: Muchos.

RD: Me gustaría pedirte que seleccionaras el símbolo que más te toque. *(Vicente mira hacia arriba y a lo lejos, buscando el símbolo.)* Y en lugar de mirar allí arriba, me gustaría pedirte que lo sientas en el cuerpo. Deja que la imagen surja de tu sabiduría e inteligencia corporal. *(Vicente cierra los ojos, se interioriza.)* Eso es. Siente qué hay ahí. ¿Cuál es tu símbolo?

VICENTE: *(Con los ojos abiertos.)* ¿Puedo dibujarlo?

SG: Claro.

(Vicente dibuja el símbolo de la paz en la pizarra.)

RD: De modo que eres un portador de paz. ¿Cuál sería tu nombre para esto?

VICENTE: Justicia.

RD: Justicia. De acuerdo. Justicia es la llamada. ¿Hay situaciones específicas, contextos específicos, a los que te resulte importante llevar tu llamada?

VICENTE: Considero que lo más importante son las situaciones del día a día.

RD: Sí...

VICENTE: A las relaciones de cada día.

RD: De modo que esta parte de tu llamada guarda relación con traer paz, traer justicia a tus relaciones cotidianas.

VICENTE: Sí, a través de pequeños actos.

RD: A través de pequeños actos. Y que tú seas un ejemplo, un modelo de cómo hacer eso.

VICENTE: Sí, eso es.

RD: Bien. *(Al público.)* De modo que empezamos identificando la llamada y los contextos en los que es relevante. Seguidamente, identificaremos la resistencia a la llamada. ¿Cuál es el demonio, o el umbral? Para ello, no vamos a pedir al ego-intelecto que nos hable de ello; más bien vamos a crear una línea temporal.

(A Vicente.) Otra curiosidad, Vicente: cuando piensas en tu pasado y en tu futuro, ¿iría tu futuro hacia allí *(apuntando hacia la izquierda)* o hacia allá *(apuntando a la derecha)*?

VICENTE: *(Apuntando hacia la derecha.)* Hacia ahí.

RD: Tu futuro está a tu derecha y tu pasado está a tu izquierda. *(Vicente afirma con la cabeza.)*

Me gustaría que te pusieras en tu presente y miraras hacia el futuro. *(Vicente se posiciona en consecuencia.)*

(Al público.) Y ahora, como *coach*, como patrocinador, quiero ayudar a Vicente a situarse en la experiencia del viaje del héroe. *(A Vicente.)* De modo que frente a ti está tu llamada..., la llamada representada por el signo de la paz *(apuntando a la pizarra)*. La llamada es llevar justicia y paz al mundo, a los pequeños detalles de la vida de cada día.

Y detrás de ti está tu pasado, incluyendo las injusticias que experimentaste de niño. Ellas forman parte de lo que te lleva a hacer este viaje. También sabemos que el viaje que tienes por delante probablemente te planteará retos: los demonios y también los umbrales. Por eso, para vivir plenamente tu llamada, a veces tendrás que afrontar experiencias que supongan cierta incomodidad, que no te sean familiares o que te produzcan incertidumbre. Y aunque puedo ver que esta visión te llama profundamente, es posible que tengas dudas y resistencias. *(Vicente afirma con la cabeza.)* Veo que reconoces eso. Entonces, siento curiosidad: ¿cómo sientes estas dudas y resistencias? ¿Sientes alguna sensación en tu cuerpo?

(Vicente hace una pausa, parece profundamente absorbido.)

¿Qué puedes compartir de la experiencia de esas resistencias? ¿Dónde y cómo las sientes somáticamente?

VICENTE: Aquí. *(Se toca los hombros.)*

RD: ¿Aquí? *(Robert toca los hombros de Vicente.)* De acuerdo, me gustaría pedir a Stephen que se acercase a nosotros. Su papel será convertirse en esa resistencia de Vicente. Vicente, tendrás que enseñar a Stephen cómo convertirse en la resistencia. Por ejemplo, ¿vas a poner a Stephen a empujarte en los hombros? *(Stephen presiona los hombros de Vicente.)* ¿O más bien quieres tirar de ellos? *(Stephen tira de los hombros de Vicente.)* Al sentir cada manera particular en la que él se vincula contigo, nota si encaja o no con tu manera de experimentarlo. De modo que puedes decir: «No, no del todo así..., un poco más así...; sí, ¡eso es!» Ahora tu cuerpo te enseñará y enseñará a Stephen cómo experimentas la resistencia. Por lo tanto, Stephen se convertirá en tu demonio, al servicio de tu viaje. Y no te preocupes, ¡él es muy bueno en esto! *(Risas.)*

SG: He estado sirviendo como demonio personal de Robert durante muchos años. *(Risas.)* Pero, en serio, Vicente, ¿tengo que estar delante o detrás de ti?

VICENTE: *(Hace una pausa.)* Detrás.

SG: *(Poniéndose detrás de Vicente.)* ¿Y debo presionar hacia abajo así? *(Stephen empieza a empujar y a tirar de Vicente en distintas direcciones.)* ¿O así?

VICENTE: Sí, ¡así! ¡Y empuja con más fuerza hacia abajo con el pulgar! *(Algunas risas.)*

RD: Es divertido hacer esto, y es muy interesante descubrir que tu cuerpo sabe exactamente cómo lo siente.

(Al público.) De modo que éste es el primer paso. Enseña a tu compañero a representar la resistencia, de manera que esté diferenciada de ti.

(A Vicente.) Ahora, lo siguiente que quiero que me digas es si Stephen, como demonio tuyo, tiene que pronunciar algunas palabras. Tal vez te diga: «Párate» o «no», o «no te está permitido». ¿Qué mensaje te da el demonio?

VICENTE: Muchos.

RD: Sí. ¿Qué tipo de mensajes?

VICENTE: Impotencia.

RD: Sí, algo sobre la impotencia. ¿Cuáles serían las palabras concretas?

VICENTE: «¡No puedes hacer esto solo!»

RD: Sí, el mensaje es: «¡No puedes hacer esto solo!» Así que ahora voy a pedir a Stephen que, como demonio, aplique físicamente una presión sobre tus hombros desde atrás y al mismo tiempo diga estas palabras.

SG: *(Presiona en los hombros de Vicente.) ¡No puedes hacer esto solo! No puedes... hacer esto... solo... ¡No puedes hacer esto solo!*

RD: De acuerdo, detengámonos unos momentos. ¿Sientes que está bien así, Vicente? ¿Es esto lo que te ocurre?

Vicente: Sí. Y lo que ocurre es que me resisto con mucha fuerza.

SG: Esto es lo que suele ocurrirnos cuando nos encontramos con el demonio. Nos olvidamos de cuál es nuestra intención más profunda —en el caso de Vicente, «Quiero llevar la justicia al mundo»—, y nos perdemos en la energía negativa. Perdemos nuestra visión profunda y todo se convierte en: «¿Puedo destruir esta parte de mí o va a destruirme ella a mí?»

RD: Esta presencia que está tratando de detenerte es lo que ayer llamé «el terrorista interno». En el modelo de las relaciones del yo, de Stephen, se le llama «posesión por parte de alienígenas».

SG: Esto hace referencia a las distintas presencias que te alienan de tu centro.

RD: Ahora veamos el paso siguiente. Lo que voy a pedirte que hagas, Vicente, es cambiar de lugar con Stephen, y vas a ser tu propia resistencia. Ahora vas a torturarle por un rato. *(Algunas risas.)*

SG: Y ten en cuenta que has de entrar en esto completamente, convertirte en la resistencia para poder empezar a entenderla desde dentro.

RD: Entonces, como Stephen es tú, le vas a sujetar y le vas a decir en tono duro: «¡No! ¡No puedes hacer eso!» Siente realmente que eres la energía de la resistencia y conviértete en ella.

Vicente: *(Se coloca detrás de Stephen y pone las manos sobre sus hombros, empujándole hacia abajo.) ¡No puedes hacerlo solo! ¡No puedes hacerlo solo! ¡No puedes hacerlo solo!*

(Stephen muestra incomodidad.)

(A Stephen.) ¿Estás bien?

SG: Sí, sólo me interesa sentir cómo es la experiencia desde esta posición. Estoy bien, lo estás haciendo genial.

RD: De acuerdo, Vicente, voy a pedirte que continúes haciéndolo, pero esta vez de manera más lenta y centrada. Vamos a ver cuál es la intención positiva del demonio añadiendo al patrón de resistencia el centramiento y la presencia. Recuerda nuestra fórmula de ayer: *síntoma más centramiento igual a recurso*. También se aplica a los demonios. Cuando puedes convertirte en tu resistencia y cambiarla por un estado centrado, su expresión empieza a ser más útil y positiva.

De acuerdo, Vicente. ¿Lo entiendes? ¿Estás preparado?

VICENTE: Sí. *(Se centra más y actúa con más suavidad, mientras vuelve a conectar con Stephen.)* ¡No puedes hacerlo solo! No puedes hacerlo solo... *(Stephen suspira hondo y se relaja.)* No puedes hacerlo solo.

RD: ¡Bien! Vamos a hacer otra pausa. Vicente, mientras haces eso a «Vicente», ¿cuál sientes que es la intención de este demonio?

VICENTE: *(Parece tocado.)* Conexión.

RD: Conexión. Es muy interesante; aunque esta resistencia parece muy negativa, está tratando de establecer una conexión.

SG: Es muy interesante. Esto es exactamente lo que he sentido durante este rato. He sentido que estaba recibiendo el mejor mensaje que he recibido en mucho tiempo. *(Algunas risas.)* Y me habéis oído suspirar...

VICENTE: Sí, es muy interesante para mí...

RD: Recuerda que hemos dicho: las energías no centradas son problemas; las energías centradas se convierten en recursos y soluciones. De modo que aquí estamos tratando de dar un paso más. Stephen se va a quedar aquí, representando a Vicente en el momento actual de su línea de vida. Y yo voy a pedir a Vicente que vaya a su futuro. *(Robert lleva a Vicente a un espacio futuro de la línea temporal.)* Vicente, mientras estás aquí, en tu futuro, voy a pedirte que vuelvas a conectar con tu llamada. *(Vicente sonríe y afirma con la cabeza.)* Y date cuenta de que tú, representado por Stephen, sigues estando ahí atrás, en el lugar que representa el momento actual. Desde aquí, en tu futuro, déjate convertir en el símbolo de la paz que identificaste anteriormente. *(Vincente respira hondo.)* Esto está bien. Tal como en el ejercicio de ayer, déjate respirar profundamente y conviértete en la plena realización de esa llamada. *(Vicente parece profundamente absorto en el proceso.)* De modo que aquí, en tu futuro, ya estás viviendo plenamente tu llamada.

VICENTE: *(Sonríe.)* Es una sensación genial...

RD: Veo que esto te toca mucho. Es estupendo que permitas que esto se desarrolle al máximo dentro de ti. Y mientras lo haces, quiero pedirte que te conviertas en tu propio patrocinador. Y mirando atrás en el tiempo, vuelve a tu presente actual, incluyendo la resistencia que estábamos explorando ahora mismo. ¿Cuál es el mensaje y cuál es el recurso que necesitas llevarte a ti mismo y a esa resistencia?

VICENTE: En cuanto a recursos, yo diría que los que exploramos ayer: energía flexible y relajación. Necesito mucha relajación.

RD: Mmmm... De modo que necesitas energía flexible y mucha relajación. Es bueno saberlo. ¿Y cuál sería tu mensaje para la resistencia que está tratando de establecer conexión?

VICENTE: Mmmm... Gratitud por lo que ha hecho por mí... y la sensación de que puedo continuar el trabajo de mi vida sin ella.

RD: ¿Sin ella? ¿O puedes transformarla en alguna otra cosa? Porque su intención es mantenerte conectado.

VICENTE: *(Con lágrimas en los ojos.)* Sí..., sí..., sí.

RD: Sí, es muy importante.

VICENTE: *(Parece tocado y un poco confuso.)* ¿Quieres decir que puedo vivir con eso?

RD: Sí, eso creo. Porque si intentas librarte de ello, también podrías perder su intención y el poder de mantenerte conectado.

VICENTE: *(Intensa emoción de liberación, respirando profundo.)* Sí.

SG: Podéis ver que lo que le está pasando a Vicente es un cambio transformador por el que la persona se da cuenta de que *lo que siempre había considerado un problema es en realidad un recurso crucial.*

RD: El demonio se convierte en guardián. La resistencia se convierte en el guardián de la conexión. Pero, para convertirse en eso, necesita otra manera de expresarse a sí mismo. Y eso es lo que puedes traer de tu yo futuro. *(A Vicente.)* Estás diciendo que una parte del recurso es la relajación. ¿Hay algún otro recurso que puedas llevar a la resistencia que le ayude a convertirse en guardián de tu conexión?

VICENTE: Empecé a practicar aikido recientemente. Y voy a continuar...

RD: ¿Cuál es el mayor recurso que has aprendido del aikido?

VICENTE: El de transformar la energía negativa en otra forma más positiva.

RD: Sí, bien. Lo que me gustaría pedirte que hicieras desde ese espacio de futuro —en el que eres tu propio patrocinador y tienes esa sensación de tu llamada— es ver si puedes llevar ese mensaje a través del tiempo a la resistencia, y pregúntate con curiosidad cómo puedes darle ese recurso. Trata de ver si eres capaz de transformar esa energía negativa en un guardián. Asegúrate de que la resistencia mantenga la intención de conexión al transformarse en un guardián, ¿de acuerdo?

VICENTE: Sí.

RD: De modo que adelante, céntrate y siente realmente la intención positiva de la resistencia y los recursos de la energía flexible y de la relajación. Atravesando el tiempo, devuelve esos recursos a la parte de ti que ha estado expresándose como resistencia. *(Robert y Vicente caminan hacia donde está Stephen representando a Vicente en el presente.)*

A medida que la parte resistente absorbe esas energías e intenciones positivas, nota cómo empiezan a cambiarla. *(Vicente vuelve al lugar donde ha estado representando su propia resistencia.)*

Y desde ese lugar de transformación, ve hacia delante y vuelve a conectar con Stephen, que te representa en el presente. Date cuenta de qué harías de manera diferente para conectar contigo mismo allí. ¿Con qué energía le tocas?

(Vicente pone suavemente las manos en los hombros de Stephen. Ambos co-

nectan sin palabras y con profundidad.) A medida que sientes esa nueva conexión como un guardián, ¿qué palabras te vienen? ¿Aún sigues diciéndote «no puedes hacerlo solo» o tienes cosas nuevas que decir?

Vicente: *(Profundamente absorto con Stephen.)* Puedes relajarte. Ahora estoy contigo.

RD: Sí, ahora está bien. Estás conectado.

Vicente: Sé paciente. Está bien ser paciente.

RD: Genial. Esto es realmente hermoso, Vicente.

Vicente: Sí, lo es.

RD: Ahora vamos a volver a cambiar. Stephen va a tomar este nuevo papel de guardián y tú vas a estar en tu lugar en el presente. Simplemente déjate recibir y absorber el patrocinio de Stephen cuando se convierte en lo que solía ser la resistencia que ahora se ha transformado en un guardián.

SG: *(Pone suavemente las manos en los hombros de Vicente; ambos están profundamente absortos.)* Está bien, Vicente... Ahora puedes relajarte... No tienes que hacer esto solo. Ahora estoy contigo... Estoy aquí para darte apoyo a cada paso del camino.

RD: *(Con voz suave.)* Puedes ser paciente, Vicente.

SG: Puedes estar calmado, Vicente. Puedes ser paciente.

(Vicente respira hondo, integrando los mensajes del guardián.)

RD: Y ahora, Vicente, voy a pedirte que vayas al principio mismo de tu línea temporal. *(Stephen y Vicente caminan lentamente al principio de su línea de vida.)* Y te voy a pedir que camines muy lentamente, muy conscientemente, a lo largo de toda tu línea de vida, llevando esa presencia y conexión a cada punto de tu viaje del héroe. Y Stephen caminará contigo cada paso del camino, en el papel de guardián, para ayudarte a conectar con la relajación y el autoamor en cada punto. Es posible que sientas ganas de detenerte brevemente en ciertos puntos, donde sientas que realmente puedes recibir ayuda integrando los recursos que estás llevando del futuro a cualquier suceso pasado de tu vida.

(Vicente y Stephen empiezan a caminar juntos, y las manos de Stephen es-

tán suavemente apoyadas en los hombros de Vicente. El viaje a lo largo de la línea de vida dura varios minutos, y Vicente se detiene periódicamente en ciertos puntos para integrar recursos en ese punto de su vida.)

(*Al público.*) Y como creo que la mayoría podéis ver, mientras continúa por su camino, Vicente está entrando en una conexión más profunda con sus recursos y su llamada. Es de esperar que esto os dé una sensación de cómo podéis transformar vuestros demonios en guardianes, vuestras resistencias en recursos. Y podéis ver que dentro del demonio o la resistencia hay algo muy muy importante para la totalidad de la persona; sólo tiene que ser centrado, patrocinado e integrado. Habría sido terrible para Vicente disociarse de esa parte de sí mismo. A medida que continúe adelante en su camino, llegará a necesitar mucho esa parte, que ya no será un demonio, sino que habrá sido transformada mediante el centramiento y el patrocinio en un guardián. Éste es uno de los grandes retos del viaje del héroe.

(*Stephen y Vicente completan el viaje a lo largo de la línea temporal.*)

VICENTE: Ha sido genial. (*Afirma enérgicamente con la cabeza.*)

RD: Y para completar el ejercicio, me pregunto, Vicente: ¿qué es lo más importante qué has aprendido en él? ¿Qué es lo que más quieres recordar de este aprendizaje?

(*Vicente parece estar profundamente absorbido, sin palabras; aún sigue integrando.*)

¿Quieres decir algo?

(*Vicente respira muy profundamente, con una gran sonrisa.*)

Ah, sí, una de las cosas es la respiración. Gracias por compartir eso. Me gusta.

SG: ¿Algo más?

VICENTE: Creo que tengo un sentimiento muy muy profundo... No tengo palabras; ha sido una experiencia muy profunda.

RD: (*Al público.*) Creo que es evidente que ahora en Vicente hay una cualidad energética increíblemente diferente. Antes del proceso había una gran distancia entre la energía de la llamada y la energía de la resistencia. Ahora hay una integración preciosa. La resistencia ha pasado de ser un patrocinador negativo a ser un patrocinador positivo.

Vicente, gracias por compartir una parte de tu viaje del héroe con nosotros. Necesitamos tu ayuda para realizar este propósito de crear un mundo al que la gente quiera pertenecer.

(Vicente intercambia abrazos con Stephen y Robert, y después recibe un gran aplauso del público al salir del escenario. Al volver a su silla, algunos amigos saltan y le dan un gran abrazo emocionado. Risas y más aplausos llenan la sala.)

Resumen: transformar la resistencia interna a través del autopatrocinio

SG: Puedes ver que Vicente está descubriendo más guardianes en su viaje de manera casi inmediata. *(Risas.)* Esperamos que hayáis podido ver en este ejercicio la demostración de uno de los principales puntos del Yo Generativo Cognitivo, a saber, que los opuestos o polaridades siempre son parte de una unidad más profunda. Pero, cuando te encuentras con ellos inicialmente, es posible que mantengan una relación de adversarios. La típica respuesta es etiquetar a uno de «bueno» y al otro de «malo», y después tomar partido pensando: «Bien, éste es el lado bueno —sólo quiere seguir adelante con su viaje— y éste lado es malo malo malo.» Y cuando los encierras en una oposición violenta como ésta, pierdes inmediatamente la posibilidad del Yo Generativo, porque la violencia nunca puede ser una solución generativa. Destruye en lugar de crear.

RD: De hecho, podemos ver que cuando dividimos el yo en estas partes opuestas, la conciencia degenera. Puedes ver cuánta energía se pierde en la lucha del yo consigo mismo. La energía de vida que necesitas para realizar tu viaje del héroe queda drenada en esta lucha contra el «enemigo interno».

SG: Y si te etiquetan como el «yo malo», no te sientes reconocido en absoluto. La sensación es: «Soy malo, no debería estar aquí.» Y empiezas a actuar en consecuencia. De modo que este simple cambio de sentir «al otro» con curiosidad e intención positiva, y de dejarse caer en un estado somático centrado, te permite empezar a explorar. *¿Qué está tratando de equilibrar esta parte en mí? ¿Qué me está dando que necesito o que estoy dejando fuera?* Carl Jung solía decir que «el inconsciente siempre compensa los sesgos de la conciencia».

RD: Lo que significa que siempre está intentando equilibrar la mente consciente, a menudo trayendo la energía opuesta o complementaria. En el caso de Vicente hemos podido ver que la parte resistente aportaba un guardián maduro para completar la preciosa energía infantil que él manifestaba al principio. Pero como esa energía complementaria no estaba centrada, se expresaba de manera negativa.

Así, revisemos el ejercicio: empiezas creando una línea temporal de tu vida. Esta línea representa que estás en un viaje, estás en el gran camino de la vida. Entonces te pones de pie en el presente y sientes cómo experimentas ahora las resistencias y las dudas sobre tu camino; es decir, cualquier cosa que te esté reteniendo, intentando impedir que realices tu llamada. Siéntela en términos de sus energías somáticas: ¿La sientes en los hombros? ¿Es tensa, o empuja, o está bloqueada? Nota cómo se expresa la resistencia en tu cuerpo. Seguidamente el *coach* te ayudará a plasmar físicamente la energía resistente convirtiéndose en la resistencia.

SG: Como *coach*, estás diciendo: *enséñame cómo ser esta resistencia para ti, para que puedas aprender de ella.*

RD: Después de enseñar a tu *coach* a ser físicamente tu resistencia, añádele las palabras que la acompañan.

SG: ¿Cuál es su diálogo interno fundamental? ¿Cuáles son las inducciones hipnóticas que te ponen en un profundo trance negativo, como: *No tienes derecho a esto. La gente te va a destruir. ¿Quién te crees que eres? ¡No eres lo suficientemente bueno! ¡Vas a fracasar!?*

RD: Una vez establecida la «pauta» del demonio, el cliente cambia de posición y entra en la energía de la resistencia, convirtiéndose en su propia resistencia.

SG: Éstas son las piezas centrales del patrocinio. Acepta la pauta negativa, únete a ella y contémplala con curiosidad, pensando: *Estoy seguro de que esto tiene sentido. Estoy seguro de que tiene una intención positiva. Quiero averiguar cuál es.*

RD: Cuando ha asumido la energía demonio en su forma negativa, el cliente se centra y se sintoniza antes de volver a hacerlo, pero esta vez más lentamente y con presencia. Deja que la resistencia se convierta en parte de la danza creativa que estás explorando para descubrir su intención positiva. Es extraño, pero muy frecuentemente la expresión externa crea lo opuesto de la intención original, porque a menudo se expresa al principio en su forma negativa, como: «No te hagas daño. No fracases. ¡No pienses que puedes hacer esto solo!» O bien el tono no verbal es negativo, incluso si el mensaje verbal es positivo. En ambos casos, la mente somática recibe una energía o sugestión negativa. Un viejo principio de la hipnosis dice que el inconsciente no procesa muy bien las frases en negativo. Es decir, si intentara comunicarte no verbalmente: «No te caigas», ¿cómo lo haría? *(Robert empieza a mover la cabeza diciendo «no» y se cae. Risas.)*

SG: A veces esto resulta muy divertido. Hace un mes estaba en un retiro de meditación en India, y para una meditación particular se hizo énfasis en que estuviéramos muy callados, como para poder oír la caída de un alfiler al suelo. Bueno, uno de los días, una mujer nueva estaba dando las instrucciones, y era un poco autoritaria. Y dijo con fuerza: «¡En la sala no se permitirá toser en ningún momento! ¡No debéis toser! Si toséis, tenéis que salir inmediatamente.» Imagina lo que empezó a ocurrir inmediatamente. Empezó a producirse un contagio de toses. Cada vez que alguien tosía ella se giraba hacia un transgresor y gritaba: «¡Tú! ¡No tosas! ¡Debes irte inmediatamente!» De modo que arrastraban fuera a esa persona, pero la gente que estaba al lado empezaba a toser. ¡La cosa llegó rápidamente a un punto de ruptura! *(Risas.)*

RD: Podéis ver que la intención positiva era que hubiera silencio, pero, paradójicamente, se generó el resultado contrario. Así, para conseguir una intención positiva, tienes que tener una versión positiva de la declaración. Eso es lo que descubres entrando en el estado de resistencia.

Seguidamente vas a convertirte en tu autopatrocinador yendo a tu futuro (sobre la línea temporal) y sintiendo que ya has llevado a cabo la llamada en ese lugar. Tómate unos momentos para sentir cuál es el recurso y el mensaje que puedes llevar a tu presente, especialmente a tu «resistencia». Al hacerlo, nota si algo de la resistencia comienza a transformarse, y nota también si cambia algo de tu relación con ella. Cuando vuelvas a tu yo actual y a la resistencia, traerás contigo el recurso, así como un nuevo mensaje positivo con el que reemplazar el negativo.

A continuación vuelve a tu yo actual, y el *coach* se convierte en la resistencia ahora transformada en guardián. Podrás sentir en tu interior que esta relación esencial ahora es positiva. Toda la energía que ha estado luchando y resistiéndose en ambos lados ahora queda integrada y está disponible para la tarea más importante de vivir el viaje. Finalmente, el *coach* vuelve al comienzo de la línea temporal con el cliente; vuelves a caminar lentamente por la línea temporal, llevando esta nueva conciencia y estos recursos a cada parte de tu vida.

Encuentra un compañero y ponte a practicar este ejercicio ahora.

INTEGRAR LA «SOMBRA»

SG: Esperamos que podáis empezar a sentir que este proceso de transformar vuestras resistencias y vuestras sombras es uno de los grandes retos del viaje del héroe, y una de las habilidades más importantes del Yo Generativo Cognitivo. Esto exige que seamos capaces de sentir el recurso dentro del problema, la joya dentro del disturbio. Una vez más, queremos resaltar que tal vez el don más importante de la conciencia humana sea la capacidad de transmutar el sufrimiento y el dolor en felicidad y plenitud.

RD: La clave de este proceso es comenzar con el centramiento. Antes de empezar a confiar en tu mente cognitiva, asegúrate de estar plenamente conectado con tu inteligencia somática. Cuando perdemos nuestros centros, resulta fácil sentirse abrumado y «poseído» por energías negativas. Los campos negativos pueden ser muy poderosos.

Por ejemplo, me resultó muy interesante que cuando los soldados americanos que habían torturado a prisioneros en la prisión de Abu Ghraib, en Irak, fueron juzgados, sus abogados llevaron al juicio a muchos de sus conocidos: padres, hijos, amigos, antiguos jefes o profesores. Y cada uno de ellos decía: «No es una mala persona», «No era violento o sádico de niño». Y sospecho que esos testimonios eran verdad. De modo que aquí se nos plantea una pregunta interesante: ¿cómo es posible que una persona aparentemente normal se convierta en un «monstruo»? Nosotros sugerimos que si entras en una situación en la que pierdes tu centro, la energía arquetípica mayor del campo puede dominarte fácilmente. Y si esa energía es negativa, puedes acabar haciendo cosas muy desagradables.

El centro es un contrapunto importante del campo. Si puedes mantener tu centro, la energía del campo se humaniza a través de ti. Pero si pierdes tu centro, es fácil perderse y consumirse expresando la confusión o la violencia de un campo no integrado. En realidad «no soy yo» quien está haciéndolo; soy un títere en el despliegue de un campo medio humano. Pero cuando puedes mantener tu centro, puedes mantener tu presencia humana y empezar a influir en el campo.

SG: Otra manera de decir esto es que cuando nos centramos somos libres de dejar de agarrarnos rígidamente a los marcos prefijados, para poder tener más claridad, flexibilidad y sabiduría en nuestra experiencia y en nuestra conducta. El centro te da, entre otras cosas, una conciencia estabilizadora para poder mantenerte abierto y curioso. Y hasta que no abandonemos el apego rígido a nuestros marcos lingüísticos, no seremos capaces de sentir e integrar las energías positivas subyacentes en una pauta problemática. Sólo podrás ver esa pauta y responder a ella como un problema. Lo que estamos explorando aquí es cómo sentir las semillas de bondad y los dones dentro de una energía alterada, y después cómo interactuar con ella para realizar esa transformación.

Había un hombre que venía a verme. Era el típico ingeniero: vivía del cuello para arriba. Su esposa era abogada y mantenía el mismo planteamiento vital: completa disociación de las energías somáticas. Él dijo:

—Tengo que hacer una confesión. Soy un pervertido sexual.

—¿Qué significa eso? —le pregunté.

—Miro pornografía en Internet durante cinco, seis, siete horas al día —contestó.

Cuando comparto esto con la gente, suele haber una especie de alteración emocional que indica que eso es «socialmente ilegal», que es una «mala» energía. Entonces, ¿cómo podemos considerar la posibilidad de aceptarlo? ¿Cómo podría convertirse eso en un recurso, una expresión de la bondad y de los dones humanos?

Bueno, si lo miras sólo de modo superficial es imposible verlo como un recurso. Cuando oí esta confesión por primera vez, perdí mi centro. De modo que cuando él preguntó: «¿Qué debo hacer?», me sentí poseído por el padre McCarthy, mi antiguo párroco católico, alcohólico e irlandés. *(Risas.)* El buen padre me impulsaba, con las venas del cuello a punto de estallar, a decir a este cliente que debía tomar cinco duchas frías al día y rezar cien avemarías y cincuenta padrenuestros cada vez que sintiera el impulso. *(Más risas.)* Intenté explicar que mi cliente era judío *(risas)*, pero no importaba, el padre McCarthy tiene el mismo remedio para todos.

De modo que en ese momento hay que decir: «No puedo salir de la caja negativa. Tengo que centrarme para poder mirar esto con más tranquilidad.» Ahí es donde nos centramos, y después organizamos nuestro proceso cognitivo en torno a las cuestiones: ¿qué es lo que está tratando de despertar aquí?, ¿qué está tratando de curarse? En el caso de la pornografía se hizo muy claro: su mente consciente estaba insistiendo en que viviera la vida del cuello para arriba, pero su inconsciente insistía en que había cosas mucho más interesantes.

Y, por supuesto, mucha gente dirá: «Bueno, ¡no puedes aceptar y animar su perversión!» ¡El padre McCarthy vive en lo profundo de cada uno de nosotros! *(Risas.)* Pero, una vez más, no estamos estimulando la estructura superficial de observar la pornografía; nos interesa la bondad generativa de la estructura profunda de su sexualidad. Y en el patrocinio nos damos cuenta de que si podemos conectar con esa estructura profunda, podrán surgir muchas más estructuras positivas. La apreciación básica es: *¡Vaya, este hombre tiene una sexualidad intensa! Y ha intentado librarse de ella durante cuarenta años. Pero no le ha funcionado..., ¡no es maravilloso! Veamos cómo podemos patrocinarla positivamente para que puedan emerger otras maneras de experimentarla y expresarla.*

Entonces le dije:

—No sé exactamente cómo puedo ayudarte, pero sé que no hay ninguna psicoterapia en el mundo, ningún trance hipnótico, que pueda negar el hecho de que tienes una sexualidad asombrosa.

—Sí, pero me siento avergonzado —dijo con una expresión sorprendida e interesada.

De modo que aquí es donde empieza el patrocinio. Te centras, recibes la energía profundamente y sin juicio, le das un lugar dentro de ti, despejas cualquier condicionamiento negativo, la bendices y después reflejas su forma positiva a la persona.

(Steve habla de manera muy suave, intensa y enfocada.) Sí, veo que como ser sexual, sientes mucha vergüenza...; veo eso, y está bien... Es bueno saber que eso está ahí... ¿Y quién más eres tú como ser sexual?

Soltó una sonrisa tímida y dijo: «¡Estoy muy salido!» Yo respondí lo que acabo de decir: céntrate, absórbela, dale un lugar de honor, borra cualquier condicionamiento negativo, bendícela y refléjala. *Sí, veo que como ser sexual, estás muy salido... (Pausa.) ¿Y quién más eres tú como ser sexual?*

Hicimos esto durante siete u ocho rondas. Cada vez respondía con una dimensión diferente de su identidad sexual: *Tengo miedo... Me gusta mirar fotografías de desnudos... Me siento confuso... Soy un hombre...* En cada ocasión yo recibía la energía y se la devolvía de la misma manera. En un momento dado se produjo un cambio asombroso. Tal vez hayáis visto esto en la gente: cuando tocas algo muy profundo en ellos empieza a irradiar cierta belleza. Pude verla. Pude sentirla. Me sentí profundamente conmovido por ella. Esto indica que ha encontrado su centro: ya no está disociado de la energía. De modo que le dije: *¿Por qué no cierras los ojos unos minutos y te dejas ir en un viaje de curación, permitiendo que tu sabiduría más profunda integre estas importantes dimensiones de tu identidad sexual en una nueva pauta más satisfactoria?*

Fue una gran experiencia para él. Cuando volvió a la semana siguiente, le pregunté:

—¿Cómo te va?

—Bueno, ha sido realmente muy extraño —dijo él—. En toda la semana no he sentido el impulso de ver pornografía. Pero mi esposa y yo hemos reñido toda la semana... *(Risas.)* ¡Y lo cierto es que nunca nos peleamos!

Habían estado viviendo, literalmente, en extremos opuestos de la casa, como icebergs pasando por la noche. Y de repente se estaban juntando con calor y pasión. Como puedes ver, ahora la energía sexual se estaba redirigiendo de la pornografía al matrimonio. Y le dije:

—Quizá sería el momento de invitar a venir a tu esposa para que ambos podáis resolver esto.

—Oh, estoy seguro de que no vendrá —dijo.

—Simplemente dile que vamos a hablar del futuro de su satisfacción sexual —dije yo.

(Risas.) Y vino. *(Risas.)* E hice el resto del trabajo con ellos como

pareja, viendo cómo esa pasión y energía sexual podía expresarse entre ellos de maneras positivas y satisfactorias.

Tranformar el «yo bueno» y el «yo malo» en complementarios positivos

SG: Así, si pensamos en este caso podemos ver que comenzamos con un conflicto entre dos partes, como vimos en el último ejercicio. Él viene con esta pauta: el yo que presenta es lógico, es un ingeniero que «vive en su cabeza». Ése es el ideal de su ego, eso es lo que llamamos el «yo bueno». Lo ponemos entre comillas, porque en realidad no estamos diciendo que sea bueno; así es como ha sido enmarcado por la persona. Y sin embargo tiene este otro yo, que se manifiesta en forma de «adicción a la pornografía». Y éste se presenta como el «yo malo». La petición habitual es librarse del «yo malo» para que el «yo bueno» pueda vivir feliz para los restos. Lo que nosotros decimos es que estos dos yoes son los dos lados de la misma moneda, que cada uno completa al otro y que forman parte de una unidad más profunda. Uno de los grandes retos del viaje del héroe es crear un espacio para que estas partes complementarias puedan pasar de un enfrentamiento mutuamente excluyente a un equilibrio incluyente. Para ello tenemos que salir de la cabeza, bajar a nuestro centro y después abrir un campo más allá de los opuestos que permita sentir energéticamente la complementariedad.

Esto es lo que estábamos haciendo en el último ejercicio, y ahora vamos a tratar de generalizarlo creando un modelo de cómo el «yo bueno» y el «yo malo» pueden convertirse en un Yo Generativo de complementarios positivos. De modo que, una vez más, puedes transformar la lucha interna que absorbe toda tu atención y tus energías en una armonía interna que supone una profunda inteligencia y apertura al viaje mayor del vivir creativo.

Ejercicio: identidad «yo bueno/yo malo»

SG: Para daros un ejemplo de este modelo de transformación, Robert y yo queremos hacer una demostración, y después os pediremos que practiquéis un ejercicio simple pero muy poderoso. Se llama el ejercicio «yo bueno/yo malo».

1. Ambas personas se centran no verbalmente, extendiendo la conexión relacional.
2. La persona A dice: «Lo que quiero que tú (o el mundo) veas es que yo soy (yo bueno) _____ .» «Lo que quiero que tú (o el mundo) no veas es que también soy (yo malo) _____ .»
3. La persona B escucha, ofrece patrocinio no verbal y a continuación dice:
   - Veo que tú eres (yo bueno).
   - Veo que tú eres (yo malo).
   - Veo que eres ambos.
   - Veo que eres mucho mucho más.
4. La persona B realiza dos declaraciones y la persona A le proporciona *feedback*.
5. Ambas alternan durante entre tres y cinco rondas, con turnos para hablar, tocar, hacer visible y liberar cada verdad.

Demostración con Stephen y Robert

(Robert y Stephen se sientan uno frente al otro.)
SG: En este ejercicio exploraremos dónde está la totalidad del yo dividido. El viaje del héroe será imposible siempre que se produzca una brecha, porque el viaje requiere plenitud de ser.
RD: Para comenzar el ejercicio, vamos a hacer lo que a estas alturas esperamos que se esté convirtiendo en una práctica continua para ti: céntrate y después ábrete al campo para establecer una cone-

xión con tu compañero. De modo que cada uno de nosotros empezamos a *dejarnos caer en nuestro centro... y a relajarnos... para alinear el cuerpo y la mente.*

SG: *Y a medida que nos asentamos..., nos aposentamos..., conectamos con el centro..., y seguidamente nos abrimos hacia fuera... mientras mantenemos el centro..., sintiendo la conexión con nuestro compañero..., mientras nos mantenemos igualmente conectados con nosotros mismos. Y, como antes, cada uno de nosotros afirmará con la cabeza cuando hayamos completado la conexión con uno mismo y con el otro... (Ambos, Steve y Robert, afirman con la cabeza.)* A continuación, la persona A, que seré yo, va a hacer dos declaraciones simples: *Lo que quiero que veas con respecto a mí es que yo soy ____.*

RD: Deja que surja una frase que exprese tu «yo bueno» o «el yo ideal».

SG: No pienses en ello de antemano. No cortes la conexión para pensar en ello. Mantente en esta conexión y ve qué parte de tu identidad surge. Así, yo puedo decir: *Robert, lo que quiero que el mundo vea de mí es que... soy una persona que acepta.*

RD: Y yo recibo estas palabras, dejando que me toquen y creando un espacio para contenerlas.

SG: Entonces hago mi segunda declaración: *Lo que no quiero que el mundo vea de mí es que... también soy crítico.*

RD: También recibo esto y le doy cabida junto con lo otro; sin juicio, sin intentar arreglar nada, sin necesitar asegurar nada a mi compañero. Simplemente estás con ambas declaraciones, sustentándolas con respeto y bondad. Para ello tienes que recibirlas en tu centro. Déjales sitio para que descansen en ti, como invitados de honor. Sólo cuando sientas y tengas la experiencia de haberlas recibido, respondes con las cuatro declaraciones. En primer lugar digo: *Stephen, veo realmente, realmente siento que eres una persona que acepta, y respeto eso.*

SG: Yo lo integro, lo inspiro tan profundamente como puedo.

RD: Y entonces digo: *Y, Stephen, también entiendo verdaderamente, entiendo que hay ocasiones en las que eres muy crítico. (Stephen inspira y afirma con la cabeza.)* Entonces hago una tercera declaración: *Stephen, veo que eres tanto una persona que acepta como una persona crítica.* Y a continuación una cuarta: *Y Stephen, veo que eres mucho mucho más.*

Por tanto, estas cuatro afirmaciones son: *veo que eres X, veo que eres Y, veo que eres tanto X como Y, y veo que eres mucho mucho más.*

SG: En sentido amplio, estos son los cuatro puntos de atención en una conversación para el cambio. Son (1) el objetivo («yo bueno»), (2) el problema («yo malo»), (3) la relación entre ellos y (4) el campo generativo más allá de ambos.

Una de las principales habilidades del *coaching* y de la terapia es sentir y saber en cuál de ellos centrarse en un momento dado. Una conversación generativa fluye entre distintos puntos focales.

RD: Después de hacerlo en un sentido, la persona B, es decir, yo, dice: *Stephen, lo que quiero que el mundo vea de mí es X. Lo que no quiero que el mundo vea de mí es Y.* Y entonces Stephen lo reflejará en las cuatro declaraciones.

SG: Eso sería una ronda del ejercicio. Aquí haremos una demostración de dos rondas, y os vamos a pedir que hagáis 4-5 rondas. A menudo hacen falta varias rondas para entrar profundamente en ello. Y recuerda: cuando hablas, la cuestión no es transmitir información intelectual, sino acceder a la energía experiencial de cada declaración identitaria y compartirla. Ésta es una práctica para tocar el centro de la identidad esencial, y después elevarla desde su centro a un campo de conexión.

De modo que si digo *(se pone la mano en la boca, mira a lo lejos y balbucea)* Robert, no quiero que el mundo vea que soy crítico... Esto no es el ejercicio. Es posible que eso dé acceso a la energía, pero la deja atascada dentro. Sólo cuando puedes liberar lo que está en tu centro hacia el campo pueden producirse esa curación y esa potencia. ¿Quién fue el que dijo: «Cuando dos o más se reúnan en mi nombre, se producirá la curación»? ¿Fue George Bush o Robert Dilts? *(Risas.)* De acuerdo, fue Jesús, pero en realidad Jesús había tomado como modelo de vida a Robert. *(Risas.)*

RD: No sé si Stephen está hablando desde su yo bueno o desde yo malo en este caso... *(Risas.)* Pero quizá no debiéramos averiguarlo. Así que volvemos a asentarnos... y tomar unos momentos..., y después Stephen empezará, cuando se sienta preparado.

SG: *Robert, lo que quiero que el mundo vea de mí es... mi felicidad. Lo que no quiero que el mundo vea de mí es... mi desesperanza.*

RD: *Stephen, veo realmente... Es maravilloso ver... tu gran felicidad. Y también reconozco... y me siento muy tocado por... tu desesperanza. Veo que tú eres los dos..., feliz... y desesperado. Y al mismo tiempo veo y siento que eres mucho más que eso.*

(Stephen cierra los ojos durante unos momentos, respira profundamente, con la mano en el corazón.)

Stephen, lo que realmente quiero que el mundo vea de mí es que yo soy... un espíritu abierto y capaz. Y, Stephen, lo que no quiero que el mundo vea de mí... es que... puedo estar perdido... como un niño.

SG: *Sí, Robert..., puedo ver... Tu espíritu está abierto... y es muy capaz. Y veo... la presencia más joven que a veces puede sentirse perdida. Y es muy bonito poder sentir ambos al mismo tiempo. Y también sentir este asombroso espacio en ti... que está más allá de esas partes.*

(Robert cierra los ojos durante unos momentos, respirando hondo y tocando su centro.)

Robert, quiero que veas mi amor... Y no quiero que veas... mi dolor.

RD: *Stephen, veo realmente tu amor... Es muy hermoso. Y Stephen, también veo... y me siento profundamente conmovido por... tu dolor. Veo ambos, el amor y el dolor, coexistiendo al mismo tiempo. Y también veo en ti... tanto más..., mucho mucho más.*

(Pausa mientras Stephen cierra los ojos y recibe.)

Stephen, lo que quiero que el mundo y tú veáis en mí... es un gran corazón generoso. Y lo que no quiero que veáis el mundo y tú... es el dolor que he producido a la gente que amo... por seguir mi corazón.

(Pausa mientras ambos respiran juntos, en conexión.)

SG: *Veo realmente... el corazón abierto, generoso. Y también... esa presencia en ti que está conectada con el dolor sentido por los demás... a causa de tu conducta. Veo y respaldo ambos... al mismo tiempo. Y siento y veo ese espacio mucho mayor..., dentro de ti y a tu alrededor..., que es capaz de contener a ambos... y mucho mucho más.*

(Stephen y Robert conectan en silencio; después juntan las manos inclinándose con respeto y amor uno hacia el otro. El público se siente muy tocado por el intercambio.)

De acuerdo, éste es el ejercicio. Puedes ver que es un ejercicio muy simple. Lo que lo hace profundo y significativo es tu disposición y tu habilidad para tocar, compartir y bendecir las energías profundas que subyacen a las palabras. Daos cuenta de lo lento que hemos ido, de cuánta pausa hemos permitido para dejar que se abra la energía no verbal de las palabras.

RD: Hemos hecho dos rondas. Encontrad un compañero y haced cuatro o cinco rondas. Recordad: en primer lugar centraos y haced la conexión relacional. Después dejad que las palabras cabalguen las oleadas de la respiración y del sentimiento. Tócalo, háblalo, libéralo, permite que esté contenido, recíbelo de vuelta de tu compañero. Deja que eso te lleve más profundo hacia un espacio interno sagrado.

PATROCINAR LAS PAUTAS ARQUETÍPICAS DE TRANSFORMACIÓN

SG: Al hacer este ejercicio descubrirás que encuentras con relativa rapidez esas partes esenciales de tu identidad que podrían estar en oposición. Para ser generativo, tienes que olvidar las distinciones fijas de «bueno» frente a «malo» y sentir que el reto consiste en patrocinar todas las partes de las psique, humanizarlas en una especie de «mandala» del yo, donde cada parte pertenece a una totalidad mayor. La totalidad es lo que produce el Yo Generativo, y esa totalidad no puede conseguirse si tienes encerradas algunas partes de ti en el campo del «yo malo». Éste es uno de los puntos básicos que estamos enunciando.

Por lo tanto, *una de las principales tareas del patrocinio es despertar alguna energía «que aún no es humana» y llevarla a la plena conciencia humana.* Una vez más, la idea es que lo que te da el inconsciente sólo es medio humano. Hace falta la presencia humana para humanizarlo plenamente. ¡Justo ahí es donde entras tú! Esta presencia humana está originalmente fuera de ti —familia, profesores y otros significativos—, pero, a medida que maduramos, nuestra capacidad de autopatrocinarnos es mayor. Sin tu presencia, te quedarás perdido en el inconsciente, sin poder llegar a ser nunca plenamente humano.

En el proceso de hacer algo plenamente humano, distinguimos dos partes de la experiencia, la *arquetípica* y la *personal*. La arquetípica hace referencia a una pauta ancestral desarrollada a lo largo de muchas generaciones, a una estructura profunda que los seres humanos han creado ante una dificultad o un reto dado. Por ejemplo, todos afrontamos el reto de aprender a amar, de encontrar comunión con alguien o algo que está más allá de nosotros. Por suerte, no somos el primer ser humano que afronta este desafío. Todos los seres humanos a lo largo del tiempo lo han afrontado. De modo que tus abuelos, y sus abuelos, y los abuelos de éstos, remontándonos así hasta el principio, han afrontado este reto de sentirse en comunión. La idea de los arquetipos es que cada vez que una persona tiene esa experiencia, un pequeño rastro de ella cae en el campo generativo. Y, a lo largo del tiempo, todos esos rastros empiezan a afianzarse en un patrón general que representa la «estructura profunda» ancestral o el «modelo» para alcanzar la comunión. Entonces, cuando la persona afronta ese reto, especialmente si le lleva más allá de donde ha estado personalmente en su viaje individual, el campo generativo le ofrece acceso a la pauta arquetípica como un recurso.

Pero, tal como estamos resaltando, el arquetipo mismo es general y puede expresarse individualmente de infinitas maneras. Puedes experimentar y expresar la comunión de múltiples formas. Así, el reto del individuo es sintonizar con las pautas arquetípicas que están activas, y después humanizarlas, expresándolas de la manera única que es mejor para esa persona concreta. Si no haces esto, o bien vivirás sin la energía de la inteligencia generativa ancestral o te sentirás abrumado y gobernado por estas pautas, perdiendo tu yo individual en el proceso. Jung llamó a esto la «inflación del arquetipo».

Esperamos que a partir de lo anterior puedas sentir la diferencia entre el nivel arquetípico y el nivel personal. Y una de las tareas de la mente cognitiva generativa es patrocinar las pautas arquetípicas, traduciéndolas en formas personales que sean útiles y significativas. Esto es lo que nos gustaría explorar en el ejercicio siguiente.

Ejercicio: moverse a través de los arquetipos de transición

El ejercicio siguiente aplica los procesos sistémicos PNL de distribución espacial, la sintaxis somática y los adjetivos caracterológicos a algunos arquetipos comunes. Está tomado del trabajo de Carol Pearson (y Judith DeLozier) como modo de examinar los puntos clave de nuestro desarrollo. Puede usarse para ayudar a gestionar y para hacer un seguimiento de los ciclos de transición que componen nuestras vidas. Se organiza en torno al arquetipo del «dragón», que representa algo enorme, en gran medida desconocido y potencialmente peligroso. Algunos dragones comunes en el camino de vida de nuestra especie incluyen asuntos como la muerte, la adolescencia, la vejez, la menopausia, los cambios de profesión, la jubilación, las pérdidas de seres queridos y otras transiciones importantes de la vida. Los demás arquetipos involucrados en este proceso simbolizan las distintas etapas de nuestra relación con el dragón misterioso y peligroso.

1. Define el dragón. Identifica el problema relacionado con una transición vital que estés afrontando. Esto puede incluir elementos clave del contexto o del entorno relacionados con esa

transición, como las reacciones de las personas significativas o los detalles problemáticos de las circunstancias que rodean a esa transición.

2. Crea un ancla espacial para el dragón y distribuye en círculo a su alrededor los siguientes arquetipos:
   a. El Inocente (no sabe que existe el dragón)
   b. El Huérfano (abrumado o consumido por el dragón)
   c. El Mártir (perseguido por el dragón)
   d. El Vagabundo (evita el dragón)
   e. El Guerrero (lucha contra el dragón)
   f. El Brujo (acepta el dragón)

3. Desde un estado de objetividad (metaposición) nota qué arquetipo de transición ocupas actualmente con relación al dra-

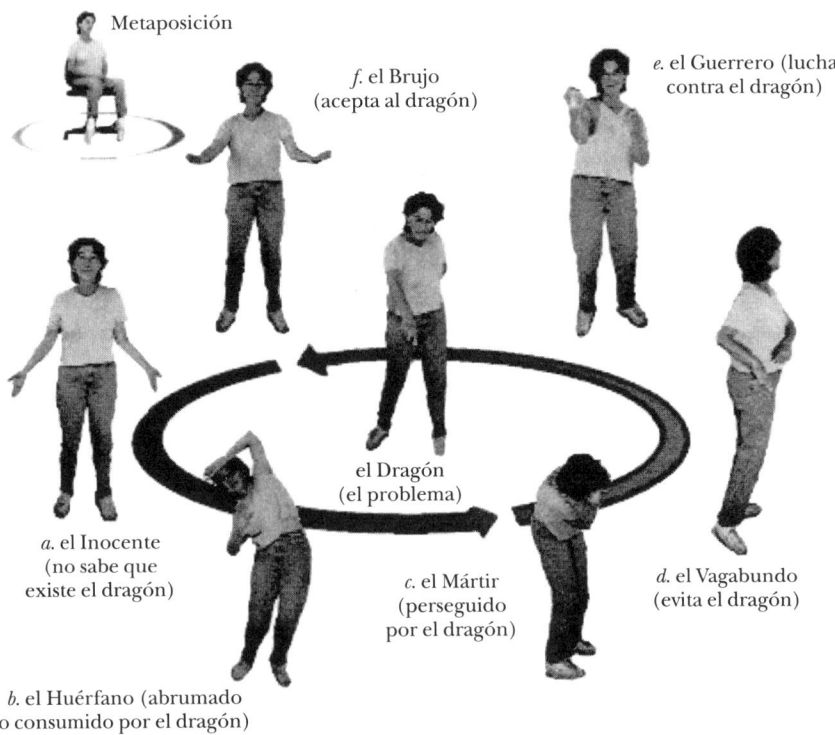

Figura 2.4: Paisaje para los arquetipos de transición.

gón (huérfano, guerrero, etc.), recordando que en algunas culturas el dragón implica buena suerte.
4. Asóciate con el lugar que representa a ese arquetipo y explora la postura corporal y los movimientos (sintaxis somática) asociados con ese espacio.
5. Empieza a pasar por cada una de las posiciones restantes del ciclo hacia el espacio del brujo (aceptación). En cada espacio, explora la postura corporal y los movimientos (sintaxis somática) asociados con ese arquetipo. Acaba el proceso en el espacio que sientas más apropiado para ti en ese momento con relación al dragón. Date cuenta de que puedes hacer esto con pleno conocimiento de los pasos siguientes en tu ciclo de transición.
6. Vuelve a la metaposición y reflexiona sobre lo que has descubierto y aprendido.

RD: Para hacer este ejercicio vas a necesitar un poco de espacio donde crear el círculo dentro del cual te vas a mover. Éste es un ejercicio para que explores somáticamente, y después patrocines cognitivamente, tus respuestas a algunos retos significativos de tu vida. Nos referiremos a este reto como el «dragón» que afrontas en tu viaje del héroe, y exploraremos cómo respondes a él en el presente y cómo podrías responder de otra manera. Destacaremos distintas pautas arquetípicas como modos típicos de respuesta.

SG: Las pautas arquetípicas se muestran en la Figura 2.4. La primera es el Inocente, que no sabe que existe el dragón. La segunda es el Huérfano, que se siente abrumado o consumido por el dragón, y lo pierde todo. A continuación viene el Mártir, que se siente perseguido por el dragón. Después está el Vagabundo, que evita al dragón y va a alguna otra parte. El quinto es el Guerrero, que se opone y lucha contra el dragón. Y finalmente está el Brujo, que es capaz de aceptar y transformar el dragón en un recurso. Estos arquetipos han sido propuestos por Carol Pearson en su libro *The Hero Within: Archetypes We Live By* (1989).

RD: Uno de los principales procesos que vamos a usar recibe el nombre de sintaxis somática, y fue desarrollado por Judith DeLozier y por mí. *Soma* es la palabra griega que significa «cuerpo», de modo que *somático* evidentemente significa «del cuerpo», la mente somática. La *sintaxis* tiene que ver con el lenguaje, pero no tanto con las palabras mismas, sino con su orden relativo. La sintaxis somática guarda relación con identificar y explorar las pautas somáticas que se están usando en un proceso, y después con cómo cambiar su orden de distintas maneras.

Para realizar este ejercicio, te vas moviendo en círculo. En el centro del círculo está el dragón, que representa tu reto. Y dispuestos en círculo alrededor del dragón hay seis espacios para los distintos arquetipos de transición.

Empecemos por el dragón. Crea un espacio donde puedas, en un momento, entrar en la guarida del dragón... *Y a medida que sientas ese espacio, pregúntate: ¿Dónde está el dragón actualmente en tu viaje del héroe? ¿Está en tu relación íntima? ¿Está en tu trabajo?*

SG: *¿Está en tu salud física?*

RD: *¿Está en tu relación con tus hijos? ¿Con tu familia? ¿Está en la relación con tu cultura? ¿*Qué es lo que realmente te abruma y te atemoriza? Cuando hayas identificado tu reto, da un paso adelante y ponte dentro de esa energía. Seguidamente, cuando estés preparado, da otro paso hacia delante y entra en la guarida del dragón, y siente la energía del dragón. Y, al sentirla, deja que tu cuerpo adopte una expresión física..., una postura, un gesto, un movimiento..., que represente el dragón. Experimenta realmente esa energía. Que no sea únicamente una idea abstracta: permite que sea una sensación sentida. Cuando la sientas realmente, ánclala allí, en ese lugar; déjala allí y da un paso atrás. Respira y déjala ir. Mueve un poco tu cuerpo, sacúdelo.

Ahora vamos a explorar cómo te estás relacionando con ese dragón, con ese reto, en términos de respuestas arquetípicas. Conforme pasemos por cada pauta arquetípica, nota dónde estás actualmente con respecto a ella. No hay respuesta correcta o equivocada, nada que juzgar.

Comencemos con el arquetipo del *Inocente*. El inocente es inconsciente, o actúa inconscientemente, de la presencia del dragón. Déjate sentir realmente esa energía de inocencia, esa energía como de niño. ¿Cómo la sientes en tu cuerpo?

SG: ¿Cuál es y dónde está el sentimiento? ¿Qué postura adoptas? ¿Qué movimientos realizas? ¿Qué procesos internos acompañan a la inocencia?

RD: Y también puedes percibir si estás centrado o descentrado en la experiencia de inocencia. ¿Cuál es la relación entre ese estado de inocencia y el dragón? Tal vez no haya ninguna.

SG: Nota si la estás usando de una forma negativa que te lleva a disociarte de lo que temes. O de una forma integrada que te lleva a encontrar un lugar más profundo de apertura y ausencia de cinismo.

RD: Y si hay algún sonido que le acompaña, está bien hacerlo. Déjate sentir plenamente en esa pauta arquetípica y cómo se está desplegando en relación con tu reto.

Cuando estés preparado, ya puedes soltarla. Sacude entonces tu cuerpo un poco.

Y pasa al lugar siguiente, al del *Huérfano*. El huérfano es aquel que está solo, que no pertenece a ningún lugar. Encuentra ese lugar interno donde puedes experimentar el huérfano, que se siente abrumado por el dragón. Accede a ese lugar en ti. Permítete explorar y descubrir las sensaciones corporales..., la postura..., los movimientos..., los pensamientos básicos y las imágenes de la pauta del huérfano. Mira si te sientes abandonado..., o abrumado..., o perdido.

Permítete explorar cualquier movimiento que le acompañe, deja que tu cuerpo te lo muestre. Y si hay algún sonido, está bien dejar que salga el sonido... Simplemente conviértete en esa pauta, permítete conocerla de dentro afuera.

Y después, cuando estés preparado, puedes dejar ir esa energía. Sacúdela de ti, quítatela de encima.

La energía siguiente es el arquetipo del *Mártir*, la presencia que se siente perseguida por el dragón. De modo que permítete abrirte a la experiencia del mártir dentro de ti. Déjate sentir completamente en ese lugar, esa energía... Los sentimientos..., los pensamientos..., las imágenes..., la postura..., los movimientos..., las frases..., los sonidos. ¿Cuál es tu pauta de martirio con relación a este dragón? Déjate sentirla profundamente, permítete llegar a conocerla.

Tal vez te sientas como una víctima, pero eso te enfada. *¡No es justo que te esté ocurriendo esto!* A veces hay una especie de indignación justificada..., a veces hay autocompasión. Permite que cualquier cosa que haya despierte en tu cuerpo... y descubre cuál es su sintaxis somática. A veces puede ser algo como un mohín..., a veces puede tomar la forma de una queja por cómo has sido malinterpretado o maltratado... Sea lo que fuere, nota esa pauta de responder al reto como un mártir.

Después suéltalo... Y, una vez más, puedes moverte... Sacúdelo... Espíralo... Vuelve al centro.

El arquetipo siguiente es el *Vagabundo*. El vagabundo evita al dragón, pretende que no está allí.

SG: Simplemente se va..., se marcha en la dirección contraria...; se va lejos, muy lejos.

RD: Permítete entonces ser el vagabundo. Entra en esa energía, siéntela... Cómo respondes al dragón desde ese lugar... Siente la postura, los movimientos, las pautas somáticas y cognitivas básicas asociadas con él.

SG: Puedes sentir que a medida que entras en un arquetipo particular empiezan a inmiscuirse elementos de otros arquetipos. Simplemente nótalo, y vuelve a sintonizarte con aquel arquetipo con el que estás trabajando. Hazte uno con él a nivel somático mientras lo observas a nivel cognitivo. En la conciencia generativa, siempre estamos buscando la fluidez del «ambos/y», de ser participante y observador al mismo tiempo, cada aspecto completando al otro.

RD: Dale espacio, permítele que se exprese en ti ahora. ¿Cuáles son los movimientos? ¿Cuáles son los sonidos? ¿Cuál es la sintaxis somática de tu pauta de vagabundo? Y, una vez más, cuando hayas podido experimentarla y honrarla, déjala ir. Quítatela de encima, libérala.

El siguiente personaje es el *Guerrero*. El guerrero quiere luchar contra el dragón, derrotar al dragón, controlarlo agresivamente..., matar al dragón..., librarse de él. Por lo tanto, encuentra el lugar del guerrero dentro de ti con respecto a este dragón que has elegido. Podría haber un movimiento además de una postura. Podría haber un sonido. *(Algunos participantes gritan: «¡Huh!» «Puuuh» «Shhh» «Ha», etc.)* De acuerdo, hay una buena energía de guerrero aquí. Me gusta. Ahora deja ir también la energía del guerrero, deja que fluya a través de ti.

El arquetipo final de este ciclo es el *Brujo*. Accede a tu magia..., a tu capacidad de transformarte..., a tu habilidad para recibir y aceptar..., y usar tu alquimia. El brujo acepta al dragón, y al hacerlo, lo transforma. El brujo también cambia de forma. Siente tu capacidad de cambiar de una forma a otra..., los movimientos, los sentimientos, las energías... del brujo.

Y después, una vez más, cuando hayas podido acceder a la actual relación de esa energía con el dragón..., suéltala..., espírala..., libérala... Vuelve al centro... Suéltala.

De acuerdo, éste es el primer movimiento a lo largo de tu ciclo arquetípico. Ahora vamos a hacer un segundo viaje alrededor del círculo para asegurarnos de que sientes y reivindicas el don, el valor de cada postura arquetípica.

SG: Una vez más, cualquier pauta, especialmente una pauta arquetípica, puede ser tanto un problema como un recurso, dependiendo de la calidad de tu relación con ella.

RD: Por eso, en esta segunda vuelta, vamos a añadir el centramiento, para que puedas sentir más profundamente el valor de cada arquetipo y para que después veas cómo puedes integrarlos en tu sentido de identidad más profundo. Incluso ahora, mientras reflexionas sobre el viaje que acabas de hacer, es posible que tengas una sensación de los arquetipos particulares en los que te has sentido más centrado, y de aquellos de los que te has sentido más desconectado. Cualquier pauta, especialmente una pauta arquetípica, tiene sus dones y sus sombras.

SG: Reflexiona sobre cuál de estas energías arquetípicas es la que más has usado para disociarte de ti mismo. Cuando tienes que afrontar tus retos, ¿tal vez te vas por ahí como un vagabundo? ¿O tal vez pretendes que esos retos no existen? ¿O tal vez te hundes en el dolor bebiendo, o consumiendo drogas, o sintiendo lástima de ti mismo, o con las quejas? La primera ronda fue una oportunidad para ser testigo de las maneras típicas en las que te abandonas a ti mismo. La segunda es una oportunidad de sentir cómo usar cada pauta arquetípica como un recurso para la transformación.

RD: Y al transformarte a ti mismo, por supuesto que transformas al dragón. De modo que comencemos centrándonos... Respira..., siente las plantas de los pies..., tu conexión con la tierra...

SG: ...Tu cola de canguro...

RD: Afloja las rodillas...

SG: ... y encuentra tu alineamiento espiritual...

RD: Permite que tu respiración sea profunda y libre...

SG: ... y siente que la relajación se despliega en tus músculos..., a medida que te centras..., y después siente que tu energía se abre *desde* tu centro..., de manera que tu conciencia también empieza a expandirse externamente... como si tuvieras un campo magnético a tu alrededor..., a medida que te asientas en una presencia centrada y calmada.

RD: Siente esa sensación, de la que habla Martha Graham, de que tu canal está abierto con esa energía única que eres tú..., aquí, en esta la sala. No hay necesidad de actuar.

SG: Mientras permites que ese campo energético se abra... desde tu centro... dejando que se extienda a tu alrededor..., date cuenta de que estás abriendo un espacio... que el dragón no puede invadir...

Abriendo el espacio dentro de ti..., abriendo el espacio a tu alrededor... Para que cada una de estas pautas arquetípicas... pueda expandir tu sensación de presencia..., pasar por tu centro y llevarte más plenamente al mundo.

RD: Y después, cuando estés preparado y te sientas centrado..., permítete ir con facilidad al lugar del inocente... y empieza a adoptar la sintaxis somática del inocente... manteniéndote conectado con tu centro en todo momento.

SG: Puedes invitar a que las pautas energéticas y de información del inocente atraviesen tu centro... como si fuera un pasillo plenamente humano... donde puedes... *volver a encontrar la inocencia.*

RD: Y recibe los dones arquetípicos del Inocente..., todos esos aprendizajes ancestrales y la sabiduría de la inocencia..., la apertura a las posibilidades..., el maravillamiento y la curiosidad infantiles..., la fascinación con el mundo.

SG: Dale la bienvenida como un regalo del más allá..., recíbelo a través de ti... y deja que te sane... Deja que te ayude a recuperar tu plenitud con relación a este dragón.

RD: No es una inocencia nacida de la ignorancia. Es una inocencia nacida del espíritu, que no puede ser dañada o envenenada.

SG: La inocencia que viene de la autopurificación..., el conocimiento original siempre presente.

RD: Siente esa pureza en tu alma, en tu espíritu. Y manteniéndote centrado, lleva el don de la inocencia al lugar del huérfano. Permítete moverte fácilmente, de manera fluida, como un huérfano. Permítete abrirte, descubrir la sintaxis somática generativa del huérfano. Siente su don, su poder, su sabiduría, su valor. Encuentra el don del huérfano.

SG: En cierto modo, estás verdaderamente solo en este mundo. ¿Puedes recibir el don, la libertad, de tu soledad?

RD: Encuentra ese lugar de suavidad, de compasión.

SG: Puedes sentir que la primera capa de inocencia sigue estando en lo profundo de ti... Mientras descubres este segundo campo, esta segunda capa... Soy un huérfano en este mundo... Camino solo... Lo hago con mi centro y mi conexión más profunda... Siente una sensación de gratitud... hacia el dragón... por permitirte... conectar tan profundamente... con este lugar arquetípico... de soledad... que ahora llevas en ti con apertura.

RD: El poeta Hafiz escribió:

> *No renuncies a tu soledad*
> *tan rápidamente.*
> *Deja que te corte más profundo.*
>
> *Deja que te fermente y te sazone*
> *como pocos ingredientes*
> *humanos o divinos pueden.*
>
> *Algo que falta en mi corazón esta noche*
> *ha suavizado tanto mis ojos,*
> *mi voz*
> *tan tierna,*
>
> *mi necesidad de amor*
> *absolutamente*
> *clara.*

SG: Permite al yo que vuelva a sentir la dignidad de tu soledad. Una soledad hermosa..., temblorosa..., abierta.

RD: Y después lleva el don de tu inocencia, y el del huérfano, y con ellos permítete fluir grácilmente hacia el lugar del mártir.

SG: Manteniéndote profundamente conectado con tu centro..., abriéndote a un campo más allá de todo..., da la bienvenida a esta tercera ola de energía. *Puedo recibir el sufrimiento del mundo y mantenerme centrado y abierto a un lugar que está más allá.*

RD: Sintiendo deseo de comprometerte con la justicia y la equidad.

SG: Y vuelve a sentir la dignidad...; siente la dignidad del mártir..., su forma superior, su conciencia superior.

RD: La disposición a abrirse y sacrificarse.

SG: A los budistas les gusta decir... *tu corazón está para que lo rompan... una vez... y otra.. y otra más...*, agrietándose como una cáscara... hasta una profunda ternura... Y mientras sientes la dignidad de tu corazón roto, conecta profundamente con el centro humano que está aún más profundo que eso..., permítete sentirte libre en este mundo... Deja que tus lágrimas caigan libremente sobre la tierra... y rieguen las semillas de una nueva vida.

RD: Cuando hayas podido centrarte en esa energía, inspírala, llévala hacia abajo, deja que te atraviese...; después permítete empezar a abrirte a la siguiente estación arquetípica..., el gran arquetipo del Vagabundo..., llevando los dones de cada uno de los otros arquetipos para profundizar y ampliar tu experiencia de esta posición.

SG: Dejando que las ondas del Inocente fluyan a través de ti... Dejando que las ondas del Huérfano fluyan a través de ti... Dejando que las ondas del Mártir fluyan a través de ti... y dejando que las ondas del Vagabundo empiecen a entrar en ti.

RD: Experimenta todos los dones del Vagabundo: dirigirse hacia mundos nuevos..., explorar lugares desconocidos..., dejar atrás lo que no encaja contigo..., alejarse de una mala situación..., descubrir nuevos espacios y posibilidades que nunca habías imaginado.

SG: Visitar muchos muchos lugares. Ir más allá del dragón..., más allá de tu familia..., más allá de tus antiguas creencias... La libertad de ir a cualquier parte... en el mundo de la conciencia viviente... para conocer y reivindicar ese derecho, esa necesidad, como tu derecho de nacimiento.

RD: Dejando ir y liberándote... En el mundo hay mucho más que el dragón.

SG: Libre de decir adiós..., libre de darte cuenta: *Tengo mi propio viaje, mi propio camino que seguir.*

RD: Libre de soltar y dejar atrás lo que ya no es necesario.

SG: En la búsqueda, en el viaje del héroe, algo en lo profundo vagabundeará por los campos de la conciencia... en la gran aventura... de convertirse en un ser humano.

RD: Y después lleva los dones del Inocente, del Huérfano, del Mártir y del Vagabundo a tu estado centrado, e integra esos recursos con la energía del Guerrero.

SG: Como si una energía empezara a pulsar a través de ti..., despertando en ti un lugar... para proteger la sacralidad de la vida..., para poder decir «*no*»..., para poder reivindicar un espacio en este mundo... y defenderlo. *No tienes derecho a hacerme daño...; ni mi cuerpo ni mi corazón serán violados.*

RD: *Haré todo lo que esté en mi poder para llevar mi don al mundo..., para llevar curación a mí mismo y a los demás.*

SG: Inspira todo esto..., siente su pulso. Ábrete a su energía...; estas energías vienen de una mente antigua de gran valentía y autoamor..., a la que te puedes abrir...; una mente generativa forjada por el viaje del héroe de todos los seres vivos que te han precedido... *Protegeré esta vida que me ha sido dada... Respetaré este cuerpo que me ha sido dado.*

RD: Y cuando estés preparado y sientas esa sensación en lo profundo de tu centro, realiza la transición final al lugar de magia y transformación.

SG: Algunos dicen que es la más alta de las energías humanas. Recuerda..., siente tu centro..., deja que la energía venga desde el fondo, a través de tu centro... La energía del brujo, el sanador arquetípico... Deja que en primer lugar toque y cure todas tus heridas personales.

RD: Deja que te despierte y que te transforme.

SG: Algunas tradiciones hacen hincapié en la existencia de un cuerpo más profundo que el cuerpo herido. Hay un corazón en ti que no está herido. Hay un cuerpo en ti que no está herido..., que no está roto..., que no ha sido tocado..., que está completo. Deja que esa presencia sanadora te devuelva a tu verdadera naturaleza de plenitud intacta.

RD: Encuentra esa fuente de magia dentro de ti..., magia que hace milagros..., magia que puede ir más allá del misterio. Cuando yo era joven y conocí a Milton Erickson, en un momento dado me enseñó una postal. En ella había un hombrecito sobre un pequeño planeta en medio de un vasto universo. Y la postal decía: «Cuando piensas en lo grande y misterioso que es el universo, ¿eso no hace que te sientas pequeño e insignificante?» Y cuando abrías la postal, lo que decía dentro era: «¡A mí tampoco!» *(Risas.)* Porque cuando te sientes parte de un misterio mayor, no eres pequeño e insignificante. Eres grande y misterioso como el universo, y estás conectado con una mente mayor que se expresa a través de ti... para hacerte mágico.

SG: Y mientras sientes todo esto, permítete experimentar una sensación aún más profunda... a través de tu centro y dentro de cada parte de tu ser...; siente la presencia de la inocencia... a través de tu centro..., emanando de cada parte de tu ser...; siente la soledad del huérfano... a través de tu centro, irradiando hacia el mundo..., el corazón roto, como un fuego radiante, del mártir santo..., a través de tu centro.

RD: Siente la espaciosidad y la libertad del vagabundo... a través de tu centro.

SG: A través de tu centro y abriéndose al mundo..., siente el voto sagrado del guerrero.

RD: Siente fiereza y compromiso.

SG: A través del centro, abriéndote al mundo..., siente tu poder de curar...

RD: Siente la energía creativa del brujo, y la posibilidad de transformar.

SG: Y con estas ondas dentro de ondas dentro de ondas, es posible que quieras volver a mirar al dragón desde *este* lugar.

RD: Llevando todos estos dones..., todas estas energías..., y lo que es más importante, ese lugar de centramiento en ti... Ahora vuelve al dragón.

SG: Y disfruta de la capacidad humana de llevar la plena transformación..., la plena curación..., desde este lugar dentro ti y a tu alrededor.

RD: Encuéntrate con esa energía del dragón..., absórbela..., deja que fluya a través de ti..., y a medida que lo hace, deja que se produzca la transformación.

SG: Lleva el dragón a la luz transformadora de tu plenitud como ser humano. Éste es tu legado..., éste es tu don..., ésta es tu llamada como ser humano. Cualesquiera que sean los dragones con los que te encuentres en tu gran viaje por este mundo..., deja que conecten contigo aún más profundamente..., con los centros de conciencia humana que pueden transformar el dragón y transformarte a ti. Éste es el viaje del héroe.

RD: Éste es el camino de la evolución.

SG: Mi deseo es que podáis decir a este camino en los próximos días... *¡Sí! Llevo todo esto al mundo a través de mí. ¡Sí! Invoco los lugares más profundos de mis energías ancestrales...; ayudadme..., venid conmigo... mientras realizo el viaje del héroe. Sí..., cada día, de mil maneras..., diré sí a mi viaje del héroe.*

RD: *Ahora abro mi canal.*

SG: ¡Sí!.. ¡Sí!... ¡Sí!... Mil veces sí. Porque ahora puedes ver lo que produce alejarte de tu centro... Y lo que produce respirar a través de él... Sin duda las apuestas son altas... *(voz más alta, hablando directamente al público);* entonces, ¿diréis que sí?

RD: Decid que sí rápidamente...

Participantes: ¡Sí!

SG: No puedo oíros...

Participantes *(más alto)*: ¡Sí!

RD: ¿Qué habéis dicho?

Público: *(Riéndose con entusiasmo.)* ¡Sí! ¡Sí ¡ Sí!

RD: De acuerdo. Después de una experiencia como ésta puede resultar útil tomarse unos momentos para reflexionar sobre lo que te ha ocurrido en el ejercicio. ¿Qué has descubierto? ¿Qué te ha ocurrido en este viaje? Puedes escribirlo o encontrar a un compañero.

CIERRE: DULCE OSCURIDAD

SG: Esperamos que hayáis sentido la diferencia que se crea si te mantienes presente cuando se abre lo arquetípico, el inconsciente creativo. Lo arquetípico será de ayuda o no, dependiendo de tu grado de centramiento, presencia, y de tu relación con ello. Recuerda, *¡tú eres la diferencia que marca la diferencia!* Puedes elegir ir hacia la vida o darle la espalda. Ésa es la diferencia que marca la diferencia.

Para cerrar esta parte del programa, tenemos dos poemas que nos gustaría compartir. Yo quiero compartir parte del poema de Rainer Marie Rilke llamado *Ripening Barberries*. Lo dedico a todo el trabajo que habéis hecho hoy aquí, porque, como dice Rilke:

> *El hombre que no puede cerrar los ojos serenamente*
> *seguro de que dentro hay una visión tras otra,*
> *simplemente espera que la noche*
> *le rodee con su oscuridad;*
> *para él todo ha acabado, es como un anciano.*
>
> *Nada más vendrá a él; no se abrirán más días*
> *y todo lo que ocurra le engañará.*
> *Incluso Tú, Dios mío. Y Tú eres como una piedra*
> *que le lleva cada día más hondo hacia las profundidades.*

SG: De modo que mi gran deseo para todos nosotros es que, muchas veces cada día, cada uno de nosotros cerremos nuestros ojos, seguros de que hay una imagen tras otra abriéndose a nuestro alrededor en la oscuridad. Y hablando de oscuridad...

RD: ... y las imágenes que surgen de ella... Mi lectura es un poema de David Whyte llamado *Dulce oscuridad*.

> *Cuando tus ojos están cansados,*
> *el mundo también lo está.*

Cuando tu visión se ha ido
ninguna parte del mundo puede encontrarte.

Es hora de ir a la oscuridad
donde la noche tiene ojos
para reconocer a los suyos.

Allí puedes estar seguro
de que no estás más allá del amor.

La oscuridad será tu útero
esta noche.

La noche te dará un horizonte
más lejano de lo que puedes ver.

Tú debes aprender una cosa.
El mundo fue hecho para ser libre en él.

Renuncia a todos los demás mundos
salvo a aquel al que perteneces.

A veces hacen falta la oscuridad y el dulce
confinamiento de tu soledad
para aprender

que cualquier persona o cosa
que no te vivifica

es demasiado pequeña para ti.

© Many Rivers Press, Langley, Washington

RD: Por tanto, os deseamos una dulce oscuridad esta noche.

SG: *(Incrementando el tempo.)* Así, para completar el día, recordemos las palabras del gran Martin Luther King, Jr.: «¡Libre al fin, libre al fin! Gracias a Dios todopoderoso, ¡al fin somos libres!» De modo que vivid como gente libre. Tenemos muchas ganas de volver a veros mañana por la mañana.

(Largo aplauso y gritos de ánimo.)

TERCER DÍA

EL CAMPO GENERATIVO

SG: ¡Buenos días, clase! *(El público responde.)* Os deseamos que tengáis muy buen día. En la siguiente parte de nuestra exploración del viaje del héroe vamos a centrarnos en una herramienta importante: vivir en el campo mental generativo.

RD: Ésta es la mente creada por las relaciones entre múltiples mentes. Gregory Bateson dijo que la mente individual es un subsistema de la mente mayor. Nosotros decimos que la mente individual es en sí misma un campo, y es un subsistema de un campo mayor; que hay un conocimiento que ocurre más allá de la mente individual. Si miras el trabajo creador de cualquier genio —tanto si se trata de Mozart, Da Vinci, Disney o Einstein—, en cada caso entró en contacto con una mente mayor, y pudo decir: «No soy yo quien está creando, algo está pasando a través de mí.»

SG: Alguien preguntó una vez al gran bailarín ruso Nijinsky: «¿Cómo es que puedes saltar tan alto?» Aparentemente, Nijinsky era el Michael Jordan de su tiempo: podía saltar más alto de lo que la ciencia creía posible. Y Nijinsky dijo: «No soy yo quien puede responder a esa pregunta, porque no soy yo quien salta así. No sé quién es; pero no me lo puedes preguntar, porque no soy yo.»

RD: Mozart dijo: «No puedo obligar a la música a venir. Puedo ponerme en un estado en el que la recibo, en el que empieza a fluir.» Su descripción del proceso creador es que tenía lugar en un «sueño agradable y vívido».

SG: De modo que estamos sugiriendo la idea de que toda creatividad viene de más allá de la mente consciente. Y si estás totalmente atrapado en tu mente consciente, te has limitado y has contraído el campo creativo.

RD: Vamos a resaltar que, al igual que en las mentes somática y cognitiva, puedes tener las versiones generativa y no-generativa de la mente campo, e incluso la degenerativa. Tal como hemos señalado que puede ocurrir con las dos primeras mentes, puedes perder tu centro en la mente campo, con consecuencias negativas. A veces, cuando hago consultoría en las empresas, voy a una empresa u organización e inmediatamente siento que allí está actuando un campo negativo. Probablemente todos habéis tenido experiencias de este tipo. No tienen que ver con el color de las paredes ni con el tamaño del edificio; se trata de un campo energético que está operando. Y puede ser creativo o puede ser opresivo.

SG: Resulta fácil perderse en el campo. Por ejemplo, la experiencia de adicción es perderte en un campo sin tu centro humano.

RD: O el ejemplo que dábamos antes de los soldados americanos en la prisión de Abu Ghraib, en Irak. Puedes quedarte atrapado en un campo de miedo, de ira y de violencia que afecte tu conducta. De modo que parte del funcionamiento generativo es abrirse al campo dinámico que está operando, y después abrirse a otro espacio más allá de ése. Se trata del espacio de conciencia, que puede ser algo sin convertirse en ello. Por ejemplo, un campo importante que experimentar alrededor de tu cuerpo es la conciencia energética de lo que podríamos denominar «la segunda piel».

SG: Para convertirte en una persona plena, en un ser humano completo, tienes que generar esta segunda piel. No la tienes cuando naces, es algo que crece lentamente, con el tiempo. Los niños no la tienen. Todos hemos visto a los niños pequeños jugar libremente hasta que un extraño entra en la habitación. ¿Y qué suele pasar? Que se quedan congelados. Lo habéis visto, ¿no? Y cuando el niño pequeño se queda congelado en presencia de un extraño, ¿hacia dónde mira primero? A mamá o a papá. Mamá, papá, familia y comunidad son la segunda piel del niño.

Me acuerdo de cuando mi hija tenía tres años y yo la llevaba a clases de natación en el YMCA. Eran a mediodía, y yo era el único papá de la clase, de modo que después teníamos todo el vestuario de los hombres a nuestra disposición para ducharnos y cambiarnos. Yo estaba en un lado y Zoe estaba jugando cerca de la puerta de entrada, al otro lado. En ese momento la puerta se abrió y entró un hombretón. Parecía un hombre amable, pero era grande y tenía una gran energía. Y para empeorar las cosas, dijo a Zoe con voz amistosa pero fuerte: «¡Hola, pequeña! ¿Cómo estás?» *(Risas.)* Y Zoe, naturalmente, se quedó congelada de miedo y me miró desesperada. Yo le dije, como haría cualquier padre: «Está bien, cariño, papá está aquí.» Ella corrió y se agarró a mi pierna para interponerme entre ella y el extraño. *(Robert va corriendo y se agarra a la pierna de Steve, el público se ríe.)* Todos lo hemos visto, ¿no? Esto es un ejemplo de lo que llamamos la «segunda piel». Es el espacio que te rodea y que te permite ser visible sin sentirte abrumado o invadido. Y es un ejemplo de lo que llamamos campo generativo.

RD: En el viaje arquetípico que estábamos explorando en el ejercicio de «Moverse por los arquetipos de transición», pasando del Inocente al Huérfano, al Mártir y al Vagabundo, y finalmente al Guerrero y al Brujo, parte de este viaje implica el desarrollo de una segunda piel. Esta segunda piel generativa es diferente de una armadura o muro. Como la piel física, la segunda piel puede dar y recibir información y energía. Sientes a través de tu piel; puedes conectar a través de ella. Y también es selectiva, una especie de filtro que puede ser de gran ayuda a la hora de crear comunicación o separación. Por supuesto, una conciencia generativa contiene ambas conexiones al mismo tiempo: está conectada consigo misma y también está conectada con algo más allá.

Hace poco estuve trabajando con un ejecutivo de alto nivel de una empresa tecnológica internacional. Su división era la que más beneficios generaba para la compañía en todo el mundo. Estábamos hablando del liderazgo, y él decía que, para él, el liderazgo es esencialmente el proceso de llevar energía positiva al campo de un sistema. Él consideraba que su trabajo consistía en aportar energía positiva y proactiva tanto en su equipo como a la organización misma o a una reunión concreta. Y, por supuesto, para hacer eso necesitas lidiar con la energía negativa que saldrá inevitablemente a la superficie. Tienes que saber transformar la energía negativa del campo. Una de las prácticas que hacía cada mañana antes de ir a trabajar era dejarse caer dentro de su cuerpo y sentir su energía. Medía cuidadosamente su energía sintiendo su cuerpo; la medía como un espacio entre sus manos. Seguidamente, establecía el compromiso de volver a casa, a su familia, con esa misma cantidad de energía al final del día.

La capacidad de este director de sentir, establecer y sustentar un nivel positivo de energía corporal requiere atención a lo que llamamos «campo», tanto dentro de sí como en su entorno. De modo que esta idea de una segunda piel se vuelve muy importante, porque en cualquier situación intensa o desafiante habrá tensión y presión. En el caso de este director es fácil imaginar que las exigencias de su trabajo y la dependencia que las personas de su entorno tienen de él pueden absorber su energía, agotarla y convertirla en su forma negativa. Así que se hace muy importante disponer de estas habilidades para gestionar estas dinámicas de campo.

SG: Una importante distinción que hacemos con relación a la conciencia del campo generativo es que en el campo hay dos niveles. El primero son los muchos campos de contenido dinámico en los que funcionamos; el segundo es el metanivel, el espacio sin contenidos en el que contenemos estos campos dinámicos y trabajamos con ellos. El primero es el nivel del contenido, el segundo es el nivel del contexto. Con respecto al primer nivel, siempre estamos funcionando dentro de múltiples contextos dinámicos o campos.

El espacio que rodea a tu cuerpo es un campo. Esta habitación es un campo.

RD: El espacio que hay entre tú y otra persona es un campo.

SG: Tu historia personal es un campo. Tu familia es un campo. Tu cultura es un campo. Puedes trabajar en el campo de la terapia, o en el campo del *coaching*, o en el campo de los negocios. Tu país es un campo, lo mismo que tu hogar. De modo que hay muchos campos dinámicos coexistentes en los que nos movemos. Por supuesto, no todos están igualmente activos; hay un conjunto de contextos activos siempre cambiantes dentro de los cuales gobernamos nuestras vidas.

RD: Por tanto, hay muchos campos dinámicos diferentes funcionando en un momento dado. La segunda cuestión es si un campo es generativo o no. Un campo puede ser positivo o negativo, dependiendo de la presencia humana dentro de él y a su alrededor.

SG: Y la tercera idea básica es que hay un campo más allá de los campos, un metacampo que está más allá de cualquier contenido. Lo describimos como el campo generativo, un «campo de campos» que contiene e imbuye positivamente aquellos campos en los que opera. A menos que pienses que ésta es una distinción completamente esotérica, queremos señalar que uno de los principios básicos en el arte marcial del aikido es: *nunca des tus ojos al ataque (o al atacante)*. Éste es un principio muy práctico: si lo violas, te quedas encerrado en el ataque, y probablemente serás derrotado por él.

Así, si me llega una agresión —puede ser una persona, pero también puede ser un pensamiento negativo, o un recuerdo traumático, o un sentimiento o miedo interno—, la cuestión es: ¿cómo voy a responder con mi atención? La mente no entrenada generalmente se queda encerrada en la amenaza negativa. *(Steve lo demuestra tensándose, cerrando los ojos y retirándose.)* En aikido llamamos a esto «regalar tu centro». En este punto, me pierdo a mí mismo en el campo del ataque. Todos conocéis esta experiencia, ¿no? Te quedas encerrado en el problema, te olvidas de todo lo demás y desconectas de todos tus recursos. De modo que la noción de un campo generativo significa, en este caso, responder a un reto abriendo tu conciencia más allá de él. Permites que tu conciencia perceptual se amplíe en lugar de estar constreñida. Te abres a un espacio más allá del problema para poder estar con él sin convertirte en él. Éste es el enfoque principal de nuestro trabajo en la siguiente sección del programa.

RD: Hemos venido señalando que la respuesta habitual ante el reto es cerrarse y pasar a las estrategias de supervivencia: «Lucha, huida o congelación.» Respondes a los retos contrayéndote, disociándote, tratando de controlarlos o de librarte de ellos. Hemos dicho ya que para conseguir resultados extraordinarios, tienes que funcionar en el espacio que está más allá de los problemas. Tienes que hacerle sitio al problema, pero no dejarte limitar por él. En el nivel somático generativo esto se hace con el centramiento. En el nivel cognitivo generativo esto se hace mediante el patrocinio. En el campo generativo se hace yendo más allá.

SG: Como introducción a este trabajo, aquí tenemos un precioso poema sobre el campo generativo desde la perspectiva de los nativos americanos. Para algunas tribus nativas americanas, el bosque es un campo generativo primario. El bosque es la mente profunda, la sabiduría más profunda, la inteligencia más profunda. Éste es un poema de David Wagoner llamado *Perdido*.

Quédate quieto. Los árboles delante y los matorrales a tu lado
no están perdidos. Dondequiera que estés se llama Aquí,
y debes tratarlo como un poderoso extraño,
debes pedirle permiso para conocerle y para darte a conocer.
El bosque respira. Escucha. Él responde:
he hecho este lugar a tu alrededor.
Si te vas de él, puedes volver de nuevo, diciendo Aquí.
No hay dos árboles iguales para Cuervo.
No hay dos ramas iguales para Ratón.
Si lo que hace un árbol o un matorral se pierde en ti,

entonces, sin duda tú estás perdido. Entonces quédate quieto. El bosque sabe dónde estás. Debes dejar que él te encuentre.

SG: En contra del pensamiento occidental tradicional, estamos explorando esta idea radical de que cada parte del universo tiene conciencia, que en realidad la conciencia es el campo generativo que crea las formas y la energía del mundo. Esta conciencia opera como un campo unificado que conecta implícitamente todas las cosas dentro del campo. Si te retiras o desconectas de estos campos más amplios, vas a tener un gran problema, porque no puedes hacer las cosas únicamente desde ti. Es necesario tomar tu mente, alinearla y ayuntarla a una mente mayor.

Esto me recuerda la historia de un viejo rabino que caminaba por la ciudad enfundado en un gran abrigo negro y con las manos en los bolsillos. Finalmente, alguien le pregunta:

—Rabino, ¿qué tiene en las manos, dentro de los bolsillos?

El rabino saca las manos mostrando una tira de papel en cada una de ellas.

—Es sólo una pequeña tira de papel —dice él—. Esta tira de papel —replica levantando la mano derecha— pone: «Yo soy lo divino, yo soy todo, yo soy el universo.» Y este otro papel —dice levantando la mano izquierda— pone: «No soy más que una mota de polvo, tan pequeña; las cenizas a las cenizas.»

—¿Y por qué llevar ambas tiras de papel?

—Bueno —dice el rabino—, los dos mensajes son ciertos, pero creo que lo importante es saber cuál de ellos recordar en un momento u otro.

De modo que esta sensación de conectar con uno mismo y también con el campo mayor es uno de los retos del viaje del héroe.

RD: Ésta es una habilidad que tienes que practicar. Hoy vamos a explorar algunas de estas prácticas, pero es importante reconocer que cada persona debe encontrar las prácticas que mejor funcionen para él o para ella. Hace algunos años entrevisté al fundador de la segunda naviera más grande del mundo. Estábamos hablando de resolver un tipo de problema organizativo especialmente complejo. Le pregunté:

—¿Cómo resuelves este tipo de problema? ¿Qué haces?

Esperaba que me contara alguna sofisticada estrategia analítica, y me quedé sorprendido cuando dijo:

—Bueno, lo cierto es que me voy a montar en bicicleta.

Montar en bicicleta era la práctica que, al recurrir a su mente somática, le ponía en el lugar que le permitía conectar con su centro y después abrirse más allá al campo generativo. Más adelante, en la entrevista abordamos otro problema difícil que su empresa afrontaba y yo le dije en broma:

—Apuesto a que tienes que montar en bicicleta para resolver eso.

Él movió la cabeza y con mucha sinceridad confesó:

—¡Oh, no, no puedes montar en bicicleta para resolver ESE problema! Tienes que jugar al golf.

(Risas.) En otras palabras, este líder de los negocios tenía prácticas muy específicas para abrirse más allá del campo del problema. Él consideraba estas actividades como una de las principales razones de su éxito en los negocios.

SG: Y, a propósito, cuando hacemos *coaching*, ésta es una pregunta práctica muy simple pero muy importante:

¿Qué haces cuando necesitas volver a contactar contigo mismo?

Se trata de una pregunta muy simple que te permite averiguar cómo sale la persona de su cabeza a un campo más abierto y sintonizado. Puedes usar algún proceso experimental para ayudarle a abrirse a un campo generativo y explorar una situación difícil en un contexto que no guarde ninguna relación con ella.

RD: Para algunos, puede tratarse de una actividad física; para otros, puede tratarse de un poema. De modo que aquí está un poema que para mí dice mucho sobre la apertura y la cerrazón. Es de E. E. Cummings.

*En algún lugar al que nunca he viajado, alegremente más allá
de cualquier experiencia, tus ojos tienen su silencio:
en tu gesto más frágil hay cosas que me encierran,
o que no puedo tocar porque están demasiado cerca.*

*Tu más leve mirada me abrirá;
aunque me he cerrado como unos dedos,
tú siempre me abres pétalo a pétalo, como abre la primavera
(tocando hábilmente, misteriosamente) su primera rosa.*

*O si quieres estar cerca de mí, yo y
mi vida nos cerraremos de manera muy hermosa, repentina,
como cuando el corazón de esta flor imagina
la nieve descendiendo suavemente por doquier;*

*nada de lo que podemos percibir en el mundo iguala
el poder de tu intensa fragilidad, cuya textura
se me impone con el color de sus países,
trayendo la muerte y la eternidad con cada respiración*

*(no sé qué es lo que en ti se cierra
y se abre; sólo que algo en mí comprende
que la voz de tus ojos es más profunda que todas las rosas);
nadie, ni siquiera la lluvia, tiene las manos tan pequeñas.*

RD: Para mí, este poema habla de manera muy hermosa del proceso dinámico de abrirse y cerrarse a un campo. Del mismo modo que no estarás centrado en todo momento, tampoco estarás abierto al campo en todo momento. Hay un ritmo cíclico de abrirse y cerrarse que forma parte del viaje generativo mayor, un ritmo natural de entrar dentro para conectar contigo mismo, y después abrirte hacia fuera para ir más allá de ti mismo. De esta manera, el centro individual y el campo colectivo se equilibran y completan mutuamente.

Prácticas para conectar con el campo

SG: Hoy queremos hacer una serie de ejercicios para que tengas una experiencia de un campo generativo, especialmente en cuanto a cómo sentirlo, crearlo, sustentarlo y utilizarlo creativamente para el cambio transformador. El primer ejercicio es muy directo; es una experiencia de grupo a lo largo de la cual te guiaremos. Tiene su base en varias tradiciones. En la hipnosis tradicional se le llama la técnica de las «manos magnéticas». En las tradiciones cuerpo-mente orientales, como el tai chi y el chi kung, se conoce como «la bola de energía».

RD: En estas tradiciones, el chi o el ki es la energía o fuerza de vida que lo penetra todo, incluyendo el cuerpo humano (como la «fuerza» de las películas de la serie *La Guerra de las Galaxias*). Así, en estas tradiciones, aprendes a sintonizarte y a trabajar con esta energía sutil que es fuente de buena salud y de la acción inteligente.

SG: Conforme te guiamos, por favor, no pienses en este proceso como si de algún modo te hubiéramos hipnotizado, ni creas que debes dejarte controlar pasivamente. Piensa en él como tu propio «experimento de conciencia». Es tu experiencia de aprendizaje, tú estás al cargo. Usa nuestra asesoría para ayudarte a explorar tus propias posibilidades.

RD: Y, para ello, tendrás que abandonarte y descubrir otra inteligencia dentro de ti que pueda abrirte y guiarte. Para sentir y trabajar con campos no puedes dejarte dominar por tu pensamiento consciente y el control de tu ego. Piensa en ello como tocar un instrumento musical, o practicar un arte, o pensar creativamente; tienes que sintonizar con el proceso más profundo y dejar que él te guíe. Esto exige que desarrolles una sensación sentida de tu conciencia, pues ésta es la base de la experimentación del campo.

SG: De modo que te estamos pidiendo que te limites a ser testigo y a apoyar tu propia experiencia. En todos estos procesos, eres simultáneamente participante y observador, lo que requiere que cultives el punto de equilibrio entre una buena concentración y una completa relajación. Si estás concentrado pero no relajado, la experiencia del campo sutil no puede abrirse, porque tu tensión la bloquea. Pero también puedes tener un exceso de relajación, como cuando estás viendo la televisión o sentado en un bar. Así que piensa como un artista o un atleta en términos de absorción relajada, sintiendo curiosidad por cómo puede eso abrirte a una experiencia más profunda.

RD: Otro término para este equilibrio es *presencia*. Estate presente en todas las partes de ti mismo. Para empezar el ejercicio, ponte en una postura cómoda.

SG: Mientras te interiorizas y te asientas, permítete empezar a sintonizar con tu centro. De la manera que consideres mejor para ti, permítete empezar a soltar todo lo demás, y empieza a volver suavemente hacia tu centro.

RD: Éste es siempre el primer paso. Antes de abrirte al campo, encuentra tu centro, porque la conciencia descentrada genera campos negativos o desintegrados.

SG: Permítete llevar la conciencia a tu cuerpo. Déjala caer a través de tu cuerpo, y después deja que se abra más allá de tu cuerpo. En aikido decimos: *Déjate caer en tu centro, abre el campo. Déjate caer en tu centro, abre el campo. Déjate caer en tu centro, abre el campo.*

RD: Y, al hacerlo, puedes sentirte tan cómodamente asentado, notando las plantas de tus pies suave pero firmemente enraizadas en la tierra.

SG: Y mientras exploras este proceso, puedes dejar que nuestras voces sean algo secundario. Nuestras voces pueden estar en el trasfondo.

RD: Tu primera atención se halla profundamente absorta en tu centro.

SG: Y mientras haces esto, asegúrate de tener las manos separadas, descansando sobre las piernas. Y tómate unos momentos para alinear tu columna vertebral... Dejándote respirar..., arriba y abajo..., lentamente..., arriba y abajo a lo largo de la columna.

RD: Puedes imaginar que un hilo tira suavemente de tu coronilla hacia arriba, relajando los músculos pero estirando la columna.

SG: Una buena manera de hacer esto es utilizar el simple proceso llamado Cruz Celta. Conforme te vas asentando un poco, toma tus manos y llévalas al centro. Muy lentamente, tan lentamente que pueda parecer que no estás moviendo las manos, aunque las estés moviendo. Y cuando lleguen al centro, deja que se abran a lo largo de tu eje vertical.

RD: Una mano va subiendo y la otra bajando, como si estuvieras abriendo algo.

SG: De nuevo muy lentamente, como si tus manos no estuvieran moviéndose, aunque en realidad se muevan. Una mano se eleva... abriendo a lo largo del eje vertical..., tirando de ese hilo dorado..., desde tu chakra coronario..., todo el trecho hasta el cielo. Al mismo tiempo, la otra mano se mueve hacia abajo..., se mueve hacia abajo..., se mueve hacia abajo..., a lo largo del eje vertical..., abriendo un pasadizo desde la columna hasta la tierra que hay debajo... Y mientras bajas la mano, también puedes muy sensualmente, muy lentamente... elevar la otra.

RD: Y tu conciencia puede moverse todo el recorrido a lo largo del eje vertical hacia los cielos.

SG: Y todo el recorrido hacia abajo..., cayendo hacia el centro de la tierra..., al mismo tiempo..., abriéndose a lo largo de tu eje vertical... sintonizando tu atención a través de la conciencia espinal.

RD: Deja que tus manos abran el eje vertical de la cruz, el norte y el sur de la conciencia, el cielo y la tierra de tu atención.

SG: Y después, cuando estés preparado, cuando sientas que has abierto el eje vertical..., vuelve al centro... y empieza a abrir el eje horizontal... tocándote el centro lentamente con las dos manos..., casi como si tus manos no estuvieran moviéndose..., aunque se mueven.

RD: Abriendo una mano a tu izquierda..., la otra mano a tu derecha..., lentamente..., rítmicamente..., repetitivamente.

SG: Deja que la energía fluya a través de tus dedos. Siente que la energía se abre a través de las puntas de tus dedos, extendiéndose a las infinitas dimensiones del este y el oeste..., de la derecha y la izquierda..., el eje horizontal de conciencia... La energía fluye a través de ti, abriéndose al este y al oeste.

RD: Desplegándose..., abriéndose..., abriendo el eje horizontal de la conciencia.

SG: Empieza a extenderte... por el eje horizontal... hacia el infinito...; la mente no se detiene en ninguna parte..., la energía fluye infinitamente... Y cuando sientas que el eje horizontal se abre... puedes empezar a cambiar en un sentido y otro con tus manos..., abriendo el eje vertical...; las manos se mueven arriba y abajo..., y después abren el eje horizontal...; las manos se mueven al este y al oeste. Puedes dejar que las manos se muevan por sí mismas, sintiendo que una presencia más profunda empieza a despertar. En muchas tradiciones a esto se le llama «abrirse a las cuatro direcciones». Dejar que tu conciencia se abra desde el centro... hacia las cuatro direcciones. Norte..., sur..., este y oeste. Es muy dulce, sensual..., abrirse..., abrirse a un campo..., disfrutando de cómo todos tus músculos pueden relajarse. Hay una presencia más profunda que tus músculos. Una energía sutil que puede fluir arriba y abajo, a izquierda y derecha..., en las cuatro direcciones.

Crear una bola de energía

SG: Y después, en ese campo que has abierto, puedes experimentar la creación de una bola de energía.

RD: Y para ello puedes dejar que tus manos se extiendan hacia delante, una frente a otra...

SG: ... como si sostuvieras una bola de energía... Una bola que está pulsando, que está hecha de energía, que es vibrante... Y a medida que sientas las manos extendiéndose hacia delante... imagínate sosteniendo la bola de energía..., ni demasiado tensa... ni demasiado floja...; deja que tus brazos se relajen. Deja que tus hombros se relajen. Deja que tus codos se relajen... y siente sólo tu sintonía con esa bola de energía. Puedes notar que tiene su propia energía sutil. Puedes notar, por ejemplo, que mientras inspiras, la bola se expande un poco..., y mientras espiras, la bola se hace un poco más pequeña.

RD: Y dentro de esa pulsación de tus manos, puedes sentir la presencia de la bola...; siente la presencia del espacio dentro de la energía..., siente la presencia del espacio alrededor de la bola de energía..., todo al mismo tiempo.

SG: Descubriendo el ajuste muy sutil, placentero que puedes hacer para sintonizarte más..., sintonizando con la energía yin..., la experiencia de ser receptivo, de estar abierto, de ser un espacio que puede contener cualquier cosa..., explorando las distintas posibilidades cuerpo-mente..., un experimento de conciencia..., sintonizando más resonantemente..., profundizando la conexión..., inspirando y espirando.

RD: Siente la energía entre tus manos como si irradiara de tu centro. Irradiando a través de tus brazos desde tu centro..., a través de tus manos..., al espacio entre tus manos.

SG: Una vez más, da permiso a tus manos y a tus brazos para moverse como quieran... Dales la oportunidad de moverse sin control consciente..., creativamente.

RD: Disfruta sintiendo la sensación única de la fuerza de vida..., tu propia vitalidad..., tu energía.

SG: Y podrías experimentar y ver hacia dónde está orientada tu atención mental. ¿Qué pasa cuando orientas tu atención más allá de la bola..., cuando la bola sólo está en tu conciencia periférica? ¿Qué ocurre cuando te vuelves a sintonizar con las cuatro direcciones —norte, sur, este y oeste—, con la Cruz Celta..., y sientes la bola de energía y tus manos dentro de ese campo de conciencia? Es asombroso comprobar cómo puede cambiar tu experiencia en función de dónde pones la atención. Permítete explorar algunas de las posibilidades.

RD: Date cuenta de cómo le afecta a la bola el hecho de perderte en tus pensamientos. ¿Empieza a desaparecer? ¿Es más difícil de sentir? Pero si vuelves a estar completamente presente en tu cuerpo, abriéndote desde tu centro más allá de tu cuerpo, puedes tener una sensación del campo muy diferente.

SG: De modo que esta bola representa una versión simple de un campo..., un espacio que puede contener muchas experiencias diferentes. Y una de las cosas que más curiosidad nos da es lo que le ocurre al campo cuando empiezas a crear ciertas experiencias. Ahora vamos a añadir un elemento más al experimento, vamos a introducir una energía no integrada en el campo. Mi voz va a cambiar dentro de unos momentos..., a una pauta no integrada..., y vamos a pedirte que notes qué le ocurre a tu bola de energía cuando experimentas este tipo de pautas no integradas. Observa con curiosidad. Aquí va...

(Steve cambia a una voz iracunda y agresiva.) No sé qué leches está pasando aquí... Creo que todo esto es un montón de tonterías... No significan nada.

(Una breve pausa, y después Steve vuelve a tener una voz amable.) Nota lo que le ha pasado a tu bola. ¿Ha desaparecido? ¿Se ha hecho más pequeña? ¿Más fría?

RD: ¿Se ha hecho más brillante, o más densa?

SG: Nota lo que ha ocurrido en tu caso. Esto es un ejemplo de lo que le ocurre al campo de tu inconsciente creativo en el momento en que recibes pautas no integradas y por la razón que sea no puedes patrocinarlas.

RD: Ahora vamos a ver qué ocurre cuando *podemos* patrocinarlas. Inspira, déjate soltar cualquier tensión, déjate reconectar con tu centro. Céntrate completamente.

SG: Una vez más, nada a lo que aferrarse en la mente. Nada que hacer con el cuerpo, excepto relajarse. Vuelve a sentir tu centro y después siente plenamente la bola.

RD: Siente la energía irradiando desde tu centro. Siente esa sensación de contener la bola de energía..., un espacio asombroso que puede contener cualquier cosa que necesite ser contenida, cualquier cosa que requiera patrocinio.

SG: Siente la bola como un santuario delicado pero fuerte que puede absorber de manera segura cualquier cosa que requiera curación..., cualquier cosa que necesite transformación. Bien. Inspira la unidad cuerpo-mente que te permite sintonizarte con el campo energético de la bola... Y dentro de un momento vamos a volver a la pauta no integrada..., pero esta vez no le prestes la mayor atención. No te centres en la voz negativa. Más bien, presta la mayor atención al campo energético..., cómo contenerlo, cómo mantenerlo con vida, cómo permitir que se haga más fuerte. Siente que la energía negativa es absorbida en la bola, mostrando curiosidad por cómo absorberla de una manera que le ofrezca un espacio seguro..., seguro para ti..., seguro para la energía negativa. Deja que tu atención se abra al campo periférico de la bola, más allá del «problema» negativo de la voz.

RD: Al igual que en el proceso de centramiento activo, donde aprendiste a absorber algo hacia tu centro. Aquí estás absorbiendo algo en un campo más amplio.

SG: Explora cómo envolverlo con el campo..., usando el campo como santuario para hacerlo seguro para ambos... y para cualquier cosa con la que estéis conectados. Mantén el campo vivo. No des tu mente al problema. Deja que tu mente descanse en el campo generativo más allá del problema.

RD: Sintonízate también con tu centro a través de tu eje vertical. Mantente presente en tu cuerpo mientras te abres al campo más allá del problema.

SG: De acuerdo, tómate unos momentos para centrarte y sintonizar con el campo. Bien..., y aquí vamos de nuevo.

(Steve vuelve a la voz iracunda y beligerante.) No soporto estas chorradas. Son un montón de tonterías. No existe eso de «yo interno». Si me preguntas qué pienso, aquí hay mucha gente loca... ¡Aggh!

(Steve hace una pausa y vuelve a la voz delicada.) De acuerdo. Nota

qué ha ocurrido esta vez. Respira..., sé testigo..., aprende. ¿Has sido capaz de conectar con la energía? ¿De recibirla, de absorberla, de moverte con ella de otra manera? ¿Ha fortalecido tu pelota? ¿La ha hecho más brillante? ¿Más grande? ¿Has podido sentir compasión? ¿Curiosidad? ¿Más calma? Esto es lo que puede hacer por ti el desarrollo de un campo generativo: puede permitirte sentir que te rodea una profunda conciencia, una presencia más grande que cualquier problema que pueda estar inquietándote. Y al abrir y sustentar el campo, puedes encontrar la seguridad y las habilidades necesarias para estar con cualquier cosa que esté allí, sin caer dentro de ella. De modo que éste es el primero de una serie de ejercicios que vamos a explorar hoy para aprender a lidiar con todo esto.

Antes de que volváis, sentid vuestra relación con vuestro campo interno. Fijaos en cualquier cosa que acabéis de experimentar o aprender, y que queráis recordar para después. Y si hay un voto o promesa, un compromiso que quieras establecer contigo mismo con respecto a conectar más profundamente, cada día, con el campo energético de tu Ser generativo, adelante, hazlo ahora.

RD: Piensa en el voto del director que he mencionado antes: el voto de cuidar de sí mismo y de su campo energético personal a lo largo del día; cómo notarlo, cómo cuidar de él, cómo preservarlo, cómo usarlo para ayudar a los demás. Y cuando estés preparado, nos gustaría pedirte que te tomases un par de minutos...

SG: ... para volver lentamente a esta sala...

RD: ... y permite que tus manos vuelvan a la sala..., permite que tus piernas vuelvan a la sala..., y por último, aunque no menos importante, permite que todo tu ser vuelva a la sala.

Acceder al campo mental a través de la presencia

SG: Bienvenidos de vuelta. Espero que hayáis notado que para sintonizar con el campo sutil tenéis que encontrar el equilibrio entre la energía de la atención que se extiende hacia fuera y la energía que recibe. Estás tratando de encontrar el punto de equilibrio entre yin y yang. Ahí es donde el Tao, o «el camino», se abre; ésta es otra manera de hablar del campo generativo.

RD: También sugerimos que este tipo de campo es esencial para la calidad de tus interacciones con los demás. Tu presencia, tu energía, tienen una influencia en la experiencia de tus clientes. Con la idea de una mente campo estamos señalando que hay determinados tipos de pensamientos, comprensiones y experiencias que se presentarán cuando estés con cierta gente. No es una reacción mecánica a lo que dicen o a su aspecto; es una reacción a «su energía». Podemos usar esto de una manera positiva: podemos abrir un campo generativo para que la gente pueda decir y hacer cosas que normalmente no diría ni haría. Podrían establecer conexiones y generar ideas que no se producirían si estuvieran solos. Tal vez alguien te haya dicho algo así: «Me gusta mucho quien soy cuando estoy contigo», y eso hace referencia al campo que compartes con esa persona.

SG: En el *coaching* y en la terapia suele surgir la cuestión de si el cambio viene del cliente o del *coach*. Nosotros decimos que ambas cosas y ninguna de ellas: el cambio generativo viene de la mente relacional creada por la relación de cooperación entre ambos. El inconsciente creativo no está dentro de una persona, es un campo que se abre más allá de la persona. El campo permite que «el espacio intermedio» favorezca la aparición de ideas venidas «de ninguna parte» para crear algo totalmente nuevo y necesario.

Pero, paradójicamente, este campo «más allá» tiene que ser creado y sustentado por las partes o los miembros del campo. De modo que no puedes limitarte a estar pasivo y «confiar en que el campo lo haga». En hipnosis se suele tener esa idea infantil de que, de algún modo, el inconsciente te salva de ti mismo. Tampoco puedes dominar las cosas y forzar el proceso creador. Una vez más, estamos intentando producir el equilibrio entre yin y yang para que puedas crear algo más allá de ti, y después mantenerlo vivo permitiendo que ello te dé a ti.

A veces llamo a esta atención equilibrada el «principio Errol Flynn». Como tal vez sepáis, Errol Flynn fue uno de los grandes espadachines de la gran pantalla. Y resulta que realmente era un gran espadachín en la vida real. Alguien le preguntó una vez:

—Dime, Errol, ¿cómo sostienes la espada?

—Oh, es fácil —dijo él—. Cuando sostengo una espada, imagino que sostengo un pájaro.

Si aprietas mucho *(Steve hace un ruido de aplastar)*, vaya, ya no hay más pájaro. *(Risas.)* Pero si sostienes demasiado flojo *(Steve parece despistado y señala hacia un pájaro que vuela fuera de su mano)*, el pájaro se va. Lo mismo que ocurre con los pájaros ocurre con las espadas. Y lo mismo que ocurre con las espadas ocurre con los campos y con otras conexiones generativas. Estamos diciendo que las experiencias de un campo generativo son propiedades emergentes de este tipo de atención equilibrada. Sólo surgen cuando te sintonizas con un estado de atención de alta calidad.

RD: Que se genera a través de la presencia de quien está allí.

SG: Y la buena nueva es que *tú puedes hacer esto. Está dentro de la capacidad de cada persona sentir creativamente y trabajar dentro de un campo generativo.*

RD: Hace poco asesoré a una mujer que trabaja como consultora en una organización. Ella se abría al campo allí, pero sin mantener y extender su centro, como hemos estado enseñando. Llegaba a un lugar tan receptivo que lo captaba e interiorizaba todo, y las energías no integradas de su puesto de trabajo la abrumaban. Volvía a casa todos los días totalmente agotada. Esto llegó a alcanzar un punto de ruptura cuando una mañana se miró en el espejo y no pudo reconocer su propio rostro. Era como si ese campo la estuviera convirtiendo en otra persona. De modo que hicimos con ella un ejercicio, que ahora os vamos a mostrar, sobre la construcción de una «segunda piel». Construir una segunda piel, como hemos comentado antes, es una forma de campo generativo vital para realizar tu viaje del héroe.

SG: La segunda piel es lo que te permite ser visible sin quedar expuesto.

RD: Te permite estar presente sin llegar a ser totalmente frágil y vulnerable.

SG: Para vivir tu viaje del héroe, tienes que mostrarte dispuesto y ser capaz de estar en el mundo y decir: «Aquí estoy yo, ésta es mi posición. Ésta es mi verdad. Ésta es mi experiencia.» ¿Hasta qué punto puedes hacer esto? ¿Te limitas a decir *(Steve cambia a una presencia temblorosa e incongruente):* «Bueno, ésta es mi verdad..., más o menos..., creo...; tal vez..., bueno, en realidad no»? *(Risas.)* «Tal vez no la mencione.» *(Más risas.)* Por supuesto, lo opuesto es golpear duramente con la «verdad» en el mundo *(Steve cambia a una postura de «tipo duro»):* «Ésta es la verdad absoluta y mataré a cualquiera que discuta conmigo.» *(Risas.)* Decir la verdad, compartir tu presencia, requiere este campo energético equilibrado que no es ni demasiado duro ni demasiado blando. Ahí es donde la segunda piel te permite abrirte de manera segura y confiada al mundo, dando y recibiendo de tu ser profundo mientras haces visible quién eres.

Tu «segunda piel»

RD: La gente suele decir cosas como: «Si las miradas mataran» o «Esa persona está lanzando dagas con los ojos.» Esto son descripciones de ataques energéticos. Un gran desafío del viaje del héroe es poder recibir estos ataques hábilmente y trabajar positivamente con ellos. Hemos practicado esto a nivel somático mediante el centramiento activo; ahora vamos a ver cómo hacerlo a nivel campo. En particular, vamos a ver el campo que creas a tu alrededor y cómo afecta a tus conexiones con el mundo. A veces, cuando observo trabajar a los *coach*, veo que su campo energético domina a sus clientes.

Por otra parte, también me doy cuenta de que si el campo energético del *coach* es demasiado débil, el cliente no tiene nada contra lo que empujar, no siente que hay una presencia allí con él. Esta idea de un campo energético mediante el cual nos interconectamos con el mundo es lo que llamamos «segunda piel».

Lo que sigue es una visión general del ejercicio que vamos a realizar.

Ejercicio: desarrolla una «segunda piel»

1. Identifica un contexto en el que te sientas abrumado, perdido o asaltado por un campo alterado o por un campo «sombra» (una situación en la que te hayas sentido atrapado o bajo el dominio de alguna energía o vibración negativa, como el temor, la agresión, la tristeza, la depresión, la fatiga, etc.). Esto no tiene por qué estar conectado con ningún contenido o expresión conductual específicos. Puede ser una sensación que captes en ese entorno.
2. Selecciona un lugar frente a ti, ponte en él y llévate a esa situación imaginando que ahora estás allí, viendo lo que ves, oyendo lo que oyes y sintiendo lo que sientes en esa situación. Haz inventario interno de cómo es esa experiencia subjetivamente. ¿Cómo experimentas el impacto de esta energía negativa? ¿Cómo te sientes? ¿Qué les ocurre a tus pensamientos?
3. Apártate y aléjate de la situación, y sacúdete ese estado. Céntrate y enraízate, manteniéndote plenamente presente en tu cuerpo. Frótate las manos para calentarlas y sensibilizarlas.
4. Pon las palmas de las manos una frente a otra de modo que estén casi tocándose. Lleva presencia y conciencia a tus manos, y deja que estén tan sensibles que puedas sentir tu fuerza de vida corporal entre ellas. Imagina que tu centro es un generador de energía. Imagina la energía de tu centro saliendo por tus brazos y por tus manos. Siente la presencia de esta energía en el espacio que queda entre tus manos.

5. Aleja las manos un poco más hasta que estén a una distancia de entre ocho y diez centímetros. Manteniendo la conciencia en tus manos, continúa sintiendo el campo energético entre ellas a esa distancia. Mover las manos muy levemente una hacia otra y después alejarlas puede ayudarte a tener una sensación más clara del campo.

   NOTA: Mantente presente y en tu cuerpo. Si tu mente empieza a deambular o a salir del presente, no podrás sentir el campo.

6. Continúa sintiendo la presencia del campo generado desde tu centro y permite lentamente que tus manos y brazos se muevan hasta esa posición en la que estarías a punto de abrazar a alguien. Nota si puedes sentir esa sensación de abrazar el campo energético emanado desde tu centro y desde tu cuerpo. Hazte también consciente de cualquier sensación energética en el dorso de tus manos y brazos (en la parte externa del abrazo).

7. Manteniendo la sensación del campo en tus manos y brazos, llévala alrededor del tú que se ha visto atrapado en la situación difícil identificada en los pasos 1 y 2. Imagina que estás esculpiendo y creando una segunda piel a tu alrededor. La metáfora de la piel es importante aquí. No es ni una armadura ni un campo de fuerza. La piel te permite conectar y ser selectivo a la vez. La piel de tu cuerpo protege tus delicados órganos internos y te conecta de manera íntima con tu entorno. La piel energética hará lo mismo con respecto al campo. Tómate algo más de tiempo para asegurarte de que esta segunda piel está en su lugar en las zonas de tu cuerpo donde te has sentido más vulnerable (corazón, estómago, garganta, etc.).

   NOTA: Si te ayuda, puedes añadir también otros sistemas de representación (por ejemplo, visualizar la piel como un campo energético o cierto color o luz).

8. Entra en el tú que ahora está rodeado por esta segunda piel y usa las manos para asegurarte de poder sentir la presencia de la piel energética a tu alrededor. Siente una sensación de seguri-

dad/selectividad y conexión con el entorno que te rodea. A medida que reexperimentas el contexto del problema y la situación, observa en qué ha cambiado para ti.
9. Acompásate con el futuro imaginando la próxima vez que estarás en esa situación dentro de tu segunda piel.

Si estás guiando a otra persona en este proceso, céntrate y genera un campo con tus manos mientras le guías. A medida que explicas y demuestras qué hacer, puedes esculpir y crear una segunda piel adicional para tu compañero.

Demostración con Eva

(Eva se ofrece voluntaria para hacer el ejercicio.)
RD: Hola, Eva. Bienvenida a tu viaje del héroe. Para empezar el ejercicio, me gustaría pedirte que compartas un poco de esa situación complicada que afrontas.
(Eva parece un poco ansiosa y se ríe nerviosamente.)
SG: De acuerdo, genial; parece que la primera parte del campo energético está un poco nerviosa. ¿No crees que te vendría bien tomarte otro minuto completo para permitirte estar nerviosa? *(Risas. Eva se relaja un poco.)*
RD: Una de las cosas que a veces hacemos para conectar a este nivel es una especie de reflejo energético, para que nuestros campos puedan sintonizarse mutuamente. Eva, voy a proponerte que nos pongamos uno frente al otro y que dejemos que nuestras manos se extiendan hacia las del otro, sin llegar a tocarse, pero sintiendo la energía entre ellas. *(Robert y Eva acercan sus manos, sin llegar a tocarse.)*
Me gustaría intentar sentir tu energía y reflejarla, recibirla y darle apoyo. *(Robert y Eva empiezan a explorar la conexión energética entre sus manos.)* Es importante que mi energía no sea más débil ni más fuerte que la tuya, sino que simplemente conecte, se mezcle y reciba y haga

de espejo... Así está bien, gracias... Y tú también puedes sentir la mía... Reflejar la mía... Sí, así está bien... Ahora podemos empezar a sentir que se abre un campo entre nosotros que puede seguir estando aquí aunque nos demos la vuelta para mirar al público. Aquí hay un campo cómodo y agradable en el que podemos estar mientras exploramos este proceso juntos..., y cuando estés preparada, comparte lo que puedas sobre esa situación.

EVA: *(Parece mucho más calmada y centrada.)* Mientras hacíamos esto, he recordado una vez que estaba haciendo un proyecto precioso conmigo misma. Estaba en un trance creativo, era muy agradable. Yo me sentía muy feliz en el trance... *(Sonríe.)* Es como si me conociera a mí misma mejor que nunca: quién era yo y lo que quería. Fue un momento muy hermoso para mí. Y después intenté expresar mi experiencia a otros, mediante el lenguaje, y fue más difícil y confuso. *(Se ríe algo nerviosa.)*

RD: Sí, te escucho.

EVA: *(Emocionada.)* Y nadie me entendió. Se preocuparon por mí y me llevaron a un médico, y acabé en el hospital. Al principio me sentía bien, porque me había encontrado a mí misma. Sabía quién era. Me di tiempo. Estaba aceptando mi desafío. Me había expresado, aunque no me habían entendido. Después de un tiempo, sin embargo, todo se hizo más difícil, y empecé a sentirme perdida. *(Parece muy triste.)* Empecé a perder mi fuerza, empecé a dudar de mí misma. Todos me miraban como si algo estuviera mal. Sentí que no me entendían; entonces, ¿para qué expresarme? Y empecé a pensar que yo no merecía la pena y me sentía incapaz de volver al mundo. *(Llora.)* Y ahora me vuelvo a sentir completa. Pero aquel sentimiento de entonces sigue estando dentro de mí..., y eso es con lo que me gustaría trabajar.

RD: Sí. Estás en un viaje de la heroína muy poderoso, llevando dones al mundo, y también sabiendo que hay otros ahí fuera que tal vez no te entiendan. Casi tengo la sensación de que en el momento en el que realmente eres tú misma, la conexión con los demás desaparece;

sólo quedas tú. Y si hay otros allí, entonces te pierdes. De modo que la cosa se pone muy interesante.

Un niño también tiene que aprender esto. Si estoy expresándome plenamente, es posible que esté molestando a otras personas a mi alrededor, o que las esté hiriendo, o alterando, o retando, o confundiendo. De modo que es muy importante que tengas esta especie de segunda piel que te capacita para ser tú misma y al mismo tiempo conectar con los demás. Esto te permite sentir tu don y también compartirlo.

SG: Quiero señalar que esta secuencia que Eva está describiendo es muy típica del viaje del héroe. Esto es algo que se *supone que va a* ocurrir. Es decir: la heroína empieza a sentir su llamada y sale hacia el mundo. Las cosas van genial durante un tiempo, y entonces se topa con un demonio. El demonio hace lo que suelen hacer los demonios: rompe el campo del héroe, y Eva cae en una especie de trance negativo y regresivo. Pero ella continúa volviendo al mundo, respondiendo a esta llamada para conocerse a sí misma y compartirse con el mundo. Por tanto queremos apreciar que ella está profundamente inmersa en su viaje de la heroína. Esto hace que sintamos curiosidad con respecto a qué recursos podrían ayudarle a mantenerse conectada con su centro y su campo generativo cuando vuelva a encontrarse con algunos de estos demonios previsibles.

RD: Es la noción básica de que cuando despiertas, esto no siempre ocurre de un modo que los demás puedan recibir. Es un reto muy interesante ser tú misma completamente y al mismo tiempo estar con los demás. No quieres ser castigada ni que te envíen al psiquiátrico porque estás molestando a la gente, aunque estás en tu *propia* verdad, ¿vale? Entonces, ¿cómo soy yo y sigo siendo yo estando en contacto con los demás, que son diferentes de mí, o en un cultura que es diferente de la mía? No se trata de someterse pasivamente ni de renunciar a ser tú misma.

SG: Tenemos que aceptar el hecho de que hay muchas personas y presencias en este mundo que no quieren que despiertes. *(A Eva, con una sonrisa.)* ¿No es maravilloso saberlo? *(Eva se ríe.)*

SG: Pero ellos tampoco quieren que Robert despierte. Así que espero que puedas aceptar el patrocinio del tío Robert y del tío Stephen como guardianes del camino. *(Eva vuelve a reír.)*

RD: Una vez más, lo importante con respecto a este tipo de piel es que me permite conectar con los demás. Al mismo tiempo también es selectiva con respecto a lo que deja entrar. De modo que encontremos una situación reciente en la que hayas tenido esta dificultad de desaparecer debido a la mirada de los demás. Déjate sentir esa ocasión y déjate dar un paso adelante en la situación y revivirla por un momento. *(Robert señala un espacio delante de Eva.)*

(Eva da un paso adelante; cierra los ojos para sentir la experiencia.)

Y empieza por notar lo que ocurre. Ponte en esa situación... y nota lo que sientes en tu cuerpo en esa situación. *(Eva parece alicaída.)* ¿Qué sientes en tu cuerpo, y dónde lo sientes? ¿Cuál es tu sensación?

Eva: Mi cuerpo tiembla. No tengo deseo de vivir. No me siento capaz de nada.

RD: Sí...

Eva: *(Llorando suavemente.)* No tengo nada aquí. Todo lo que soñé es una locura. Nada tiene significado, me siento tan rechazada.

RD: Eva, por favor, nota la energía que te está abrumando. Déjate tomar conciencia de la energía que te pone en este lugar. ¿Sientes que viene de alguna parte dentro de tu cuerpo, o está alrededor de tu cuerpo?

Eva: Es como si me aplastase.

RD: Sí, te aplasta... ¿Desde arriba?

Eva: Sí, y también por delante.

RD: Es bueno empezar a notar que la energía viene de fuera de ti. Lo que quiero pedirte ahora es que abandones la situación y vuelvas a tu posición original, que salgas completamente de ella y la dejes ir.

(Eva da un paso atrás, abre los ojos, respira profundo y se suena la nariz.)

De acuerdo, bienvenida a la sala. *(Al público.)* Probablemente todos habéis estado en esas situaciones que parecen abrumadoras y opresivas, en las que os sentís sobrepasados por los juicios y la desaprobación de los demás. Es lo que llamamos un campo negativo, en el que estás bajo la influencia de mensajes negativos. Los mensajes de patrocinio positivo son: *Tú existes. Te veo. Eres valioso. Eres único. Tienes algo que dar. Eres bienvenido.* Podéis notar que en la situación de Eva están activos los mensajes contrarios: *No existes. No mereces existir. ¿Quién te crees que eres? No eres especial. No cuentas. No ayudas nada. No eres bienvenida. Igual da que te mueras. Igual daría que no estuvieras aquí.* Éste es el estado opuesto del patrocinio positivo.

EVA: No creo que realmente quisieran negarme a mí. Es como si me quisieran allí mientras yo no creyera en los valores con los que estoy conectada. No era tanto que estuvieran molestos conmigo como con las cosas que tienen sentido para mí. Sentía que necesitaban que yo renunciara a todos mis valores. Pero sin ellos yo no tengo ninguna fuerza ni felicidad.

RD: Sí.

EVA: No era contra mí como persona. Era todo aquello en lo que creía.

RD: Albert Einstein dijo: «Los grandes espíritus siempre están en oposición con las mentes mediocres..., incluyendo la nuestra.» *(Algunas risas.)*

SG: En el lenguaje de los campos, Eva está describiendo cómo cae en el campo negativo de alguien. Y lo que queremos hacer en este ejercicio es explorar: ¿Cómo sintonizas con tu propio campo generativo para no caer en otros campos negativos? Porque en este mundo los campos negativos están por doquier.

RD: Lo que puedes ver aquí es el opuesto exacto de lo que hemos descrito en el método ericksoniano. Erickson hizo hincapié en aceptar y respetar lo que está ahí para que pueda ser patrocinado e integrado. Eva estaba recibiendo el consejo opuesto. «Ponte bien. Supera todas esas cosas. Tienes que soltar estas tonterías. Tienes que librarte de eso y estarás bien.» Erickson no le dijo al tipo que se creía

Jesucristo: «Libérate de esa creencia y entonces estarás bien.» De modo que la clave está en el patrocinio, y todo comienza con el autopatrocinio.

(*A Eva.*) Una de las cosas que está ocurriendo aquí es la susceptibilidad a lo que Stephen llama los «alienígenas» o lo que yo llamo los «pensamientos virus»: ideas externas negativas con respecto a ti que tú incorporas y acaban abrumándote. Entonces ya no puedes verte a ti misma. ¿Te encaja eso? (*Eva afirma con la cabeza.*) Lo que creo que sería positivo aquí es ver cómo podemos ayudarte a crear una segunda piel que te permita mantenerte conectada contigo misma y abierta al mundo. Stephen y yo seremos patrocinadores y guardianes, pero la primera patrocinadora eres tú misma.

EVA: De acuerdo.

RD: *(Con voz suave.)* Queremos pedirte que empieces asentándote y centrándote. Stephen y yo también lo estamos haciendo. *(Pausa.)* Y cuando estés preparada, pon tus manos por delante de ti, una frente a otra... Siente tu propia fuerza... Es posible que te sea de ayuda darte algunos mensajes de patrocinio positivo: *Existo. Soy. Soy valiosa. Soy única. Tengo algo que ofrecer. Éste es mi sitio...* Inspira esos mensajes. Y cuando estés preparada...

SG: ... puedes dejar que tus manos se extiendan hacia fuera...

(*Eva extiende las manos.*)

... y deja tus palmas una frente a otra... Aquí estamos empezando a sintonizarnos... mientras te relajas y sientes la energía entre tus manos..., con la posibilidad de que haya una simple presencia curativa más profunda..., que ya está dentro de ti... para empezar a dejar que la energía fluya entre tus manos.

RD: Una energía que tiene tanto la capacidad de apoyar tu don... como de sanar tus heridas.

SG: Una energía debajo de tu pensamiento... que puedes permitir que se desarrolle, para que te pueda nutrir... y rodearte... con lo más profundo de tu plenitud... ¿Puedes sentir esa energía ahora entre tus manos?

Eva: *(Moviendo la cabeza.)* Sí.

SG: Bien.

RD: Y, dentro de un momento, Eva, vamos a pedirte que empieces a mover tus manos alrededor de tu cuerpo, para empezar a esculpirlo, para crear una segunda piel... sin tocar realmente el cuerpo, más bien abriendo un campo a su alrededor..., empezando a permitir que se desarrolle un campo energético que envuelva tu cuerpo físico.

SG: Cuando estés preparada, mueve las manos muy lentamente, muy delicadamente, muy bondadosamente... para formar esa segunda piel alrededor de tu cuerpo... Permítete empezar a esculpir una segunda piel. Empieza a crear una preciosa aura alrededor de tu cuerpo físico... con la energía profunda, maravillosa y resistente que tienes entre tus manos.

(Eva empieza a mover lentamente sus manos alrededor de su cuerpo, esculpiendo el campo energético.)

Así está bien..., eso está bien...; una funda energética resistente que empieza a despertar alrededor de tu cuerpo físico.

RD: Puedes usar las manos... por encima de tu cabeza, bajando por las piernas, para que te rodee por completo.

SG: Eso está bien...; eso es..., así.

(Eva parece profundamente absorta en los movimientos muy lentos de sus manos alrededor de su cuerpo.)

RD: Tus manos sabrán intuitivamente cuánto han de acercarse a tu cuerpo, o a qué distancia debe estar la segunda piel.

SG: Eso está bien..., estás creando un espacio generativo para ti misma...; eso está bien..., eso es.

RD: Y asegúrate de que tus manos se abran también al espacio que queda detrás de ti.

SG: Y es verdaderamente asombroso..., ¿no os parece...?, que la sabiduría interna de tu ser tenga su propia mente... y pueda ayudarte a sentir ese espacio generativo abriéndose de manera segura a tu alrededor...; un espacio sanador..., un espacio seguro. Creando un campo protector a tu alrededor.

RD: Y puedes asegurarte de que baje hasta tus pies. Siente tus pies y tus piernas protegidos por esa segunda piel.

SG: Eso está bien..., eso es...; siente el derecho de nacimiento de todo ser humano... a experimentar un profundo espacio de centramiento calmado, un espacio seguro en el que estar.

RD: Y el campo por detrás de ti...; permítete esculpir eso.

SG: Eso está bien..., eso es...; una asombrosa segunda piel..., un profundo campo protector que está empezando a despertar a tu alrededor.

RD: *(Al público.)* Y, como *coach*, noto que sus manos están esculpiendo, y miro dónde y cómo crea la segunda piel. De esta manera yo también puedo reflejar lo que ella me muestra con sus manos. *(Robert mueve sus manos alrededor de Eva, a cierta distancia de ella.)* Donde siento su segunda piel, trato de reforzarla, de profundizarla.

SG: Tu propio espacio especial.

RD: Y, al hacer esto, estoy patrocinándola. No estoy intentando añadir nada. No estoy añadiendo mi energía; sólo estoy reflejando la segunda piel de Eva.

SG: Sólo para ti...

RD: Estoy patrocinando su segunda piel. La estoy viendo. La estoy recibiendo y la estoy reflejando.

SG: Aprende a confiar profundamente en tu propio cuerpo y su curación..., eso está bien...; respirando la autosabiduría..., eso es..., así está bien...; sintiéndote en ese espacio precioso..., rodeada por una suave claridad y calma..., a veces sintiéndola como un sudario..., a veces como un velo..., a veces como una vibración... Hay un espacio a tu alrededor dentro del cual puedes caminar libremente.

RD: *(A Eva, con suavidad.)* Hay un espacio a tu alrededor donde puedes sentir lo que está pasando fuera de ti y mantenerte en calma.

SG: Eso está bien... Eso es genial...

RD: Siento esos profundos mensajes de autoamor... *Existo... Soy única... Tengo algo que dar... Éste es mi lugar.*

SG: Y desde ese lugar... puedes sentir otras presencias..., otras personas... a la distancia correcta..., lo suficientemente lejos para que sea seguro..., lo suficientemente cerca para estar conectada..., y disfrutar aprendiendo de tu sabiduría interna a la distancia adecuada para sentir las demás presencias..., las otras personas que están en esa situación.

RD: A medida que sientes la distancia adecuada... y sientes la segunda piel..., puedes aprender a estar conectada contigo misma y también sentir a esas otras personas, esas otras energías..., y vincularte con ellas... mientras te mantienes conectada contigo misma...

SG: ... descubriendo la distancia adecuada.

RD: Y deja que lo que sea apropiado pueda entrar, pueda pasar...

SG: ... a la distancia apropiada.

RD: Descubre que tu segunda piel puede filtrar lo que entra y lo que sale...

SG: ... a la distancia apropiada entre los otros y tú.

RD: Selectiva.

(Eva realiza una respiración profunda, que señala que algo se ha completado.)

SG: Eso está bien..., eso es...; una respiración profunda de integración..., una sensación maravillosamente ganada de curación y de plenitud.

RD: Y así, Eva, cuando estés preparada, puedes tomar este campo generativo de la segunda piel contigo mientras vuelves a la situación..., permitiéndote ser guiada y estar protegida dentro de ese campo energético.

SG: Puedes sentir..., de manera muy curiosa..., que es el campo generativo el que te está guiando... Tú vas caminando dentro de la guía de ese campo, la sabiduría profunda del espacio..., la protección de tu segunda piel... Puedes dejar que la segunda piel sea tu sistema de guía. Bien.

RD: Puedes ir a ese lugar siempre manteniendo tu propio espacio. Estés donde estés, tienes tu propio espacio.

SG: Así, cuando estés preparada..., puedes permitirte dar un paso al frente..., ahora con la presencia del campo energético..., y en esta ocasión nota las diferencias...; tu primera atención descansa en esa segunda piel.

RD: Vas a dar un paso hacia la siguiente parte del viaje del héroe.

(Eva da un paso adelante.)

SG: Deja que tu primera atención esté en tu conexión con tu centro y con el campo. Es posible que en un momento dado necesites usar las manos para sentir el campo generativo en el que operan.

RD: Y mientras sientes plenamente la conexión dentro y alrededor de ti, también puedes sentir en tu conciencia a las otras personas que están en esa situación.

(Steve y Robert hacen una pausa para permitir que Eva explore la experiencia. Ella parece radiante y en paz, un gran contraste con la primera ronda.)

SG: Eso está bien..., eso está bien..., sea lo que sea con lo que hayas conectado, eso está bien... Y a medida que conectas contigo misma, nota que esas personas pueden estar allí lejos.

RD: Pero tú estás aquí... contigo misma.

(Eva mueve la cabeza, con una suave sonrisa en su rostro, y sigue teniendo un aspecto radiante.)

SG: Aquí..., contigo misma..., tu propio campo.

RD: Y puedes encontrarte con esas energías de allí..., con tu propia energía..., y mantenerte centrada... descubriendo que puedes estar más cerca de algunos y más lejos de otros... Siente qué alimenta tu segunda piel, qué te hace sintonizar más con la segunda piel.

SG: Permítete cambiar..., de reaccionar a ellos... a estar contigo misma.

(Eva realiza una respiración profunda. Robert y Steve están callados, permitiendo que su espacio se integre. Entonces Robert habla con una voz ligeramente reorientadora.)

RD: Siento curiosidad. Desde fuera tienes un aspecto muy diferente.

SG: Y no sólo tienes un aspecto diferente: el espacio que te rodea, la sala entera, también parece bastante diferente. *(Los miembros del público, que han estado profundamente conectados, afirman con la cabeza.)*

RD: Así que cuando estés lista, nos gustaría invitarte a que traigas esa presencia contigo cuando vuelvas aquí con nosotros.

(Eva se reorienta hacia fuera. Parece conmovida y radiante, con el corazón abierto y lágrimas en los ojos.)

Parece que has tenido una experiencia asombrosa. *(Eva afirma con la cabeza.)* Permítete seguir conectada contigo misma... y siente todas las asombrosas energías ahí fuera, en el público... y en tu vida..., que no son tú..., pero puedes vincularte con ellas y seguir siendo tú misma.

(Steve se da cuenta de que el público parece estar muy conmovido y llama la atención de Eva sobre este hecho.)

SG: Y, a propósito, podría resultarte muy interesante tomarte unos momentos para mirar a tu alrededor por la sala... y mirar a la gente, ver lo que hay en sus ojos y en sus corazones.

(Steve dirige suavemente la atención de Eva hacia el público. Ella parece muy conmovida y sorprendida ante la profundidad de la presencia del público.)

¿Y qué ves?

EVA: Amor..., veo amor en la gente.

SG: Siente realmente todo eso, y lo que te reflejan..., porque lo que ves en ellos... eres tú. Ellos te están reflejando con precisión.

(A Eva se le llenan los ojos de lágrimas; parece feliz y un poco sorprendida.)

RD: Y tal vez te gustaría decir: «Vaya, ¡éste es el mejor sitio de la casa!» *(Risas.)*

(A Eva, suavemente.) Es agradable verte..., sentir tu presencia. Bienvenida a casa... ¡Es genial verte!

(Robert y Eva se abrazan.)

SG: Es maravilloso saber que cuando quieras volver a este lugar, lo único que tienes que hacer es chocar tus tacones tres veces y decir: «No hay nada mejor que el hogar de uno». *(Eva se ríe.)*

No hay nada mejor que el hogar... No hay nada mejor que el hogar.

(Steve y Eva se abrazan. El público les dedica un fuerte aplauso; muchos tienen lágrimas en los ojos.)

RD: Como os decía, ésta *también* es una energía que puedes dejar entrar o no. Seguid aprendiendo esta asombrosa capacidad que tenéis de estar con vosotros mismos mientras conectáis con los demás. Y que podáis continuar avanzando con éxito por el camino del héroe. *(Más aplausos.)* Eva, ¿te parece que éste es un buen lugar para dejarlo?

Eva: Sí, definitivamente.

RD: Gracias por compartir esta parte de tu viaje con todos nosotros. Siento curiosidad por saber si tienes algo que decir sobre la experiencia de tu segunda piel.

Eva: La mayor diferencia es lo centrada y plena que me he sentido en mi espacio, especialmente cuando me habéis pedido que me imagine a la otra gente. Antes, cuando sentía las energías de los demás, sentía que venían directamente hacia mí y que tenían un fuerte impacto en mí. Sentía su ansiedad, su miedo, y me alteraban mucho. Pero cuando he sentido mi propio espacio, lo que me llegó es su deseo de que me sintiera bien. Podía sentir sus buenas intenciones y sus preguntas, pero el miedo, la ansiedad, la desesperación..., todo eso se ha quedado fuera. Podía verlo. Podía verlo en los demás, pero no me tocaba. Y tampoco evocaba nada en mí, porque no era parte de mí; esa desesperación no era mía.

RD: Es muy importante llegar a saber eso: su energía no es la tuya. Ellos tienen sus energías, tú la tuya. Para eso sirve una segunda piel, para saber qué es tuyo y qué no es tuyo. ¡Que puedas seguir haciendo esta valiosa distinción en tu viaje del héroe!

SG: *(Sonriendo.)* La Fuerza te acompaña, joven Skywalker.

Eva: *(Se ríe.)* ¡Muchas gracias!

(El público aplaude mientras Eva abandona el escenario.)

RD: Ahora es el momento de salir y practicar esta experiencia con un compañero.

SG: En primer lugar, identifica una situación en la que caigas en un campo negativo. Entra en ella, siente qué está ocurriendo, sal de ella. Seguidamente, céntrate, enraízate, sintoniza con el campo energético de la segunda piel. Finalmente, vuelve a la situación, en esta ocasión con la segunda piel. Éstos son los pasos básicos.

RD: Como *coach*, tu papel es ayudar a tu compañero a crear su segunda piel. Estás en la posición de un patrocinador, y el principal objetivo de un patrocinador es ver y bendecir. No fijar ni rescatar, sino bendecir, reflejar y patrocinar. Para esto, tu presencia es tu mayor recurso. Os proponemos que antes de empezar el ejercicio os situéis uno frente a otro y pongáis vuestras manos con las palmas unas frente a otras, pero sin tocarse. Después cread conexión a nivel de campo, reflejándoos mutuamente vuestra energía. *(Robert y Stephen hacen la demostración reflejándose uno al otro.)*

Lo que veo que ocurre en los ejercicios PNL es que la gente cree estar en conexión porque se han reflejado mutuamente a nivel físico. Pero si las energías no están mutuamente sintonizadas, hay todo un nivel de conexión que falta, y que puede marcar una gran diferencia.

SG: Cuando hablamos de sintonizarse lo que queremos decir es que hay que extender y recibir. Yo extiendo mi energía; y recibo igualmente la energía de Robert. Estoy intentando encontrar el punto de equilibrio.

RD: Y haces esto desde un lugar centrado. Es similar al centramiento activo; si no estoy centrado y alguien me empuja y yo le empujo a mi vez, se producirá un choque de fuerzas que agotará nuestras energías.

SG: Cuando estáis centrados y os reflejáis energéticamente uno al otro, es una experiencia muy placentera. Os sacará de la cabeza y os introducirá en la mente del campo relacional.

RD: Así pues, comenzáis sintonizando vuestras energías. Después, durante la fase en la que el cliente esculpe su segunda piel, el *coach* puede patrocinar el proceso usando sus manos para reflejar los movimientos del cliente, como creando una segunda capa externa. *(Steve empieza a esculpir su segunda piel, y Robert sigue con sus propias manos los movimientos, ofreciendo apoyo.)* Recuerda, no estás creando la segunda piel para tu compañero; yo no estoy creándola para Stephen. Estoy recibiendo y devolviendo su energía, honrando y bendiciendo esa presencia que él despliega.

SG: Para hacer esto suele ser importante conseguir permiso. Puedes preguntar simplemente: «¿Te importaría que te diera apoyo reforzando tu segunda piel?» Después presta atención a las respuestas verbales y no verbales. Si alguien se contrae cuando pones tus manos cerca de las suyas, evidentemente eso no le ayuda. Quieres sentir lo que en aikido llamamos *ma-ai*, que se traduce del japonés como «distancia adecuada»: suficientemente cerca para conectar y suficientemente lejos para respetar y dar espacio. Quieres encontrar y respetar el *ma-ai* en cada momento de conexión, en este ejercicio o en cualquier otro.

RD: Por eso ayuda hacer el reflejo energético al principio. Te permite sintonizar con el campo relacional que os contiene y os guía a ambos. Puedes tener los ojos cerrados y seguir sintiendo este espacio. Usa eso para encontrar la mejor manera de conectar contigo mismo y con tu compañero.

ENERGÍAS ARQUETÍPICAS: TERNURA, FIEREZA Y GANAS DE JUGAR

SG: Esperamos que este ejercicio, así como el proceso de la «bola de energía» que hicimos antes, empiece a darte una sensación del campo generativo como un espacio libre de contenidos dentro del cual puedes absorber cualquier cosa que esté ahí, y estar con ello sin identificarte.

Queremos pedir perdón si parte del lenguaje relacionado con los campos generativos resulta un poco esotérico. Cuando hablamos de cualquiera de los niveles generativos, el lenguaje se hace extraño, porque estamos refiriéndonos a contextos experienciales, no a «cosas». De modo que empezamos a sonar como si fuéramos de

California, y de hecho lo somos. Pero lo que queremos decir es que todo el mundo empieza a sonar como si fuera de California cuando aborda el nivel del campo generativo. *(Risas.)* En este programa a menudo usamos el lenguaje metafórico para señalar algo que está más allá de las limitaciones del lenguaje literal.

RD: Como dijimos al principio del programa, el lenguaje relacionado con el campo suele ser poético. La metáfora es un lenguaje más profundo, más básico que el lenguaje literal.

SG: Ahora nos gustaría proponer y demostrar otro ejercicio sobre el campo. Se trata de llevar un objetivo o un problema a la bola de energía, y después de mover la bola en círculo para ver el reto desde múltiples perspectivas, al tiempo que se alimenta la bola con distintos recursos arquetípicos.

Lo que sigue es un resumen del proceso.

Ejercicio: esferas de energía y energías arquetípicas; crear futuros transformadores

1. Identifica un objetivo transformador (un problema que resolver/un futuro que crear).
2. Centra y desarrolla la esfera de energía (bola de energía).
3. Mete el objetivo dentro de la esfera; mantén la primera atención «en y más allá» de la esfera.
4. Primera revolución: camina lentamente alrededor de la esfera, llevando ternura a tu ser dentro de la esfera, detectando nuevas posibilidades desde distintas perspectivas.
5. Segunda revolución: camina lentamente alrededor de la esfera, llevando fiereza a tu ser y registrando nuevas posibilidades.
6. Tercera revolución: camina lentamente alrededor de la esfera añadiendo ganas de jugar a tu ser en ella y notando nuevas posibilidades.
7. Cuarta revolución: camina lentamente alrededor de la esfera,

combinando los tres recursos arquetípicos y registrando nuevas experiencias.
8. Integración: permite que todas las experiencias se integren en un nuevo «mandala de la identidad».
9. Siente la presencia de nuevas pautas y oriéntate hacia su expresión futura.
10. Aprecio de ti mismo, voto y compromisos.
11. Reoriéntante y comenta.

SG: En el primer paso, el guardián *(coach)* ayuda al héroe a identificar un objetivo de transformación. Generalmente, esto puede ser una de dos cosas. La primera es un estado futuro que quieres alcanzar. Por ejemplo, podría ser lo siguiente: «Quiero escribir este libro» o «quiero tener una relación íntima», o «quiero ganar más dinero». Simplemente sintonízate con lo que sientas que es la llamada más importante de tu vida ahora mismo. Elige una que resuene en tu centro.

RD: Un paso en tu viaje del héroe.

SG: El segundo objetivo posible, que en algunos sentidos es complementario al futuro deseado, consiste en cambiar un estado actual no deseado. Es decir: «Ahora está ocurriendo algo en mi vida que quiero transformar.»

RD: *Quiero sanar algo.*

SG: *Estoy teniendo una relación difícil con un ser querido.*

RD: *Estoy esforzándome mucho en mi trabajo.*

SG: *Estoy pillado en una herida emocional.*

Éstos son posibles estados actuales no deseados que pueden constituir un objetivo de transformación. Por tanto, puedes crear algo que deseas en el futuro o cambiar algo en el presente. Simplemente siente qué tiene más resonancia para ti.

RD: Puedes «alejarte del estado no deseado» o «ir hacia el estado deseado», como decimos en PNL.

SG: Cuando hayas identificado el objetivo, vuelve a tu vieja amiga, la bola de energía. El *coach* ayudará al cliente a centrarse y a sintonizar con la bola de energía. Cuando el cliente indique que esto ha ocurrido, el *coach* le pide que asuma el objetivo transformacional y que lo deje caer dentro de la bola de energía. En otras palabras, lleva tu intención a un campo generativo. Esto te dará dos niveles de experiencia: el contenido con el que estás trabajando y el campo en el que está sustentado.

La principal tarea en este ejercicio es mantener el campo vivo, y eso es aún más importante que prestar atención al contenido del campo.

Cuando el campo generativo está activo, ocurren buenas cosas; cuando se congela y contrae, ocurren cosas malas. No podemos decirlo de una manera más simple.

Una vez que el objetivo esté dentro de la bola de energía, el *coach* pedirá al héroe que empiece una serie de rotaciones muy lentas alrededor de la bola. De modo que estarás de pie, sosteniendo la bola, y caminarás lentamente a su alrededor. La mayoría de la gente lo hace con los ojos cerrados. Mientras caminas alrededor, sentirás ese reto desde muchas perspectivas diferentes, a veces tomando una pausa para observar las cosas desde otro punto de vista. Y también pondrás recursos para ti mismo dentro de la bola. Los recursos con los que trabajaremos hoy son *ternura, fiereza* y *espíritu juguetón*.

RD: Estos tres son recursos fundamentales que se necesitan para completar con éxito el viaje del héroe. Se trata de «energías arquetípicas», es decir, pautas y energías procedentes de la historia de la conciencia, de muchas generaciones de experiencias contemplando cómo convertirse en un ser humano. El primer recurso arquetípico básico es la ternura.

SG: Si vas a vivir un viaje del héroe, si vas a realizar un patrocinio generativo, si vas a afrontar algún reto profundo en la vida, tendrás que estar conectado con la ternura. Es lo que te permite tocar y ser tocado, aliviar, calmar y ser calmado, sentir empatía y sensibilidad, y así sucesivamente. Tu madre probablemente te haya dicho que sin estas energías no llegarás muy lejos como ser humano. *(Risas.)* Así, en la primera rotación en torno a la pelota *(Stephen empieza a hacer la demostración sosteniendo una bola y caminando muy lentamente a su alrededor)*, observarás lo que hay dentro de la pelota, crearás un espacio para ello, sentirás curiosidad por ello y lo tocarás suavemente con ternura. No te apresures, deja que todo el proceso sea muy muy lento. A medida que te das ternura a ti mismo dentro de la esfera, percibe cómo cambia tu manera de experimentar o responder a la situación.

Coach, cuando hayas acabado la primera rotación, puedes sugerir al héroe una respiración profunda de integración y después empezar una segunda rotación, esta vez aportando el recurso de la fiereza positiva.

RD: Como todas las energías de las que hemos hablado, en cada pauta arquetípica hay un lado sombra y un lado recurso. De modo que la fiereza negativa o sin centrar se expresa como agresión, violencia, etcétera. La fiereza positiva o centrada se expresa en forma de determinación, claridad...

SG: ... fuerza, coraje, compromiso...

RD: ... límites...

SG: ... teniendo un buen «detector de "caca de vaca"», viendo los juegos y seducciones...

RD: ... protegiendo la vida: la tuya y la de los demás.

SG: Éstas son algunas de las cualidades cruciales de la fiereza positiva. Para emprender cualquier tarea importante, has de ser capaz de tener un compromiso fiero, un enfoque intenso y profundo. Ésta es la energía positiva del Guerrero. En aikido preguntamos: ¿cómo sostienes una espada? Lo que significa: ¿cómo reúnes toda tu energía de vida en un punto —tu centro— y después la extiendes a través de tu instrumento de conexión hacia el mundo, y sigues extendiéndola desde un centro relajado y enfocado? Por lo tanto, expresas tu compromiso y tu intención a través de tu centro: eso es fiereza positiva. Si tuvieras fiereza negativa, estarías tenso, bloqueado y probablemente enfadado, y entonces te chocarías con muchas cosas, que te detendrían de una manera u otra.

RD: En realidad provocarías una agresión contra ti mismo. En cambio, vas a llevar esta cualidad de fiereza positiva a tu situación.

SG: Cuando el héroe completa la segunda revolución, el *coach* le invita a realizar una respiración integradora, y después empieza la tercera revolución.

RD: En esta tercera ronda, te llevarás a ti mismo el recurso arquetípico de las ganas de jugar poniéndolo dentro de la bola.

SG: Probablemente tu madre también te haya dicho: para tener éxito en el viaje del héroe ¡tienes que tener muchas ganas de jugar! ¿Cuántas de vuestras madres os han dicho eso? *(Muchas sonrisas, pero nadie levanta la mano. Steve sonríe, guiñando un ojo.)* Bueno, deberían haberlo hecho... *(Risas.)* ¡La vida es demasiado seria como para no tener sentido del humor!

RD: Para ser generativo, no puedes limitarte a ser serio. Tienes que ser capaz de jugar. Si algo es muy serio, es necesario no tomárselo demasiado en serio. De otro modo acabas en ese campo estrecho y constreñido. Las ganas de jugar guardan relación con la creatividad, con nuevas perspectivas, con salir de la caja.

SG: Tienen que ver con ser fluido, con ser capaz de cambiar, de sentir las cosas de muchas maneras. Cuando trabajo con alguien en una sesión, hay distintos momentos en los que esa persona se pone demasiado seria. Puedes notar las señales típicas: músculos tensos, entrecejo fruncido, estreñimiento emocional. *(Risas.)* Éste es el beso de la muerte, porque nada nuevo puede crearse desde ese estado. Ahí es cuando suelo sacar el humor de algún modo para hacer estallar la burbuja del trance excesivamente serio. Como *coach*, es tu responsabilidad impedir que la persona se apegue rígidamente a cualquier punto de vista particular durante demasiado tiempo. Para ser creativo, necesitas un buen espíritu juguetón.

RD: La risa tiene una cualidad curativa. Si habéis observado cuidadosamente nuestras demostraciones...

SG: ... podéis pensar que es un gran chiste. *(Risas.)*

RD: Notaréis que hay un punto particular en la sesión, un punto de inflexión, en el que el cliente empieza a reírse o sonreír. Es una especie de risa de despertar. Se produce el cambio, la conciencia se libera en una risa, y, de repente, estás fuera de la caja. De modo que la risa puede ser una apertura preciosa a un campo generativo.

SG: Uno de los puntos principales, por tanto, es que para poder vivir el viaje del héroe necesitarás estar conectado con estas tres energías arquitípicas. Tendrás que aportarte a ti mismo y aportar al mundo ternura, bondad, calma, dulzura y delicadeza. Pero si sólo tuvieras eso, serías demasiado suave y sentimental.

RD: El lado sombra de la ternura es la debilidad, la codependencia...

SG: ... escuchar la música de Barry Manilow. *(Risas.)* Le damos el nombre de «schlock»: música excesivamente sentimental.

RD: De modo que, además de la ternura, necesitas fiereza.

SG: Y lo que nosotros estamos buscando es un centro donde puedas integrar energías opuestas. Entonces, ¿qué aspecto tiene la ternura fiera?

RD: ¿O qué aspecto tiene la fiereza tierna? Una manera de pensar en estas energías es decir que son como los colores primarios: rojo, amarillo, azul. Puedes mezclarlos en muchas proporciones distintas. Son elementos que se mezclan de infinitas maneras.

SG: Así, después de la tercera vuelta, en la que incluyes las ganas de jugar, harás una cuarta y última vuelta en la que concentrarás todas las energías a la vez.

RD: En una combinación centrada e integradora.

SG: Ésta es una manera de pensar en los recursos que necesitas para darte apoyo en el viaje del héroe, o en los que necesitas para encontrar la solución a un problema. Para demostrar el ejercicio, voy a pedir a Rosa que salga.

Demostración con Rosa

(Rosa sale al escenario.)

SG: Rosa, quiero que te ofrezcas voluntaria para explorar tu viaje del héroe.

Rosa: Gracias.

SG: *(Yendo hacia el público.)* ¿Qué aspecto tiene el grupo por el momento?

Rosa: Bueno, muy feliz y animado.

SG: Entonces, ¿te parece genial estar aquí arriba?

(Rosa afirma con la cabeza.)

Permíteme sentir todo el apoyo de la sala a tu proceso. Y aunque vas a hacer este proceso con los ojos cerrados y probablemente te olvidarás conscientemente de la presencia del grupo, puedes seguir recurriendo a este apoyo grupal.

Rosa: De acuerdo, bien.

SG: Espero que puedas aprovechar esta ocasión como una gran oportunidad de aprendizaje. Quiero expresarte mi profundo compromiso de apoyarte de todas las maneras posibles para que puedas experimentar en ti una transformación profunda y positiva. Parte de lo que esto significa es que a medida que vayas realizando el proceso, yo cuidaré del espacio externo, cerciorándome de que todo esté seguro por aquí. Si sientes que te toco el hombro suavemente, sólo es para mantenerte dentro de una espacio seguro, para que no choques con nada. Así que mi compromiso es contener el espacio para que tú puedas liberar tu espíritu.

Rosa: Gracias.

SG: De nada. Para empezar, me gustaría preguntarte si tienes claro cuál es tu objetivo en este proceso: algo que quieras crear en tu futuro o cambiar en el presente.

Rosa: Sí, quiero escribir un libro... en nombre de mi madre y dedicado a ella. Es sobre la transformación. *(Sonríe.)* ¿Puedo añadir algo más?

SG: Por supuesto, claro.

Rosa: Quiero darte las gracias por el trabajo que introdujiste ayer, porque verdaderamente aprendí algo profundo en el proceso. Es sobre mi madre y mi relación con ella. Aprendí que tengo una adicción y ni siquiera lo sabía. Yo había estado viviendo en el extranjero y vine aquí hace unos cinco años porque mi madre tenía la enfermedad de Alzheimer. Y a medida que su enfermedad progresaba, empecé a sentir ansiedad por conectar con ella, e hicimos un largo viaje juntos. Ayer, yo estaba trabajando con esto, y decidí que me vendría muy bien escribir un libro sobre mi experiencia.

SG: Genial; respiremos durante un momento con eso... porque yo sé que cuando respiras, puedes empezar a conectar con las partes más profundas de ti misma..., partes de ti que están por debajo de la mente pensante, que pueden ayudarnos hoy, aquí, en nuestro viaje. Partes de ti que están más allá del pensamiento intelectual. Y es bueno saber, a medida que dedicamos unos momentos a inspirar algunas de ellas, que nuestro pensamiento intelectual... puede ser capaz de dar la bienvenida... a todas esas presencias creativas... Y después, Rosa, me gustaría pedirte que sientas qué imagen comienza a surgir dentro de ti que pudiera representar ese futuro... Podría ser una imagen literal, o un símbolo metafórico. Simplemente registra la imagen que te envía tu ser creativo.

Rosa: (*Después de unos segundos mueve la cabeza en sentido afirmativo.*) Es una mariposa.

SG: Una mariposa. (*Hace una pausa para respirar profundamente.*) Ésa es una cosa hermosa que experimentar contigo... Esa presencia de una mariposa... y todo lo que representa... sobre tu futuro... Quiero dar las gracias a tu mente creativa por enviarnos esa imagen y ayudarnos en este proceso hoy. Y me gustaría prestarte apoyo para descubrir cómo puedes abrir un profundo espacio dentro de ti para permitir que ese futuro, esa mariposa, se desarrolle en tu mundo. Si quieres abrir los ojos ahora, puedes... (*Rosa mantiene los ojos cerrados.*) Disfruta de mantenerlos cerrados para poder continuar profundizando en tu espacio... Bien... Y desde este espacio quiero pedirte que cambies tu atención y la dirijas a crear tu bola de energía. ¿Has podido hacer eso en el ejercicio de esta mañana? (*Rosa mueve la cabeza.*) Genial. De modo que permítete entrar otra vez en ese proceso. Tómate todo el tiempo que necesites en los momentos siguientes para disfrutar sintiendo la bola.

(*Rosa extiende sus manos hacia fuera, como si sostuviera una bola.*)

Y a medida que empiezas a notar tus manos girando y sintiendo, puedes empezar a percibir la vibración de la bola de energía... Y quién sabe lo grande que se hará. Puedes permitir que tu ser interno creativo desarrolle esa bola, notando sus colores..., sus texturas..., su cualidad traslúcida..., todas las cualidades experienciales que se van desarrollando asombrosamente... Permitiendo un espacio, un santuario, un nido dentro del cual tu futuro puede desplegarse... Eso está bien... Eso está bien... Eso está bien... Y cuando sientas que has desarrollado esa bola de energía, puedes informarme de ello moviendo la cabeza.

(*Rosa mueve la cabeza.*)

Bien. Y permítete concentrarte profundamente en esa bola..., relajándote..., pero concentrándote profundamente..., de modo que a pesar de cualquier otra cosa que estés haciendo..., de cualquier otra cosa de la que seas consciente, puedas permanecer profundamente absorbida en el espacio creativo, el cómodo refugio de ese campo generativo que has abierto. Es posible que te vengan distintos pensamientos... distintos sentimientos..., y puedes mantener tu primera atención conectada con la bola. Puedes ser testigo de todo lo demás que viene y va.

Has venido a este espacio hoy... para encontrar tu futuro... dentro de este espacio creativo e intemporal del *ahooora*. De modo que, mientras sientes y disfrutas la bola de energía, cuando estés preparada, me gustaría invitarte a que volvieras a sentir esa imagen de la mariposa, y a dejar que esa imagen de la mariposa caiga dentro de tu bola de energía. Dale un hogar en el centro de tu campo generativo.

Y cuando vuelvas a sentirla, puedes informarme de ello moviendo la cabeza.

(Rosa afirma con la cabeza.)

Eso está bien... Eso es genial.. Y puedes disfrutar permitiendo que esa imagen permanezca en el centro del campo mientras nos movemos a su alrededor. Tu futuro puede quedarse en el centro de la bola, mientras añades recursos maravillosos para nutrirla y permitirle crecer. Tu futuro puede permanecer en el centro..., recibiendo..., abriéndose..., madurando..., como una hermosa flor.

Y así, cuando estés preparada, Rosa, voy a pedirte que empieces a rotar muy muy lentamente alrededor de la bola. Deja que tu cuerpo se mueva como quiera. Puede ser en la dirección de las agujas del reloj o en la contraria... Simplemente siente curiosidad mientras tu ser creativo empieza a moverse alrededor de tu futuro... Y, mientras lo haces, en este primer círculo puedes aportarte a ti misma, puedes aportar a tu futuro, recursos de bondad y ternura..., y mientras lo haces, yo contendré el espacio a tu alrededor.

(Rosa empieza a rotar muy lentamente alrededor de la bola de energía. Steve está un poco por detrás de ella, protegiendo el espacio y apoyando los movimientos.)

Eso está bien...; más lento..., más lento..., más lento, de modo que tu ser más profundo pueda despertar por dentro..., y a medida que giras en círculo... puedas traer de lo profundo de tu corazón-mente... ternura para ti misma..., para alimentarte con ternura..., para alimentarte y alimentar tu futuro con ternura..., para tener esta presencia de la ternura como recurso... y disfrutar y sentir realmente cómo puede empezar a transformarse... en el centro... de tu ser futuro... creando un círculo sagrado alrededor de tu ser..., viendo tu futuro desde múltiples perspectivas. Llevando a él esa sensación de ternura..., observando, experimentando, cambiando de perspectiva... y viendo que tu ser futuro..., una mujer..., una mariposa..., puede beber... las aguas curativas de la ternura..., rotando lentamente..., rotando... lentamente, sintiendo la primera revolución, la primera transformación de la mariposa... mientras das vueltas..., respiras..., y las cosas se mueven desde la mente superconsciente... a través de tu cuerpo-mente... llenando la necesidad de ternura..., llenando el anhelo de ternura..., recibiendo el apoyo de la ternura... para tu ser futuro..., un libro de tiempo..., una relación entre madre e hija..., una mariposa soñando un futuro... mientras continúas girando..., la primera revolución. *(Rosa completa la primera rotación.)*

Eso está bien..., y realizando una respiración profunda de integración, puedes dejar que todo el aprendizaje de la primera revolución empiece a ir aún más hondo dentro de ti... *(Rosa respira profundamente).* Eso está bien... Y cuando estés preparada, puedes empezar la segunda vuelta. Dejando que tu cuerpo rote... Eso está bien... Y en esta segunda vuelta del ser..., girando en redondo..., cambiando y girando, ampliando y profundizando..., puedes volver a hacer un círculo en torno a tu ser futuro..., una mariposa..., una mujer escribiendo..., una nueva calma creativa..., y mientras vuelves a dar la vuelta, puedes ponerte a ti misma en el centro de tu futuro... los recursos de la fiereza profunda y positiva... enviándote una preciosa energía de Guerrera a ti misma... *Yo te apoyo... Aporto mi compromiso... Yo te protegeré y te daré apoyo...* Y vas notando que la presencia en el centro del campo empieza a «transformarse»... mientras le ofreces los dones de la fiereza positiva... dando vueltas... y más vueltas... ¿Dónde te detendrás?... Nadie lo sabe... Aportando... la fiereza positiva... alrededor..., a través de la «no mente»..., aportando esos recursos..., alimentando esa presencia.. profunda, intensa..., hermosa..., positiva..., la fiereza. Sintiendo la segunda vuelta..., la segunda transformación..., la segunda revolución...; siente cómo ese futuro asombroso puede alcanzar tu pasado... y conectar con el presente..., que alimenta el futuro..., mientras giras... sintiendo la sensación de moverte. *(Rosa completa el segundo ciclo.)*

Cuando vuelves al principio..., de nuevo ahora..., puedes tomar una respiración profunda..., sentir la integración... de la fiereza positiva... en el campo..., en el centro del campo... de tu ser futuro.

(Rosa respira profundamente, y a continuación comienza a realizar la tercera rotación.)

Y ahora, mientras empiezas la tercera transformación..., qué cosa tan hermosa es saber... que puedes aportar el recurso de estas ganas de jugar a tu ser futuro..., descubriendo cómo tu cuerpo gira de manera natural hacia el futuro... en la espiral de tu viaje, que se va desplegando, con todas las distintas perspectivas girando..., distintas maneras..., distintas experiencias...; el cuerpo moviéndose... Experiencias de juego..., trayendo todo el espíritu juguetón.

(Rosa empieza a moverse espontáneamente en una danza lenta y no lineal. Al mismo tiempo, Steve empieza a hablar en un tono más juguetón, añadiendo ritmos y tonos de confusión y travesura.)

Girando..., girando..., elevándose..., volando...; dos que se hacen uno, uno que se hace dos..., todos volviendo a ser ellos mismos..., eso es...; las cosas desmontándose dulcemente..., las cosas juntándose profundamente..., girando..., girando...; una mariposa volando en el viento, aterrizando en la felicidad futura de un libro bien escrito..., eso es..., eso es..., eso es... Una hermosa sensación de juego infunde..., difumina... y vuelve a usar de otras maneras... las alas de la mariposa...; libertad para contar tu historia..., eso es. *(Rosa completa la tercera vuelta.)*

Y mientras completas el giro, puedes inspirar profundamente y dejar que estos nuevos despertares vayan a todos los lugares relevantes de tu vida. *(Rosa respira profundamente y después comienza la cuarta ronda.)*

Eso está bien. Y mientras comienzas la cuarta ronda..., la cuarta transformación..., puedes encontrar todos estos recursos... como diferentes notas musicales..., como los diferentes colores de la gran paleta... Pueden empezar a moverse juntos... llevando a tu futuro ser interno... ternura..., fiereza..., ganas de jugar... y mucho mucho más. Dando vueltas... y más vueltas..., sintiéndote en el centro mismo del giro..., en el centro mismo..., aún moviéndote..., desplegándote en la mariposa de tu ser futuro...; es tu futuro..., puedes sentirlo..., puedes darle nacimiento..., viendo que esté apoyado por..., infundido de... una hermosa ternura..., una profunda fiereza..., una maravillosa libertad para jugar...; puedes verlo con los propios ojos de tus ojos..., puedes sentirlo con todo el cuerpo de tu cuerpo..., puedes conocerlo con el ser de todos tus devenires. *(Rosa completa el cuarto ciclo.)*

Eso es..., eso es..., eso es... Y disfruta de una buena respiración integradora, ahora aún más profunda. *(Rosa respira hondo.)*

Y cuando estés preparada, puedes extender los brazos y abrazar tu ser futuro..., tocarlo... como si tocaras la presencia viviente más delicada..., el espíritu asombroso más resistente..., el don más extraordinario de la vida... Y mientras lo tocas..., siéntelo. Y al sentirlo, disfrútalo... *Ahora tu futuro está en tus manos...* Cuando estés lista, puedes tomar ese ser futuro y llevarlo lentamente al centro de tu cuerpomente. Deja que tus manos seleccionen a qué centro. Deja que tus manos guíen ese ser futuro a su hogar en tu centro. *(Las manos de Rosa empiezan a moverse hacia su corazón.)*

Eso es..., llevando tu futuro al corazón..., dándole un lugar..., dándole un espacio..., dándole un hogar adecuado en la parte más profunda de tu ser... *(Rosa realiza algunas respiraciones profundas.)* Eso es, inspirándolo completamente..., hacia el mundo de tiempo y espacio..., hoy y mañana..., el mundo de los vivos... Y ahora dedica unos momentos a disfrutar del final de este asombroso viaje de tu ser.

Y después, cuando estés preparada para volver... al mundo de los terráqueos..., del tiempo y el espacio..., en primer lugar es posible que quieras establecer un compromiso simple..., en ese lugar de honor..., en ese lugar de dignidad..., en ese lugar de libertad..., para continuar este proceso por ti misma, y tu viaje del héroe. *Que puedas seguir cuidando de esta presencia que va despertando..., con todo tu corazón..., con toda tu mente..., con todo tu ser.* Y después, cuando estés preparada, permítete volver lentamente a la sala y únete aquí con el resto de nosotros.

(Rosa abre los ojos, con aspecto de seguir estando profundamente inmersa en la experiencia.)

Buenas tardes. *(Rosa se ríe.)*

Ha sido genial darte apoyo en esta experiencia. Te deseo lo mejor en la continuación de tu viaje del héroe; que continúe de las maneras más profundas y satisfactorias.

Rosa: *(Sonríe.)* Ha sido una experiencia tan profunda para mí. Gracias. Apenas puedo hallar palabras para describirla.

SG: Ahora mismo no necesitas palabras. Disfruta lo que has hecho por ti y por tu futuro. Tómate algún tiempo para mantenerte conectada contigo misma, sin palabras.

Rosa: De acuerdo, gracias.

SG: De nada, Rosa. *(Sonriendo.)* Que la fuerza te acompañe. *(Risas.)* *(Al público.)* Mostremos a Rosa nuestro aprecio.

(El público aplaude mientras Rosa se va del escenario.)

La secuencia general es: objetivo, bola de energía, dejar caer el objetivo dentro de la bola de energía, cuatro vueltas alrededor de la bola: la primera para añadir ternura, después fiereza, seguidamente espíritu juguetón y por último los tres a la vez. Después integra la transformación en tu centro, haz votos para el futuro y vuelve. No es tan difícil. *(Risas.)*

RD: Guías suavemente al cliente a aportar estas tres energías con cada giro. El cliente pone el símbolo de su objetivo en el medio y da tres vueltas alrededor, llevando esas energías a la bola y a la situación. Ahora tomaos algún tiempo para practicar este proceso.

(Los participantes encuentran compañeros y empiezan a practicar el ejercicio.)

ATENCIÓN AL MOMENTO Y «ABRIRSE MÁS ALLÁ»

SG: Queremos establecer un par de puntos antes de continuar. Tal vez hayáis notado que en el modelo del viaje del héroe y del Yo generativo hemos resaltado que, a medida que avanzas hacia el nivel generativo, añades otro nivel de conciencia. Esto ocurre principalmente por emerger un *yo testigo*, que te permite tomar distancia del *yo que actúa*. El yo que actúa es el que piensa los pensamientos, siente los sentimientos, expresa conductas: todos los «haceres» internos y externos por los que se crea la realidad. El testigo es capaz de tener lo que los budistas llaman *plena atención al momento* y *metta*. La atención al momento es una conciencia no reactiva de lo que hay ahí; *metta* es la bondad amorosa que toca y patrocina lo que está ahí.

Por ejemplo, consideremos a Robert. *(Sonriendo, apunta a Robert.)* Podemos referirnos a él como «la unidad Robert». *(Risas.)* La unidad Robert fue un pequeño espíritu que cayó en el mundo hace cincuenta y cuatro años. Generalmente, quien lo «deja caer» siente quién es ese espíritu y busca una familia que será incapaz de ver o apoyar su esencia, lo que crea las condiciones ideales para un viaje del héroe muy interesante. *(Risas.)*

De modo que hace cincuenta y cuatro años se le dejó caer al mundo y ha estado actuando desde entonces, usando a cada momento pensamientos, imágenes, conductas, sentimientos, etcétera, para crear una realidad. Para patrocinar a este yo que actúa, vamos a tratar de ver cómo podemos abrir una metaposición, un campo generativo de conciencia que pueda contener, contemplar, bendecir y ayudar a este espíritu y al yo que actúa para que puedan abrirse a una vida preciosa y asombrosa. *Pasar a los niveles generativos te permite hacer esto.* De modo que estamos tratando de desarrollar esta curiosidad compasiva sobre cómo se despliega nuestra vida, cómo notar cada momento de despertar y cómo sustentarlo delicadamente en su forma más alineada, resonante y plena. Recuerda: cuando aquí hablamos de desapego, no estamos hablando de disociación; ésta es una diferencia generativa.

RD: Ken Wilber describe esto como ser capaz de «trascender e incluir» lo que hay ahí, lo cual es muy distinto de la disociación; es una verdadera metaposición.

SG: Cuando tienes estos dos niveles del ser, significa que puedes pensar en tu yo que actúa desde una primera posición —la posición «yo»— o desde una tercera posición: «él» o «ella». A veces, pensar en tu yo activo como «él» o «ella» te permite hacer otras elecciones. Supongamos, por ejemplo, que atraviesas una experiencia de depresión. Podrías decir: «Estoy deprimido», usando la primera persona. Eso te identificaría con la depresión y posiblemente la empeoraría. O podrías decir: «Él está deprimido» o *«Hay una presencia dentro de mí que está llena de depresión. Y me interesa mucho crear un campo de patrocinio y darle apoyo.»* Esto podría diferenciarte de la depresión, abriendo nuevas posibilidades de estar con ella. Una vez más, pasar al nivel generativo es abrirse literalmente a un nivel superior de conciencia. No escapar del nivel inferior, sino estar con él de una manera más abierta, profunda y creativa.

RD: Éste es un tipo de conciencia trascendente.

SG: Para hacer esto, necesitamos esta sensación somática directa de que el campo está vivo, de tal modo que tu conciencia esté abierta más allá del problema. Este tipo de ejercicio es una técnica simple, un metáfora de intentar entrenar tu atención para que sienta directamente que todas las cosas del mundo están vivas. Y por grande que sea el reto, el espacio del ser siempre es mayor.

RD: Todas las cosas del mundo producen algún tipo de energía a través de sus relaciones con todo lo demás.

SG: Y cuando experimentas esto directamente, formas parte de la profunda fuerza creativa del mundo. Hacemos estos ejercicios con el fin de entrenarnos para sentir esto. Se trata de darse cuenta: *Formo parte de este mundo asombroso de conciencia viviente.* Y todo es tan impermanente; así que úsalo mientras puedas. Tener una vida humana es ser muy afortunado. A los budistas les gusta decir que cuando consigues una vida humana, verdaderamente has ganado el gordo de la lotería. Las posibilidades de despertar son relativamente muy grandes.

RD: Podrías haber sido un mosquito... otra vez. *(Risas.)*

SG: Y al final de tu vida de mosquito, podrías preguntarte: «¿En qué ha consistido esto?» Pero una vida humana puede ser mucho más. Eso es lo que estamos explorando en el viaje del héroe: cómo crear una vida que te haga feliz. Para ello, es importante dejar que tu yo individual conecte con este campo generativo de conciencia que también forma parte de tu yo más profundo.

RD: Esto es lo que estamos explorando en esta sección sobre la mente campo. Hemos dicho que el principio generativo de la mente somática es el *centramiento*. El principio generativo de la mente cognitiva es el *patrocinio*. Y ahora estamos diciendo que el principio generativo de la mente campo es abrirse más allá del contenido de la conciencia focalizada.

Para ahondar en la conciencia de este principio, queremos hacer otro ejercicio. El principio generativo de la mente campo es *expandirse* o *extenderse más allá*. En el siguiente ejercicio puedes experimentar esto directamente, y también experimentar el valor pragmático de pensar con una mente campo cuando te enfrentas a un punto muerto. El ejercicio recibe el nombre de «ver el campo». Se resume en los pasos siguientes.

Ejercicio: ver el campo

1. Identifica una experiencia en la que hayas alcanzado un punto muerto y selecciona un lugar físico asociado con ella. Asóciate con esa experiencia tan plenamente como puedas y entra en el lugar físico que hayas elegido.
2. Aléjate del lugar físico y ponte en una posición de observador. Céntrate y ábrete al «campo». Con los ojos cerrados, imagina que estás mirando a través de tu centro al campo o las dinámicas energéticas que influyen en el sistema. Permite que surja una imagen simbólica.
3. Reflexiona sobre tu estado deseado y selecciona otro tipo de ubicación física con la que asociarte. Manteniéndote centrado, introdúcete en ese segundo lugar y experimenta el sentimiento

deseado. Presta atención al campo o a las dinámicas energéticas de este estado. Permite que surja una imagen simbólica para este estado.

4. Regresa a la posición de observador. Céntrate y ábrete al campo. Con los ojos cerrados, imagina que estás mirando a través de tu centro. Considera cómo se transformaría la dinámica energética o del campo que influye en el sistema para alcanzar el estado deseado. Permite que surja una imagen simbólica para este estado.

5. Tomando la imagen simbólica que emergió en el paso 4, da un paso atrás hacia el lugar del punto muerto y siente cómo se transforma.

RD: Como veremos, existen varios principios importantes en este ejercicio. El primero es una extensión de lo que la PNL ha dicho siempre, y es: *No pongas tu atención en el contenido, ponla en la forma*. La solución surgirá del campo mayor de relaciones y sus procesos. De modo que aquí vamos a sintonizar con la representación del campo de relaciones.

SG: En aikido solemos decir: *Nunca entregues tus ojos al problema*. Pon tu primera atención en el campo. Para tener un ejemplo perceptual de esto, experimenta con tu conciencia visual mientras miras tu entorno actual. En lugar de enfocarte en los objetos, mantén una mirada periférica. Deja los ojos abiertos, suaves, y mira si puedes sintonizar con las dos esquinas de la habitación o del espacio que te rodea. Deja que el campo periférico más amplio atraiga tu primera atención. Y desde ahí, déjate caer en tu centro y relájate, mirando el entorno desde esa perspectiva. Es un gran cambio, ¿vale? Esto es una parte importante de lo que vamos a explorar en este ejercicio.

RD: En particular, vamos a abrirnos a este campo generativo más extenso en torno a una situación problemática. ¿Cómo puedes sentir el campo en el que se experimenta el problema y cómo puedes usar ese campo generativo mayor para encontrar una solución completamente nueva? La base para esto es algo similar a lo que encontramos en el ejercicio anterior. Requiere sentir la ola de energía dentro y más allá del estado problemático. En este campo más amplio también incluirás el estado deseado.

SG: Y seguidamente, como ya hicimos en el ejercicio del «Yo bueno/yo malo», sentiremos los dos estados complementarios formando parte de un campo unificado mayor que contiene «ambos y mucho mucho más».

RD: Vais a contener tanto el estado presente como el estado deseado dentro de un espacio que se extiende más allá. Esto nos ofrece un buen ejemplo de a qué se refería Albert Einstein cuando dijo que *no puedes resolver un problema con el mismo tipo de pensamiento que lo está creando*. Entonces, la pregunta es: ¿cómo llegar a otro nivel de pensamiento? ¿Cómo pasar a un nivel de conciencia más expandido? Este ejercicio te ofrece algunas sugerencias para hacer eso contigo mismo y con los demás.

Exploraremos una situación en la que te enfrentas a un punto muerto en tu vida, en la que llegas a un punto muerto donde te sientes atascado; un lugar donde te das cuenta de que no puedes ir más allá; un lugar de tu viaje del héroe que no sabes atravesar. Muy a menudo estas situaciones suelen presentarse en forma de un doble vínculo, donde me equivoco si hago y también me equivoco si no hago.

SG: A propósito, esos lugares en los que te topas con un doble vínculo indican de manera precisa que estás en el umbral de un cambio generativo. Tener que enfrentarte con un doble vínculo —estoy perdido si lo hago y también si no lo hago— te está indicando que no hay nada en tu conciencia presente o pasada que pueda ayudarte a superar la situación. En estos umbrales debes crear una nueva respuesta más allá de cualquier cosa que hayas hecho antes. Recuerda, ésta es nuestra definición de un proceso generativo. De modo que deberías entrenarte para sentirte feliz cuando reconozcas un doble vínculo. Significa que estás en el umbral de un gran cambio, ¡siempre que puedas activar un estado generativo! Este ejercicio es un ejemplo de cómo absorber el doble vínculo de un modo que lo trasciende creativamente.

RD: Encontramos un ejemplo de respuestas generativas a los dobles vínculos en la tradición de los *koan* zen. Se trata de dobles vínculos hechos a propósito que el profesor ofrece al alumno para obligarle a dar una respuesta de más allá de la mente ego. De modo que un maestro zen podría tomar un palo, ponerlo sobre la cabeza del estudiante y decir: «Si dices que este palo es real, te pego con él. Y si dices que no es real, te pego con él. ¿Es real este palo?» *(Risas.)*

SG: Suena como las familias en las que algunos de nosotros crecimos. *(Risas.)*

RD: Entonces, si eres el estudiante, ¿qué haces? ¿Cómo respondes? Si te quedas en el mundo dualista de «una cosa o la otra», de la mente ego, vas a recibir un golpe. Es un doble vínculo. La clave está, por supuesto, en dejarte responder las diez mil posibilidades que quedan fuera de esa polaridad. Podrías coger el palo y pegar al maestro con él. *(Risas.)* O podrías encontrar tu propio palo y empezar una pelea de espadas. O podrías hacer cosquillas al profesor y ofrecerle un perrito caliente. *(Risas.)*

SG: Éstos son ejemplos de la aproximación marxista a los dobles vínculos, y Groucho Marx era un gran divulgador de este planteamiento. *(Risas.)* Esto me recuerda la historia de dos importantes profesores budistas que iban a tener uno de esos grandes debates que tienen los profesores budistas, en los que se lanzan rápidamente preguntas y situaciones de doble vínculo el uno al otro para ver cómo responde cada uno sin apegarse a la mente ego. Están sentados uno frente al otro en un escenario. El primer profesor, un hombre joven conocido por su brillantez y su agudo intelecto, de repente saca una naranja de su túnica, la expone con fiereza ante el otro monje, un anciano con una buena presencia centrada, y le pregunta:

—¿Qué es esto?

Es una versión del *koan* que Robert acaba de compartir. El monje joven parece dispuesto a atajar cualquier respuesta que dé el monje mayor. El anciano se sienta en silencio durante un rato, respirando desde su centro, abierto al campo. Entonces se inclina y habla brevemente con su traductor, que seguidamente da la respuesta:

—¿Qué te pasa, no hay naranjas en tu país? *(Muchas risas.)*

Demostración con Eric

RD: Nos gustaría que tuvierais este nivel de conciencia generativo. Quiero pedir un voluntario que esté interesado en descubrir una respuesta generativa a un punto muerto que pueda estar afrontando en su vida.

(Se levantan varias manos. Robert elige a un hombre llamado Eric, que sale al escenario.)

Eric, vamos a empezar estableciendo el contexto. ¿Cuál es el lugar donde te sientes atascado o en un punto muerto?

ERIC: Bueno, es la vieja historia que Stephen mencionó antes: sexo, drogas y *rock 'n' roll*.

RD: Mmmm.

ERIC: Me siento muy atascado en mi relación con ello. Siento cierta desesperación al respecto. No me encuentro bien cuando lo hago. Pero noto que cuando no lo hago, si no respondo a lo que siento como «la llamada de la jungla»... es como... que estoy perdiendo toda mi energía.

RD: Si estoy siguiendo lo que dices, Eric, sientes esta especie de «llamada de la jungla». En Estados Unidos diríamos que eres un «animal festivo». *(Risas.)* Pero sientes esa llamada... y eso tiene consecuencias.

ERIC: Creo que básicamente es una adicción, ¿sabes? Disfruto de ello cuando estoy allí, pero después pago un precio. Después no soy capaz de sentirme muy presente, y eso es un gran problema.

RD: Escucho y entiendo eso. Y también has dicho que, si no lo haces, ¿sientes que pierdes una energía vital importante?

Eric: Bueno, es como cortarme, como constreñirme. Me siento encerrado, sin libertad.

RD: Sí, entiendo este doble vínculo. Si lo haces, es malo porque las consecuencias te hacen daño. Pero si no lo haces, te cortas de una parte de ti, y esto también es un problema.

Eric: Sí.

RD: De acuerdo. ¿Hay momentos o situaciones particulares en los que este doble vínculo sea más intenso para ti?

Eric: *(Hace una pausa.)* Bien, en las relaciones íntimas...

RD: ¿Puedes pensar en una?

Eric: *(Afirma con la cabeza.)* Sí.

RD: Bien. Hasta ahora hemos estado hablando del contenido. Ahora me gustaría abrir un espacio delante de ti *(apuntando delante de Eric)* en el que puedas ubicar tanto el estado presente como el estado deseado. Quiero que dediques unos momentos a notar si sientes que el estado presente —la lucha tal como la experimentas actualmente— está más a tu derecha o a tu izquierda en ese espacio.

Eric: *(Pausa.)* A la izquierda.

RD: Voy a pedirte que, cuando estés preparado, entres en ese espacio de la izquierda y te permitas identificarte con cómo sientes esa lucha. Toda la lucha, ambos lados, ¿de acuerdo? *(Eric afirma.)* Ambos lados: cuando lo hago, después me siento mal..., pero, si me corto, me siento encerrado, no soy libre. Y has mencionado que esto surge en tus relaciones íntimas. *(Eric confirma.)* Entonces, cuando estés preparado, da un paso adelante y hacia la izquierda y conecta con ese estado problemático.

(Eric da un paso adelante, empieza a respirar profundamente, con aspecto conflictivo y estresado.)

Sí, siente realmente todas las sensaciones que acompañan a esa lucha. ¿Qué ocurre ahí?

Eric: Es algo así... *(Sus manos muestran un movimiento retorcido.)*

RD: De modo que las sensaciones son como ese sentimiento de una gran tensión.

ERIC: Sí..., siento la tensión entre la responsabilidad y el deseo.

RD: Sientes tensión entre la responsabilidad y el deseo. Observa también si hay otras presencias, otras personas, que están en ese campo contigo. Tal vez tu pareja íntima, o miembros de tu familia, u otras personas. ¿Hay otras personas presentes?

ERIC: *(Afirma; parece estresado.)* Sí.

RD: Por supuesto, también puedes ver si las cosas de tu pasado, de tu historia, forman parte de este campo. *(Eric confirma; parece estar profundamente absorto en el conflicto.)*

(Al público.) Podéis ver en sus pautas no verbales que la situación le parece muy difícil. Podéis ver que éste es un campo que posee completamente a Eric, como a cualquiera que tuviera que luchar con este punto muerto. Suele estar conectado con muchas cosas: el pasado, la familia, otra gente, y así sucesivamente. Ahora quieres dar a esa persona la oportunidad de identificarse con todo el campo, para después salir de él.

(A Eric.) Ahora te voy a pedir que salgas de ese estado y des un paso atrás, volviendo a tu punto de partida original, la posición de testigo. Al hacerlo puedes abandonar todo ese campo, todo ese patrón, por ahora. *(Eric da un paso atrás, respira hondo, se reorienta.)*

Hola, bienvenido.

ERIC: Hola.

RD: Eric, como decía Stephen, vamos a hablar de Eric allí *(apunta hacia el espacio del «estado problemático»)*; eso es «él». Y también nos damos cuenta de que hay un «Eric» que está más allá del patrón. Como exploramos en el ejercicio del «Yo bueno/yo malo», hay responsabilidad y deseo. *Veo que tú eres responsable. También veo que te tira el deseo. Veo que tú eres ambas cosas... Y veo que eres mucho mucho más.*

Éste es el patrón problemático, no es la totalidad de Eric. *(Eric afirma.)* Ahora me gustaría pedirte que te centres verdaderamente..., aquí de pie, profundamente dentro de ti..., conectado con el «tú» que está más allá de la responsabilidad..., y también con el «tú» que está más allá del deseo; esa energía verdaderamente singular de Eric.

Percibe y observa tu centro como un lugar previo al pensamiento y por debajo de él..., sintiéndote asentado en tu cuerpo y en tus pies...; una sensación de tener todo tu ser aquí.

Y mientras lo haces, vamos a ponernos en la posición del testigo generativo. Como decía Stephen, no es un estado disociado. Incluye el espacio del problema, incluye el espacio de la solución, pero trasciende ambos. Y desde ese espacio, Eric, me gustaría que sintieras todo el campo de ese espacio problemático como un campo unitario. Sabemos que el contenido tiene que ver con el deseo, con sentirte culpable, con ir de fiesta, con las relaciones íntimas... Ahora quiero que no pongas tu atención en esas cosas, sino en el campo energético que contiene todo eso. De modo que no estés mirando desde tu cabeza o desde tus ojos, sino desde tu centro, para sentir lo que pasa ahí. Y en lugar de intentar entenderlo literalmente, déjate sentirlo más metafóricamente, más simbólicamente. Tal vez tenga un color, o una imagen visual, o algún patrón energético, o un grupo de símbolos. Déjate sentir con tu mente campo lo que hay ahí.

(Hace una pausa para dejar que Eric sienta el campo.) ¿Y qué percibes?

ERIC: Veo el yin... y el yang..., ese símbolo que los representa a ambos.

RD: Sí, ves el símbolo yin-yang. ¿Y qué hay del conflicto? ¿Cómo se representa la energía de esta pauta problemática?

ERIC: Es como dos energías muy fuertes.

RD: Es importante que las representes, porque aquí queremos representar el problema. Y el problema, como decías, es que no estás conectado; hay algo que no está en armonía. De modo que siente ese símbolo de las cosas que no están en armonía... Y puesto que experimentas esa energía de la lucha, ¿cómo es? Has dicho que te sentías desconectado.

ERIC: Me resulta difícil de describir..., pero creo que el punto de partida es que estoy perdiendo la percepción del campo porque estoy involucrado en estos juicios y en esta energía compulsiva. Siento que con estas personas ya no estoy centrado de partida.

RD: Ésa es una información importante, pero quiero que notes qué parte de esa descripción podría estar viniendo de tu mente cognitiva. Tiene sentido, pero es más como un análisis de lo que está ocurriendo. *(Al público.)* Cuando estás asesorando a alguien, es muy importante notar si la descripción viene de un campo experimental y simbólico o de la mente cognitiva.

(A Eric.) Permítete respirar hondo, suelta la mente cognitiva y déjate entrar en tu mente profunda. Permítete sintonizar con otro tipo de lenguaje, un lenguaje de imágenes y cuadros, de símbolos y metáforas.

ERIC: Lo que me ha venido es «confianza» como la circunstancia que puede ser el eslabón perdido.

RD: Y eso también es maravilloso, pero «confianza» es una palabra. Lo que quiero que recibas es el símbolo o la imagen del campo de este problema. Tal vez sean olas chocando con la orilla, o nubes de tormenta, o un fuego. Déjate caer en tu cuerpo y siente la presencia simbólica.

(Eric respira más profundamente y se relaja más.) Eso es, eso es... Y siente este nivel simbólico. ¿Cuál es el símbolo de este campo?

ERIC: Un sendero bajo las estrellas.

RD: Bien, y nota en esa imagen..., un sendero bajo las estrellas..., ¿dónde está el problema? ¿Notas dónde está la lucha?

ERIC: Creo que el problema es que siento un poco de miedo, porque no sé adónde me lleva este camino.

RD: ¿Cómo representarías la energía de ese miedo? ¿Cuál es tu símbolo? ¿Tiene algún color? ¿Un movimiento?

ERIC: Es como un gran muro de polvo.

RD: Un gran muro de polvo... Es bueno notarlo. *(Al público.)* Ahora Eric está empezando a entrar más en el lenguaje del campo. Es polvo. Hay un camino. Cuando usamos palabras como «confianza», nos llevan directamente a la mente cognitiva. Queremos entrar en el nivel del pensamiento metafórico. De modo que hay un camino y un muro de polvo.

(A Eric.) Y cuando sintonizas realmente con ese problema de la adicción, ¿qué otras imágenes te vienen sobre ese camino, sobre ese polvo? Las imágenes no tienen por qué tener un sentido lógico, simplemente nota lo que está ahí.

Eric: Siento que es muy difícil... Este polvo...

RD: ¿Y cómo ves eso en una imagen? ¿Qué aspecto tiene? ¿Qué aspecto tiene esta energía difícil?

Eric: Sentirme paralizado.

RD: Sí. Sentirte paralizado. Y observa cómo se presenta en la imagen ese sentirte paralizado. ¿Es como pegamento? Nota el símbolo de la parálisis.

Eric: Bueno, es como que el muro está viniendo y... no sé qué hacer.

RD: Sí. De modo que hay un largo camino, y este muro está viniendo..., este muro de polvo.

Eric: Siento el polvo en la boca.

RD: Sí, sientes el polvo en la boca. *(Al público.)* A propósito, podéis notar que estamos yendo hacia un lugar que no es simplemente disociado o asociado. Este tipo de pensamiento no es el tipo de pensamiento normal. Estamos cayendo en el lenguaje campo de los símbolos, de las metáforas, de las imágenes. Ésta es nuestra representación campo del estado actual. Y ahora vamos a ir al estado deseado.

(A Eric.) Dentro de un momento, Eric, cuando estés listo, voy a pedirte que dejes ir ese campo de representación del estado problemático por un momento, ¿de acuerdo?

(Eric respira y afirma con la cabeza.)

Y dentro de un momento te voy a pedir que vayas al estado deseado allí *(apunta a la derecha)*. Y recuerda, estás soltando el estado problemático. Deja que el estado problemático esté allí *(apunta a la izquierda)*. Y déjate entrar en el estado deseado allí *(apunta a la derecha)*.

(Eric entra en el espacio del estado deseado, y su presencia cambia casi inmediatamente a un estado más calmado y centrado.)

A medida que las cosas son diferentes, observa: ¿cómo son realmente? La integración ha ocurrido, el problema está resuelto, tu yo está integrado. Nota cómo es. *(Eric respira hondo; parece centrado.)*

Y empecemos con tus sensaciones. ¿Qué sientes en tu cuerpo?

Eric: Mmmm... *(Sonríe.)* Me siento muy aquietado.

RD: Aquietado...

Eric: Me siento aquietado... Mi corazón está... tranquilo.

RD: Aquietado y tu corazón está tranquilo.

Eric: Calmándose... *(Hace un sonido con la respiración; se produce una profunda liberación.)*

RD: Eso está bien. *(Al público.)* Y notad todos que aún no estamos hablando de la solución campo. Estamos hablando de sensaciones corporales, de modo que éste es el estado somático en el campo. *(Eric respira lentamente y vuelve a ser audible.)* El estado somático es diferente del campo. Pero estamos empezando con la sensación somática...

Eric: Ahhh. Puedo volver a moverme.

RD: Puedes moverte.

Eric: *(Afirma, sonríe y respira.)* En lugar de estar paralizado.

RD: Sí. De modo que éste es tu estado deseado. E incluso notando la parte somática de este estado deseado, quiero ver si puedes abrir tu conciencia más, para abrirte más allá del estado somático, al campo como un todo. Y mientras te permites hacer esto, percibe las imágenes que vayan surgiendo. ¿Cuál es el símbolo que te viene para representar este campo? ¿Qué imágenes hacen posible que el corazón se aquiete?

(Al público.) No sé si habéis podido notarlo, pero Eric estaba volviendo a su cabeza. Desde la tensión corporal, especialmente en la frente, puedes ver que la mente cognitiva empieza a reafirmarse. De modo que sigues asesorando a la persona para que se abra más a la mente campo.

(A Eric.) Eric, ¿cuál es el símbolo de tu estado deseado?

Eric: Es como..., es como una piel de animal. Es como un interrogante.

RD: Es como una piel de animal con forma de interrogante.

Eric: *(Respirando hondo, con una mirada muy intensa.)* Es una energía muy intensa. ¡Vaya!

RD: *(Afirmando con la cabeza.)* La energía del estado deseado es muy intensa.

Eric: Sí..., muy profunda..., muy bella.

RD: ¿Y qué más hay en el campo de este estado deseado? ¿Qué otros símbolos registras?

Eric: Mi visión es mucho más clara. Veo un camino y todo lo que le rodea. Es un desierto soleado.

RD: *(Al público.)* Ahora Eric está hablando desde un nivel de lenguaje diferente. Incluye el cuerpo, pero también un campo mucho más amplio.

(A Eric.) Y ahora vamos a ir al paso siguiente, que es volver a la tercera posición aquí *(señala el punto de partida);* la posición del testigo de ambos estados. Cuando estés preparado, sal del estado deseado y vuelve a la metaposición.

(Eric sale del estado deseado y va a la posición del testigo.)

Bien. Y ahora, desde esta metaposición, te voy a pedir que mantengas ambos estados, como si fueran parte de un campo mayor unificado. Mantén ambos estados y al mismo tiempo reflexiona sobre ellos. Por una parte *(apunta y dirige la voz hacia el lado izquierdo)*, hay un estado problemático: la lucha de poder, en el camino con un muro de polvo abrumándote. Y, en el otro lado, allí *(apunta y dirige la voz hacia la derecha)*, está el estado deseado: un desierto soleado..., una preciosa claridad..., una profunda calma y tranquilidad. Mantén la atención en ambos igualmente y al mismo tiempo. *(Eric cierra los ojos.)* Eso está bien.

Y mientras lo haces, fíjate en que hay un campo entre estos dos: el camino con una pared de polvo..., el desierto soleado... y la energía que unifica y conecta a ambos. Y mientras sientes esto, deja que surja otro símbolo. Deja que tu sabiduría creativa más profunda te proporcione un símbolo para ese campo más profundo.

Eric: *(Con los ojos cerrados y con aspecto profundamente absorto.)*

¡Vaya!, es una bola de energía, como la bola con la que estábamos trabajando antes.

RD: Una bola de energía.

Eric: Sí..., y con la energía alrededor de los dos estados, es como si fueran lo mismo. Es muy extraño..., muy difícil de describir..., pero es como si no fueran diferentes.

RD: Eso es. *(Eric respira, parece que está integrando algo.)* Mientras haces eso, como último paso, me gustaría pedirte que te expandieras más allá de eso. Extiéndete incluso más allá de la bola de energía. Extiéndete hacia los campos de campos *(Eric parece profundamente absorto)* donde hay una inteligencia..., una mente que está más allá de la mente normal, ordinaria...; lo que Erickson podría llamar «la mente inconsciente»..., lo que Bateson llamó «la mente mayor»... Una mente más allá de la mente. Y desde ese lugar puedes experimentar otro símbolo. Deja que surja en tu conciencia otra imagen procedente de esa mente superconsciente..., un símbolo generativo que viene a ti como un regalo de esa mente mayor. Lo único que tienes que hacer es mantenerte abierto y extenderte más allá del presente y de los estados deseados. ¿Qué símbolo te viene?

Eric: Acabo de darme cuenta... de que hay flores..., flores.

RD: De modo que el símbolo que te viene es que hay flores. Bien, permítete recibir el regalo de esas flores... Y, al hacerlo, me gustaría pedirte que vuelvas al estado problemático..., que des un paso atrás a ese estado... Tómate tu tiempo... y lleva este símbolo, este regalo de las flores; lleva este regalo a ese estado. Cruza el umbral. Vuelve al estado problemático con los recursos de la mente mayor. *(Eric entra en el estado problemático. Su respiración cambia, se aquieta.)*

(Al público.) Podéis ver que en este momento él está en su mente generativa. No hay mucho pensamiento cognitivo. Todo se ha aquietado. La respiración es profunda y calmada. La fisiología tiene un aspecto precioso. Creo que podéis ver que ésta no es la mente cognitiva normal. Aquí hay mucha mente somática generativa. Estando de pie a su lado, puedo sentir que sale mucho calor de su cuerpo. El co-

lor de su piel es mucho más oscuro; está fluyendo mucha más sangre y relajación.

(A Eric.) Nota lo que ocurre aquí. ¿Qué se mueve o transforma, qué se intensifica, qué desaparece?

Eric: Siento mucha calma. Es un lugar muy bueno. Sí, es un buen lugar...

RD: *(Al público.)* Una vez más, se puede ver una gran diferencia a nivel físico entre ahora y cuando Eric estuvo aquí por primera vez.

(A Eric.) Eric, ahora me gustaría que fueras y llevaras la bola de energía al estado deseado. Si caminas hasta el estado deseado... tomándote tu tiempo. *(Eric camina lentamente al estado deseado, en el lado derecho.)* Y lleva a ese desierto soleado... las flores y una asombrosa bola de energía que está más allá de cualquier estado particular.

(Al público.) Podéis ver que están ocurriendo muchas cosas. No hay mucho esfuerzo verbal o cognitivo, pero podéis ver la profunda absorción experiencial y el procesamiento.

(A Eric.) ¿Qué está pasando ahí?

Eric: *(Hace una pausa; parece profundamente inmerso en el proceso.)* Está funcionando..., hay algo equilibrándose entre dos cosas... Es muy asombroso. Me siento muy bien.

RD: Algo está equilibrándose entre dos estados y produce buenas sensaciones.

Eric: Sí.

RD: ¿Y qué hay de esa tensión, de ese conflicto que has sentido allí? ¿Qué está pasando allí?

Eric: No siento esa tensión.

RD: Genial. Por último, volvamos al lugar medio, a la metaposición entre los dos... y llevemos las flores a la bola de energía que sustenta los dos mundos.

Eric: ¡Ah! ¡Vaya! *(Parece muy feliz, excitado pero centrado.)*

RD: ¡Sí!

Eric: ¡Ah! ¡Ah!... ¡Vaya!... ¡Ahhh! *(Parece un gran proceso de integración, respiración profunda y apertura.)*

RD: *(Sonriendo.)* ¡Esto es lo que llamamos sintaxis somática! *(Risas.)* *(Eric continúa explorando, con los ojos cerrados en un proceso de integración.)*

(Al público.) Esto es un ejemplo de lo que llamamos PNL de tercera generación. No nos limitamos a intercambiar entre algunas submodalidades. Estamos viendo cómo es posible hacer una transformación de la identidad profunda. Es un tipo de cambio de tercer orden. Una reordenación del ser humano, un despertar del alma. Puedes ver que la mente campo generativa es muy diferente de la mente cognitiva.

(A Eric.) Tengo curiosidad por saber si te viene algún símbolo para este lugar donde estás ahora.

Eric: *(Con aspecto beatífico.)* Bueno, ¡simplemente hay flores por todas partes!... y puedo sentir mis pies desnudos tocando el suelo.

SG: ¡Te has convertido en un auténtico hijo de las flores!

RD: *(Al público.)* Podéis ver que a medida que la respiración de Eric empieza lentamente a cambiar, él está empezando a completar el proceso por sí mismo. Podrías hacer un seguimiento de buena parte del trabajo de Eric a través de la respiración. Ha estado procesando mucho con su respiración, y puedes ver que ha cambiado significativamente en distintos momentos del proceso.

Eric: *(Realiza una respiración profunda y vuelve a abrir los ojos hacia la habitación, mirando a Robert y sonriendo.)* ¡Hey!

RD: *(Le devuelve la sonrisa.)* ¡Hey! Me alegro de verte, ¡hijo de las flores! Cuida bien de ti mismo en este viaje.

(Eric abraza a Robert, después a Stephen y después se va del escenario con un fuerte aplauso.)

HABILIDADES PARA ABRIRSE AL CAMPO

RD: De acuerdo. Como la mayoría de nuestros ejercicios, la fórmula básica para este proceso es muy simple. Ocurren muchas cosas. Puede ser muy intenso y asombroso, pero la fórmula básica es muy simple.

SG: Para hacer bien este trabajo, tiene que ser simple. Están pasando tantas cosas que tienes que permanecer centrado en una secuencia simple. No necesitas microgestionar los detalles, que a menudo pueden ser no lineales, no racionales e inesperados. Al contrario, estás tratando de ser guiado por este lenguaje del inconsciente creativo. Pero también estás siendo guiado por la simple estructura subyacente del trabajo. Deja que todo fluya a través de ti, incluso si diriges suavemente con la secuencia experimental que uses.

En este caso estamos usando el mismo modelo básico que en el ejercicio del «yo bueno/yo malo». Hay cuatro puntos de enfoque entre los que vas cambiando.

RD: Estaba el estado problemático.

SG: Éste es el primer punto de enfoque.

RD: El estado deseado.

SG: Ése es el segundo punto de enfoque.

RD: El campo entre ellos.

SG: El tercer punto de enfoque.

RD: Y el campo mayor que se extiende más allá de ellos.

SG: Ése es el número cuatro. Una de las cosas hermosas que podéis haber notado cuando Robert ha estado de *coach* es que no ha impuesto nada de su propio contenido. Sólo estaba guiando a Eric entre estas cuatro posiciones, pidiendo a su inconsciente creativo, a su mente campo generativo, que proveyera el contenido sobre la marcha. Esta secuencia era: (1) entra en el estado problemático, (2) entra en el estado deseado, (3) entra en el campo que contiene a ambos, y (4) ábrete al «campo de campos» más allá de eso. Y todo lo demás ha venido de Eric.

RD: Hay un par de pequeños detalles del proceso que merece la pena mencionar. Al entrar en el estado del problema, quieres tener una descripción de las sensaciones somáticas. Empieza a llevar a la persona de su intelecto cognitivo a su conocimiento experimental. Esto es crucial. Al mismo tiempo, asegúrate de que la persona no se limite únicamente a su perspectiva somática. El estado somático y el yo personal son un punto focal importante del campo, pero también hay otros. Por eso preguntaba a Eric si había otra gente, otros recuerdos, otras asociaciones conectadas con ese espacio. Quieres sintonizar con el campo mayor, pasando por alto el intelecto cognitivo. La inteligencia campo requiere dejarte guiar por la sensación sentida.

SG: Probablemente habéis notado a lo largo de la sesión que Robert ponía el énfasis en: *No pienses la respuesta, deja que venga a ti. Déjate sentirla experimentalmente.*

RD: Después de haber tocado el estado problemático, hemos ido al estado de testigo, la conciencia campo. Esta metaposición no guarda relación con centrarse en un contenido específico, sino en el campo como totalidad. Ésta ha sido una parte muy importante de la demostración, porque a Eric le llevó un rato pasar de su mente cognitiva ordinaria a su mente somática campo. Se nos ha enseñado que intentemos tener una comprensión consciente: «Oh, ya lo veo. Esto significa aquello.» Pero ahora lo que queremos hacer es entrar en esta mente más profunda del conocimiento experimental simbólico, energético, del campo.

SG: Precisamente estar en la mente campo es lo que permite contener los opuestos —contener la doble mente— de un modo que los transforma creativamente. El modo de superar el punto muerto es sintonizar con la mente campo. Por eso destacamos que es una de las herramientas fundamentales para el viaje del héroe. Carl Jung habló de la transformación de los opuestos en una unidad más profunda como de la «función trascendente», y resaltó que éste era el proceso central en el camino de la autorrealización, que está íntimamente relacionado con la meta del viaje del héroe.

En este sentido, se podría decir que las dos partes entre las que Eric estaba lidiando —lo que llamaba «responsabilidad» y «la llamada de la jungla»— son pautas arquetípicas muy profundas. Es decir, no operan únicamente en Eric, sino en cada uno de nosotros. Por tanto, probablemente están conectadas con un campo que contiene muchas muchas experiencias diferentes; no sólo de su propia historia personal, sino también de su familia y de su historia ancestral.

RD: Otra manera de hablar de la lucha arquetípica que Eric exploraba es decir que la «responsabilidad» tiene que ver con los demás, con cómo cuidar de los demás, mientras que el deseo tiene que ver con uno mismo: cómo te nutres a ti mismo.

SG: *(Sonriendo.)* ¿Y cuál de ellos es más importante? Esto es parte de vuestro examen final; el 30 por 100 de la nota depende de la respuesta a esta pregunta. *(Risas.)*

RD: Y, por supuesto, todos conocemos la respuesta a esa pregunta. La respuesta es... «Sí».

SG: Esta pregunta es como la vara del maestro zen. ¿Cuál dices que es, la responsabilidad o el deseo?

RD: ¿De cuál necesitas más en tu vida? La respuesta es «Sí».

SG: Una última cosa. Los *coach* tenéis que recordar que una de vuestras principales responsabilidades es ayudar al héroe a mantenerse en un estado de alta calidad, independientemente de cuál sea el contenido de su experiencia. Así que recordad los principios del estado somático generativo (alineamiento y centramiento), del estado cognitivo generativo (aceptar y patrocinar) y del estado campo generativo (abrirse más allá del contenido). Si tu compañero no está en un estado de alta calidad, no podrá ser generativo. De modo que supervisa delicadamente aspectos como su respiración, su postura erguida y que tenga los músculos relajados. Éstas son tus responsabilidades como *coach*.

RD: Si el cliente empieza a subir a la cabeza, asesórale delicadamente pero con claridad. Respira, déjate caer en tu centro, relájate, suelta.

SG: Ahora es el momento de encontrar a un compañero, de practicar y de abrir tu conciencia a este nivel de la conciencia campo.

CIERRE: EL PATRÓN QUE CONECTA

SG: Esperamos que a partir de estos ejercicios podáis empezar a ver los perfiles del mapa del viaje del héroe. En esta sección resaltamos cómo ir al campo generativo, donde puedes experimentarte más allá de cualquier posición. De esta manera puedes contener creativamente todas las posiciones siendo la «relación» misma.

RD: Estamos sugiriendo que para realizar el viaje del héroe tienes que rezar. No lo digo en sentido religioso, sino en el sentido humano de conectar con una inteligencia más allá de tu yo local.

SG: Existen infinitas maneras de practicar esto y de realizar esta comunión. Llegues como llegues allí, llega allí. Porque tienes que curarte y transformarte. Uno de los principales puntos prácticos que hemos venido explorando es que cuando te sientes atascado, eso te está indicando que hay una confrontación, una resistencia violenta, entre dos partes del campo. Podrían estar dentro de ti —como en el caso de Eric, donde la responsabilidad luchaba contra el deseo— o podría ser interpersonal, como en el caso de dos personas que mantienen posiciones muy diferentes. La pregunta es: ¿cómo transformas el conflicto en cooperación? Y la respuesta que estamos proponiendo es: *tú*. Tú eres el campo generativo que puede contener distintas partes e integrarlas. Tú eres el espacio profundo que puede «hacer el amor y no la guerra». Tú eres el ser que puede crear armonía en el mundo. ¡Tú eres el campo!

Cuando te abres como un campo generativo, sientes curiosidad por cómo dejar sitio a cada parte del campo. Podrías hacerlo en el espacio exterior a tu cuerpo, como Robert hizo con Eric. O podrías usar distintos centros corporales para contener y después integrar distintas energías o partes. Por ejemplo, podrías sentir: ¿dónde siento en mi cuerpo el centro energético de esa parte que quiere ser responsable? (*Steve suspende su mano sobre su cuerpo y después se toca el corazón.*) Y después podrías preguntar: ¿dónde siento la presencia energética de la llamada de la jungla? (*Una vez más, la mano pende sobre el cuerpo, esperando sentir dónde nota este centro.*) Oh, siento que está en mi vientre, es interesante. Entonces, la siguiente pregunta es: ¿cómo puedo sentir una conexión que fluya entre estos distintos centros? Esto representa el ser que puede unificar los opuestos.

RD: De modo que las distintas partes pueden tener diferentes centros somáticos. Es muy posible que te ayude remitirte al sistema de chakras hindúes.

SG: Esto me recuerda a los cinco niños judíos que hacían el bien. El primero fue Moisés. Y Moisés dijo: «Todo está aquí *(y apunta a la cabeza)*. Con los Diez Mandamientos no puedes equivocarte.» El segundo de estos niños buenos fue Jesús, que dijo: «No, todo está aquí *(apunta hacia el corazón)*. Éste es el centro.» El tercer niño judío fue Karl Marx, que dijo: «Todo está aquí *(se golpea intensamente el vientre)*. Después vino Sigmund Freud y dijo *(se mira el área pélvica)*: «Ve más abajo, ¡joven!» *(Risas.) (Mira hacia abajo y sonríe.)* Y el quinto niño judío fue Albert Einstein, el favorito de Robert, de modo que dejaré que sea Robert quien repita lo que dijo el tío Al.

RD: ¡Todo es relativo! *(Risas y aplausos.)*

SG: En serio, nosotros resaltamos que tu espíritu humano es el patrón que conecta. Por lo tanto, es bueno saber que sientes una parte determinada de ti en un centro somático y otra parte de ti en otro centro somático. Y aún es mejor saber que en realidad ninguno de ellos es tú. *Tú eres el espíritu que conecta y fluye a través de todas las partes de tu conocimiento.*

RD: Gregory Bateson se refirió a esto llamándole «el patrón que conecta».

SG: Esto es lo que estamos buscando en el gran viaje del héroe. Sé la conexión que cura. Sé la conexión que transforma. Sé la conexión que hace nacer. De modo que entrénate para alegrarte cuando te sientas muy atascado, cuando afrontes un conflicto, porque significa que estás en un umbral. Estás en un lugar donde dos partes importantes de la totalidad están intentando integrarse. Estas polaridades, estas dualidades, son tus amigas. Son el medio a través del cual nace el Yo Generativo.

Ves polaridades dondequiera que mires. Y aunque estamos acostumbrados a ponerlas una frente a otra, o a pensar que una es la «buena» y la otra es la «mala», nosotros decimos que son dos guisantes en la misma vaina. Por ejemplo, te preguntamos: ¿qué es más importante: cuidar de ti mismo o cuidar de los demás?

RD: Sí.

SG: ¿Es más importante decir «sí» o decir «no»? ¿Es más importante sentir tu parte masculina o tu parte femenina? ¿Estar activo o descansar? Cuando preguntamos de esta manera, puedes ver lo tonto que es pensar en las polaridades como enemigos o aspectos mutuamente excluyentes, aunque así es como suelen experimentarse en un síntoma o problema. La buena nueva es que la relación puede cambiar de la confrontación a la combinación. Puedes hacer el amor y no la guerra. Puedes estar completo, en lugar de estar dividido. La integración no ocurrirá espontáneamente; hace falta una presencia humana para que se produzca. Y lo que estamos diciendo es que tú eres esa presencia.

RD: Y para realizar la integración necesitas conectar con una sabiduría que está más allá de yo cognitivo, pero que sólo puede venir a través de la presencia humana. Ése es el canal para lo divino.

SG: *(En tono divertido.)* ¡De modo que alabad al Señor! ¡Alabad al Señor!

RD: *(También en tono divertido.)* ¡Amén!

CUARTO DÍA

NAVEGAR EL VIAJE

SG: Quiero empezar esta sección con un poema de una de las grandes poetisas americanas contemporáneas, Mary Oliver. Ha escrito un poema precioso que me gustaría leeros; se titula «Gansos salvajes» y está en su libro *Dream Work* (1986). Mary vive en Cape Cod, Massachusetts, y allí cada otoño el cielo se llena de miles de enormes gansos que vuelan hacia el sur para pasar el invierno. Son como yo, no les gustan los inviernos fríos. Después, en primavera, vuelan de vuelta a casa. Y ella usa esto como una preciosa metáfora para hablar del retorno a uno mismo. En el poema escucharás referencias a las tres mentes del Yo Generativo: la mente de la cabeza, que suele juzgar las cosas como buenas o malas; la mente corporal de lo que ella llama «el suave animal», y la mente que está más allá de nosotros en el campo.

Algunas personas dicen que hay una línea en cada poema que es la línea más importante. Para todos los católicos en recuperación que haya en la sala, ésta es claramente la primera línea. Esto es lo que nos dice:

No tienes que ser bueno.
No tienes que caminar de rodillas
durante cien millas por el desierto, arrepintiéndote.
Sólo tienes que dejar que el suave animal de tu cuerpo

ame lo que ama.
Háblame de la desesperación, la tuya, y yo te hablaré de la mía.
Entre tanto, el mundo sigue adelante.
Entre tanto el sol y las claras piedrecitas de la lluvia
transitan por los paisajes,
entre las praderas y los árboles profundos,
las montañas y los ríos.
Entre tanto, los gansos salvajes, en lo alto del limpio aire azul,
vuelven a dirigirse a casa.
Seas quien seas, por más aislado que estés,
el mundo se ofrece a tu imaginación,
te llama como estos gansos salvajes, severo y excitante,
anunciando una y otra vez tu lugar
en la familia de las cosas.

SG: En este poema, Mary Oliver ofrece esta idea radical: el mundo está vivo, el mundo quiere ayudarte en tu viaje. Está llamándote y apoyándote. La capacidad de sentir eso es parte importante de lo que hemos estado resaltando estos últimos días. ¿Cómo aquietar tu mente local y escuchar y sentir que hay una conciencia más profunda intentando ayudarnos a despertar, intentando ayudarnos a convertirnos en personas? ¿Le dejaremos?

RD: En honor a nuestra herencia irlandesa, voy a ofrecer una bendición irlandesa como lectura, que dice:

No te deseo un sendero sin nubes,
ni una vida sobre un lecho de rosas,
ni que nunca tengas lamentos,
ni que nunca sientas dolor.
No, ése no es mi deseo para ti.
Mi deseo para ti es:
que seas valiente en momentos de zozobra,
cuando otros pongan cruces sobre tus hombros.

Cuando haya que escalar montañas,
y cruzar abismos.
Cuando la esperanza apenas brille.
Que el regalo que Dios te dio
crezca junto contigo
y te deje ofrecer el don de la alegría
a todos aquellos a los que importas.
Que siempre tengas un amigo
que merezca ese nombre.
En el que puedas confiar, y que te ayude
en los momentos de tristeza.
Que desafíe a las tormentas
de la vida diaria a tu lado.
Tengo un deseo más para ti:
que en cada momento de alegría y dolor
sientas a Dios cerca.
Éste es mi deseo para ti
y para aquellos a los que importas.
Ésta es mi esperanza para ti,
ahora y siempre.

ANÓNIMO

RD: Esta bendición habla del valor de tener guardianes, amigos que merezcan ese nombre; de sentirse cerca de ese llamado del campo mayor. No te enfoques sólo en la comodidad material o en la seguridad, y sintonízate con cómo crecen tus dones y tu bondad con los retos de la vida. Sugerimos que de aquí viene la mayor satisfacción en el viaje del héroe. La cosa no es: «Si lo hubiera hecho todo bien, ya no sentiría dolor, o no me sentiría triste, o no tendría dificultades.» Todas esas cosas están presentes en la vida. Son lo que llamamos las pruebas del viaje del héroe. Pero la buena nueva es que también hay algo más profundo. Que puedas encontrarlo cada día.

SG: *(Sonriendo.)* ¡Y los días empeoran a medida que envejeces! *(Risas.)* Cuando trabajo con clientes y ellos hacen estos cambios magníficos, y dicen: «¡Esto es genial, me siento tan bien!», yo trato de dar la noticia con suavidad: «Disfruta mientras puedas; no durará.» *(Risas.)*

RD: El efecto de las drogas se pasa. *(Risas.)*

SG: El efecto de las drogas se pasa, y ahora que has creado este espacio mayor de la solución, tu problema siguiente va a ser todavía mayor. ¿No te parece genial saberlo? *(Risas.)*

RD: La vida va a por ti, ¡no te dejará ser una «patata de sofá»! Va a seguir presentándote desafíos.

SG: Lo que puede cambiar es tu relación con esos desafíos. Puedes aprender a no tomártelos tan personalmente. Puedes aprender que por muy grande que sea el problema, el espacio del ser siempre es mayor.

RD: Esto te llega cuando mantienes una relación generativa contigo mismo.

SG: Y con algo que está más allá de ti, más allá de tus problemas. Éste es el gran cambio que tratamos de hacer. Los problemas vienen y van.

RD: Éstas son las pruebas y tribulaciones del viaje del héroe.

SG: Pero tu vida no es un problema. Tú no eres un problema. Hablando técnicamente, en inglés decimos: «La mierda ocurre». *(Risas.)* Pero también decimos: «El cambio ocurre.» De modo que estamos tratando de producir un cambio en tu mierda. *(Risas.)*

RD: Frecuentemente recibo clientes que vienen a trabajar situaciones difíciles. Cuando vuelven a la semana siguiente, les pregunto: «¿Cómo va todo?» Y ellos me responden: «Bueno, la situación sigue siendo la misma, pero ya no supone un problema.» ¿Cómo podemos cambiar nosotros para que lo que es un problema deje de serlo? ¿Cómo encontramos la llamada en la prueba, la oportunidad en el problema?

SG: Estamos comentando esto en esta última sección para que

empecéis a sentir cómo podríais llevar algunos de vuestros aprendizajes más importantes a vuestra vida de cada día. Es genial tener tiempo para distanciarse de la vida cotidiana y explorar estas conexiones profundas y cambios transformadores. Pero una parte crucial del viaje del héroe es la vuelta a casa. A veces puede resultar un poco chocante descubrir que el mundo de ahí fuera no es tan amable ni tan positivo como el que hemos creado en este programa. Hay muchas presencias en el mundo que no quieren que despiertes. ¿No te parece genial saberlo? *(Risas.)*

RD: Y esas presencias serán las que pongan a prueba tu compromiso con tu llamada. Serán las que coloquen un espejo ante tus sombras.

SG: Queremos avisarte para que tengas claro que esto va a ocurrir, y también para que tengas claro lo que puedes hacer cuando te encuentres con tus demonios, con esas presencias que no te ayudan.

RD: Hemos estado siguiendo este sendero del viaje del héroe...

SG: ... y considerándolo una metáfora del despertar del espíritu en el mundo humano. Hemos explorado que eres más que tus pensamientos, y eres más de lo que los demás piensan de ti. Eres una asombrosa presencia humana que ha venido aquí para dar su regalo al mundo.

LA IMPORTANCIA DE LA PRÁCTICA

RD: Y al ofrecer ese don, también curas tus heridas y las del mundo. Para explorar esto queremos empezar con un proceso relacionado con los que llamaríamos las «prácticas». En el viaje del héroe hacemos hincapié en las prácticas más que en las técnicas. Las prácticas son lo que te permite tener una transformación continua de la identidad. Son diferentes de las técnicas. Cuando se hace hincapié en las técnicas, el enfoque suele ser más estrecho. Te centras en una sola situación y piensas: «Vaya, ¿qué técnica usaré para arreglar esto?» Usas alguna técnica, y si se produce algún cambio, dices: «¡Genial!» Si no se produce, dices: «Vaya, la técnica no ha funcionado.»

Pero en este profundo sendero del viaje del héroe no basta con probar una vez. Para escuchar tu llamado, para vivirlo, para convertir tus demonios en guardianes, necesitas prácticas: actividades repetitivas que realices una y otra vez. Como ocurre cuando tratas de dominar algo: un deporte, un instrumento musical, las relaciones, los negocios. No usas una única técnica para conseguir un éxito duradero. Usas una serie de prácticas cada día para crear un viaje asombroso hacia la maestría. Así es como contemplamos el viaje del héroe. Cuando hacemos *coaching*, algunas de nuestras preguntas básicas son: *¿Cuáles son tus prácticas? ¿Qué cosas haces cada día, no en tu trabajo, no para tu familia, sino para convertirte en una persona mejor?*

SG: No vemos los asombrosos cambios que puedes generar con estos ejercicios, tanto en un seminario como en las sesiones de *coaching* o de terapia, como resultados finales; más bien son el principio de posibilidades increíbles. La semilla ha brotado en el mundo. Ahora puedes sentir las posibilidades que se abren. Pero, para hacer real lo posible, para que esa semilla crezca hasta su plena madurez, es necesaria una tremenda devoción a las prácticas. Si no tienes buenas prácticas, los cambios promisorios pronto se agotarán.

RD: Tus experiencias en tu trabajo son experiencias de referencia sobre las que construir el sendero, vivir el viaje.

SG: De modo que cuando hagas *coaching* o terapia, esta conversación sobre las prácticas es muy muy importante. Freud solía decir que la buena vida descansa sobre dos pilares: uno es lo que Robert ha llamado el «trabajo» y el otro es el «amor», con lo que Freud solía referirse a la «familia». Según Freud, todo tiene que ver con cómo conectas con tu trabajo y con tu familia. Nosotros decimos que eso no es suficiente. Necesitas un tercer pilar, que es tu relación contigo mismo. Para construir este tercer pilar, necesitas prácticas diarias. Dar tiempo y prestar atención a tu relación contigo mismo. Porque cuando estás con la familia, o con los seres queridos, no estás por ti. Tienes responsabilidades hacia ellos. Evidentemente, en el trabajo no se trata únicamente de ti; tienes responsabilidades. De modo que en la relación con el trabajo y la familia, eres responsable ante los demás. Pero las prácticas abordan tu relación contigo mismo. Para vivir el viaje del héroe tienes que comprometerte con las prácticas.

RD: Y si no te comprometes con esas prácticas, tu yo te obligará a prestarle atención a través de una serie de síntomas.

SG: Robert ha mencionado a su madre y los cigarrillos que fumaba, y lo que dijo de fumar: «Esto es lo único que hago para mí mismo.» Ésa era su práctica de centramiento.

RD: Exactamente.

SG: Pero diríamos que es una práctica de pseudocentramiento. Te devuelve a ti mismo, pero tienes que renunciar a tu centro para llegar allí.

RD: Si no te comprometes a conectar contigo mismo de maneras centradas, acabarás conectando contigo mismo de maneras descentradas. Esto sale en todas las expresiones sintomáticas, en los deseos descentrados: fumar, pornografía en internet, etcétera.

SG: O comer en exceso.

RD: En esencia, las adicciones son prácticas descentradas que las personas hacen para sí mismas.

SG: Esto puede verse fácilmente preguntando a alguien que sufra una adicción: «Tómate un momento y recuerda la primera vez que caíste en esa adicción; por ejemplo, la primera vez que fumaste marihuana.» Y a medida que la persona reconecta, generalmente verás que tiene esta sensación de «Ahhh». Una sensación de liberación del control del ego y del campo circundante. Si no hubiera esa experiencia inicial positiva, el adicto no se sentiría atraído a volver a ella. Probablemente dirías: «Oh, me sentí terriblemente haciendo eso. Tengo que encontrar otra adicción diferente.» *(Risas.)* «Esta técnica para tratar la adicción no funciona. ¡Pero podemos probar muchas más!» *(Risas.)*

RD: Nosotros decimos que la adicción te conecta con algo en lo profundo de ti, por debajo del control de tu ego. Y añadimos que ésta es una necesidad básica para todos nosotros, y que si no la alimentamos con nuestra presencia, esta necesidad se satisfará sin nuestra presencia, como en el caso de una adicción. A veces digo a un cliente: «¿No te parece triste que sea esto lo que más placer te da en tu vida? No debes haber explorado mucho.»

SG: Si tu relación más íntima es con un cigarro, tal vez deberías considerar algunas otras posibilidades. *(Risas.)*

RD: Lo que estamos diciendo es que para alimentar la conexión con tu centro de manera positiva, necesitas prácticas. Prácticas que te alineen con tu centro, con tu llamado y con tus recursos. Las necesitas para llevar a cabo con éxito tu viaje del héroe.

SG: Y, a propósito, ¿cuál es la primera excusa para no realizar una práctica?

DISTINTOS MIEMBROS DEL PÚBLICO: ¡No tengo tiempo!

SG: ¿No es asombroso? No eres el único que usa esta excusa barata, ¡puedes ver que *todo el mundo* la usa! Y como puedes ver que todo el mundo usa esta excusa, también compruebas que ni siquiera es una idea tuya. Es el «alien» o «demonio» de la igualdad de oportunidades que posee a todos los seres humanos que puede. Estos pensamientos alienígenas son el diálogo interno hipnótico que te «aliena» de tu centro y de tus recursos. ¡Ten cuidado con ellos!

A veces propongo a los clientes que imaginen a un grupo de vampiros necrófagos acampados a poca distancia de su cuerpo. Están vigilando y esperando que abandones tu centro, porque entonces es cuando te invaden y empiezan a comerte el alma. *(Risas.)* Esto suele ocurrir cuando maldices o rechazas alguna parte de ti, puesto que eso requiere que te disocies de tu centro. En cuanto ocurre, dicen: «De acuerdo chicos, ella se ha ido. Entremos.» Y lo siguiente que experimentas es ese sentimiento lacerante de que algo te está comiendo por dentro. *(Steve imita a un vampiro comiendo carne humana.)* Y ésa es la sensación que producen los alien comiendo alma a la barbacoa. *(Risas.)*

RD: La energía de tu llamada empieza a dispersarse y reducirse, y la televisión empieza a parecerte cada vez mejor. Los lamentos y las quejas parecen más convincentes.

SG: Nosotros tenemos este dicho: «¡Una práctica diaria que te centre aleja a los alienígenas!» *(Risas.)* Para asegurarte de que la haces, tienes que contemplar las técnicas hipnóticas que usas para no hacerla. Y «no tener tiempo» está entre las primeras de la lista. «Pero ahora no tengo tiempo. Cuando tenga más tiempo, lo haré.» Te lo garantizamos: *nunca* tendrás más tiempo.

RD: La gente suele preguntarme:

—Oh, ¿cómo encuentro tiempo para escribir libros?

—Nunca lo encontrarás —les digo yo—. No lo encontrarás. Tienes que crearlo.

Recordad al alto directivo del que os hablé, que usaba la práctica de montar en bicicleta para resolver problemas. Mucha gente oye esto y dice:

—Oh, qué agradable. ¡Ojalá tuviera tiempo para montar en bicicleta!

Pero él dijo:

—Ésta práctica es absolutamente esencial para mí si quiero llegar a ser un buen director. Tengo que sacar tiempo para montar en bici.

SG: De otro modo no puedes dominar lo que Robert llama «el juego interno».

RD: Recuerda al alto ejecutivo que dijo: «Como líder, es imperativo que conserve mi energía.» Se tomaba tiempo para expulsar la energía negativa cantando y practicaba actividades físicas. Esto eran cosas que él hacía para sí mismo, para gestionar y alimentar su propia energía. Nosotros estamos diciendo que, para realizar tu viaje, tienes que encontrar tus prácticas. Vamos a ofrecerte algunas sugerencias.

AUTOPATROCINIO A TRAVÉS DE LA EXPANSIÓN DE CONCIENCIA

SG: El primer ejercicio que queremos enseñaros se conoce como método del autotrance. También puedes pensar en él como una práctica de autoconexión o autopatrocinio. Cuando la gente preguntaba a Milton Erickson por la autohipnosis, él decía: «Oh, sí, a Betty le gusta hacer demostraciones de eso.» Betty era su esposa. Esto era a finales de los setenta, y él tenía un intercomunicador que conectaba su consulta con su casa, que estaba al lado. Presionaba el intercomunicador y decía: «Betty, ¡quieren saber sobre la autohipnosis!» Y Ella decía: «Muy bien, ahora voy para allá.» Ella venía y compartía con nosotros una versión de lo que vamos a enseñaros ahora.

En el núcleo de esta práctica está la estrategia creativa de la autoaceptación. Hemos venido insistiendo en que la realización del viaje del héroe exige que no te opongas ni te enfrentes con las energías. Aprende más bien a mezclarte y vincularte creativamente con ellas. La palabra «aceptación» es una de esas palabras complicadas que puede significar muchas cosas. Esperamos que a estas alturas sepas que no nos referimos a una sumisión pasiva a lo que está ahí —todo vale—, sino a una práctica vibrante de recibir lo que venga en un campo centrado y generativo, y después sentir curiosidad por cómo eso puede seguir abriéndose de una manera positiva.

RD: Como indicaba mi bendición irlandesa, no estás en tu viaje del héroe sólo en los momentos de alegría; también lo estás en los momentos de dolor. Y tienes que aceptar tanto la alegría como el dolor, y transformarlos en energías que te lleven hacia delante.

SG: Estás practicando esta secuencia relacional consistente en: (1) centrarte en ti mismo, (2) alinearte con tu intención, (3) abrirte al campo, (4) recibir lo que esté en el campo a través de tu centro, (5) añadir tus propios recursos, (6) alinearlo con tu intención y (7) devolverlo al mundo con los cambios efectuados. Seguidamente observa lo que está allí y repite el ciclo. De este modo te vas entrenando como un canal exquisitamente sintonizado; un campo centrado e intencional que absorbe y transforma de manera positiva.

RD: Eres un transformador de energía. Como el alto ejecutivo que mencioné, venga lo que venga, tómalo y dirígelo hacia la realización de tu llamada. Dirígelo hacia la misión.

SG: Una buena analogía de esto es la esposa de Robert, Deborah, que trabaja como intérprete para él en Francia. Es una intérprete asombrosa. También es bailarina, y está allí con su hermosa presencia centrada. Ella lleva a su interior lo que Robert dice, lo contiene durante un momento y después lo expresa... ¡mejor que Robert! *(Risas.)* ¡Ella retira todas las impurezas de Robert de un modo que las monjas no consiguieron! *(Risas.)*

RD: Es verdad. Yo digo algo, y cuando le oigo decirlo en francés, me digo: «Sí, ¡*eso es* lo que quería decir!» *(Risas.)* De algún modo ella consigue destilar la esencia y la intención de la idea, recortando todo el contenido innecesario.

SG: Éste es el proceso que te invitamos a desarrollar en ti. Cómo sintonizar tu sistema nervioso, tu cuerpo-mente, para recibir en profundidad y para dar a través del circuito creativo que has establecido con un campo generativo.

RD: Recibir, transformar, filtrar y después dar.

SG: Generalmente, lo que llamamos «pensar» bloquea todos los pasos de este proceso. Bloquea el recibir, de modo que no recibes ninguna nueva información del momento. Bloquea el procesamiento y también bloquea el dar. No podrás hacer nada creativo ni transformador si has cerrado la puerta del recibir y si has bloqueado el tránsito hacia dar. Por lo tanto, ésta es una pequeña práctica para abrir la puerta y permitirte volver a ser una presencia transformadora en el mundo. Los pasos básicos se resumen como señalamos a continuación:

Ejercicio: autopatrocinio para curarse y estar sano; utilizar la continuidad de conciencia

1. Ponte en una posición receptiva y cómoda.
2. Establece la intención.
3. Inducción: repite este ciclo de declaraciones, llenándolas con contenidos nuevos cada vez:
   - Ahora soy consciente de que veo _____.
   - Ahora soy consciente de que oigo _____.
   - Ahora soy consciente de que siento _____.

4. El siguiente ciclo de declaraciones:
   - Ahora soy consciente de que veo _____, y doy permiso para que ello me lleve más profundamente hacia mí mismo (respira y relájate).
   - Ahora soy consciente de que oigo _____, y doy permiso para que ello me lleve más profundamente hacia mí mismo (respira y relájate).
   - Ahora soy consciente de que siento _____, y doy permiso para que ello me lleve más profundamente hacia mí mismo (respira y relájate).

5. Una vez que entras en el trance, nota, acepta y permite cada forma experiencial de contribuir a la solución:
   - Ahora soy consciente de que está ocurriendo _____, y ya puedo permitir que se abra hacia una solución generativa.

6. Cuando estés preparado, permite la integración y permítete ir más allá del problema:
   - Y ahora puedo permitir que todo se integre en una solución generativa.

7. Siéntete en esta nueva respuesta en el futuro.
8. Gratitud y promesas.
9. Cuando estés preparado, reoriéntate cómodamente hacia la habitación.

SG: Para empezar, dedica unos momentos a ponerte en una posición cómoda. Éste es un proceso muy simple. Empieza con el centramiento y la relajación. Y pasas de estar orientado hacia los demás a ofrecerte a ti mismo toda tu conciencia amorosa.

RD: Lleva tu primera atención a tu centro..., a tu cuerpo.

SG: Permítete cambiar a la conciencia del testigo.

RD: Lleva la atención a la respiración.

SG: Alinea tu columna... Nada que hacer en el cuerpo, excepto relajarse...; nada a lo que aferrarse o a lo que agarrarse en la mente.

RD: Siente todo tu cuerpo desde los pies... subiendo por las piernas y la columna.

SG: Cuando te hayas centrado y relajado..., siente cómo se asienta la intención... y, para el trabajo de hoy... te invitamos a sentir tu llamada. ¿Cuál sientes que es tu llamada a estas alturas de tu vida?

RD: Deja que tu respiración te recuerde una y otra y otra vez cuál es tu llamada más profunda.

SG: No te aferres a esa llamada en tu mente..., mira si puedes contenerla en tu centro..., sin ninguna tensión muscular...; no tienes que aferrarte a ella... Cuerpo ingrávido, mente ingrávida.

RD: Llévala a la respiración. Respira esa llamada.

SG: Y cuando tengas esa sensación de intención, el desarrollo de un trance generativo es un proceso de abrirse, recibir y utilizar cualquier cosa que esté ahí a cada momento consciente.

RD: La transformación de cualquier cosa que esté ahí en algo que te impulse más y más hacia tu llamada.

SG: Y nos gustaría guiarte de una manera simple, usando tres afirmaciones de manera repetida. La primera es: *«Ahora soy consciente de que veo...»*

RD: Y observa qué imágenes, qué visiones están presentes en el ojo de tu mente o en tu campo visual. Deja que estén allí.

SG: Y después continúa diciendo: *«Las llevo a través de mi columna..., hacia mi centro..., y salen de mi centro... para entrar en el campo..., y me relajo.»*

RD: La segunda declaración es: *«Ahora soy consciente de que oigo...»*

SG: Voces externas, diálogo interno...

RD: ... preguntas internas..., voces críticas...; lo que esté ahí.

SG: Por ejemplo, ahora soy consciente de que oigo la voz de mi hija. Después continúo: «La llevo hacia mi centro...; dejo que mi centro se abra hacia el mundo... para permitirme alcanzar mi objetivo... y después... relajarme..., soltar..., soltarlo todo.»

RD: Utiliza la respiración para permitirte llevarlo hacia abajo y soltarlo.

SG: La tercera afirmación es: *«Ahora soy consciente de que siento...»*

RD: Por ejemplo: «Ahora soy consciente de que siento tensión en mis hombros.»

SG: Y llevo esta energía a través de mi columna...

RD: ... hacia mi centro...

SG: ... abriéndome desde mi centro...

RD: ... hacia el mundo...

SG: ... permitiendo que se cumplan mis metas.

RD: Suelta y relaja.

SG: Nada que hacer.

RD: Después repite la primera afirmación: *«Ahora soy consciente de que veo...»*

SG: Y registra las imágenes visuales que estén ahí.

RD: Dibújalas.

SG: Abre tu centro...

RD: ... hacia el campo...

SG: ... la energía va hacia tu meta.

RD: Suelta.

SG: Nada que hacer...

RD: ... Relájate.

SG: «*Ahora soy consciente de que oigo...*»

RD: Llévalo hacia tu centro.

SG: Abriéndote a través de tu centro.

RD: Déjalo ir... hacia el campo.

SG: Una preciosa energía que entra en el mundo.

RD: «*Ahora soy consciente de que siento...*»

SG: Deja entrar la conciencia...; conviértete en la energía.

RD: Suelta... y relájate.

SG: Ahora soy consciente de que veo...

RD: ¿Qué? Imágenes en el espacio... ¿Recuerdos?

SG: Bajándolos todos por tu columna... a través de tu centro...

RD: ... y llevándolos hacia el campo.

SG: Como una estrella abriéndose en el espacio..., energía radiante..., luz.

RD: Suelta... Nada que hacer.

SG: Disfruta del camino... y relájate.

RD: Ahora soy consciente de que veo...

SG: Tantas cosas vienen a tu mente... Deja que sean ríos que fluyen a través de tu ser.

RD: Hacia tu centro...

SG: ... abriéndote hacia el mundo...; un precioso círculo... Transformación.

RD: Soltando...

SG: ... recibiendo... abriendo... liberando. Puedes empezar a sentir esa sensación. Todo lo que viene a tu conciencia, recíbelo..., respíralo..., deja que te oriente aún más profundamente en tu camino.

RD: Ahora soy consciente de que oigo...

SG: ¿Qué oyes aquí? ¿Música? ¿Voces?

RD: Respíralo.

SG: Energía fluyendo.

RD: Contenlo en el centro.

SG: Un canal cósmico.

RD: Dejando que vaya hacia el camino.

SG: Todo esto es un círculo interno... que vuelve a fluir otra vez.

RD: Relájate profundamente.

SG: Deja que fluya a través de cada órgano. Deja que fluya a través de la sangre de tu alma.

RD: Ahora soy consciente de que siento...

SG: Deja que fluya... hacia la tierra...

RD: ... ahora.

SG: Semillas...

RD: Símbolos...

SG: Apertura...

RD: Apertura...

SG: Flores...

RD: Suelta...

SG: En tu cuerpo...

RD: Relájate...

SG: Tus órganos pueden curarse. Se está produciendo la autocuración.

RD: La autoconexión.

SG: A continuación, simplemente deja que la sintonía..., la conciencia de cada momento..., lo que ves...

RD: ... lo que oyes...

SG: ... lo que sientes... Deja que todo ello fluya hacia tu centro.

RD: Transformándolo a través de tu presencia.

SG: Y después, como una estrella brillante... en una preciosa noche oscura..., deja que tu centro irradie hacia el mundo...; ahí está tu llamada..., ahí está tu llamada.

RD: Y relájate.

SG: En este proceso puedes empezar a sentir que tu yo creativo está por debajo y más allá del control. Descansa profundamente en tu centro... irradiando apoyo.

RD: La generatividad y la transformación son parte natural de tu existencia.

SG: De modo que dedica unos momentos a sentir el canal. Y recuerda las palabras de Martha Graham: «Mantén tu canal abierto». Ése es tu regalo para ti mismo.

RD: Ésa es tu ocupación y tu trabajo: «Mantén tu canal abierto.»

SG: De modo que tal vez quieras hacer un voto simple.

RD: Un compromiso.

SG: Una promesa... sobre tu relación con este lugar... ¡Que siempre seas el primero en tocarlo...! Que siempre tengas una profunda conexión con él... Porque ahí encontrarás amor y libertad... Amor y libertad. La libertad de empezar lentamente a volver a la sala... sintiendo esa conexión..., trayendo contigo ese don.

RD: Y a medida que vuelves a entrar en este entorno..., mientras conectas con el mundo externo, ¿qué ves al abrir los ojos? ¿Qué oyes? ¿Qué sientes?

SG: ¡Bienvenido de vuelta! Bienvenidos de vuelta, vosotros, los héroes del gran viaje.

RD: Cuando estés listo, tómate un par de minutos, encuentra a alguien y comparte cómo ha sido esta experiencia para ti.

LOS CINCO RITMOS (5RHYTHMS®) DEL VIAJE: FLUJO, STACCATO, CAOS, LÍRICO Y QUIETUD

RD: Los 5 Ritmos (5Rhythms®) de Gabrielle Roth son el fundamento de una práctica basada en el movimiento del cuerpo que nos enseña a estabilizar nuestros cuerpos, a abrir nuestros corazones, a aquietar nuestras mentes y a sentir nuestra conexión con el campo mayor del que somos parte. Los ritmos son tanto un mapa como una práctica, el fruto de muchos años de observación por parte de Gabrielle Roth de cómo se mueven las energías en las personas y en la vida. Como dice Roth en *Sweat Your Prayers* (1997): «La energía se mueve en olas. Las olas se mueven en pautas. Las pautas siguen ritmos. Un ser humano es todo lo anterior: energía, olas, pautas, ritmos.»

Ella identifica cinco ritmos —fluido, *staccato*, caos, lírico y quietud— que forman una ola, una especie de «metamodelo» para la transformación.[1] Estos ritmos son una especie de «energías arquetípicas» a través de las cuales nuestros centros/fuentes individuales se van definiendo progresivamente, abriéndose y reconectando con el campo. En palabras de Roth:

> *En el fluir te descubres a ti mismo. En el staccato te defines a ti mismo. El caos te ayuda a disolverte, para que no acabes fijado y rígido en el yo que has descubierto y definido. La lírica te inspira a dedicarte a ahondar más en la expresión única de tu energía. Y la quietud te permite desaparecer en la gran energía que nos contiene a todos para poder empezar todo el proceso de nuevo.*

RD: Comenzamos la ola con el ritmo del *flujo*. Ya hemos explorado algunas características del flujo en el ejercicio del «centramiento activo». Empezamos asentándonos sobre los pies. A partir de este en-

---

[1] Como todos los verdaderos trabajos geniales, los 5 Ritmos (5Rhythms®) son universales y pueden parecer engañosamente simples. Si bien los ritmos se basan en una serie de mapas, el aprendizaje ocurre primera y fundamentalmente en el cuerpo. La inteligencia de la mente somática nutre la mente cognitiva, pero éste es un proceso de aprendizaje que comienza (y se mantiene) en los pies, en lugar de intentar bajar de la cabeza hacia abajo. Si esta práctica te llama, Gabrielle Roth y su grupo The Mirrors han creado varios CD para danzar los ritmos. La música misma te guiará a través de los cinco ritmos: huesos (pistas 2-6), iniciación (pistas 1-5), trance (pistas 4-8), tribu (pistas 1-5) y onda interminable (vols. 1-2). La voz de Gabrielle te guía a lo largo de cada fase.

En muchas partes del mundo puedes encontrar talleres y cursos dirigidos por profesores que han realizado una extensa formación con Gabrielle. También ha escrito tres libros inspiradores y prácticos: *Sweat Your Prayers: Movement as a Spiritual Practice* (Los Ángeles, CA: J. P. Tarcher, 1997), *Maps to Ecstasy: A Healing Journey for the Untamed Spirit* (Novato, CA: New World Library, 1998) y *Connections: The 5 Threads of Intuitive Wisdom* (Los Ángeles, CA: J. P. Tarcher, 2004), que profundizarán tu relación con la práctica. Consulta su página web en www.gabrielleroth.com para obtener información sobre clases, profesores, música y libros. También puedes visitar www.movingcenter.com para más clases y talleres.

Los cinco ritmos de Gabrielle Roth forman una ola.

raizamiento en la tierra empiezas a moverte *(Robert hace la demostración)* con un movimiento continuo y fluido, sin forzar nada. Y como practicamos en el «centramiento activo», el movimiento va en círculos. Roth dice que el flujo es el ritmo de lo femenino.

También hemos visto lo que ocurre si te descentras o si dejas de tocar tierra mientras fluyes. Experimentas la sombra de este ritmo: te quedas atascado en la inercia o empiezas a «moverte con el viento».

SG: *(Stephen se pierde alegremente en la soltura del flujo.)* Oh, sí, me gusta hacer esto. *(Risas.)*

RD: Y ésta es una de las razones por las que necesitamos el *staccato*. El staccato *(Robert hace la demostración con movimientos fuertes y discontinuos)* establece límites. Puedes decir que es el ritmo de la masculinidad. Es el yang del yin que es fluir. La forma centrada del staccato es enfoque, concentración, compromiso, establecer límites claros, etcétera. La forma descentrada es rigidez, agresión y violencia.

El *caos* es el ritmo que te impide estar demasiado rígido. El caos es la energía de la liberación, del dejar ir, especialmente en la cabeza y en el cuello. *(Robert hace la demostración.)* Estás liberando los encuadres, dejando ir las posiciones fijas. El lado descentrado y sombra del caos es la confusión, el desorden y el sentirse abrumado. Pero la función positiva del caos es dejar ir.

Cuando dejas ir, eres libre de expresar lo nuevo, de expresar lo sutil. Y ahí es donde obtienes lo que Roth llama *lírico:* eso en lo que te muestras ligero, creativo y con ganas de jugar. Si no estás bien enraizado en la tierra, también vivirás el lado sombra de lo lírico, que es la superficialidad, la insustancialidad, la vacuidad.

Después de la ligereza y de la libertad viene el ritmo de la *quietud*. La quietud no es ausencia de energía; es la plena presencia de una energía que nos permite conectarnos tanto con nosotros mismos como con lo que está más allá de nosotros. Gabrielle Roth dice que es el ritmo a través del cual te abres al metacampo. El lado sombrío de la quietud es el letargo, la disociación, quedarse desencarnado y perdido en el campo. La quietud centrada es esa forma de desaparecer en la que aún estás plenamente presente; eres un centro conectado con un campo.

SG: Estamos diciendo que a medida que avances en el viaje del héroe, vas a necesitar las energías y los dones de los cinco ritmos. Partes de una quietud centrada; después comienzas el flujo de la exploración; seguidamente pasas a organizar cosas en pequeños pedazos y a resaltar las diferencias. Luego tienes que soltar eso en el marco de algo mayor: una libertad que te permita expresar las energías sutiles de manera creativa. Acabado el viaje, retornas a la quietud del centro para reconectar contigo mismo y el campo mayor, para plasmar los dones de la plenitud que has desarrollado.

RD: De hecho, podemos relacionar los cinco ritmos con las fases del viaje del héroe. El flujo (descubrirse a uno mismo) puede estar vinculado con encontrar la propia llamada. El staccato (definirse uno mismo) ofrece la fuerza y la determinación de comprometerse con la llamada y cruzar el umbral. El caos (disolverse) le permite a uno entrar en el estado interno necesario para transformar los demonios y las sombras. El ritmo lírico (expresarse) puede relacionarse con una plena conexión con los recursos singulares que uno tiene y la compleción de la tarea. La quietud (conectar con algo que está más allá de uno mismo) es un poderoso recurso para «volver a casa» y prepararse para el próximo viaje.

SG: Estos cinco ritmos te dan una manera de evaluar tu estado cuando intentas alcanzar algo o cuando estás luchando con un problema. Si eres el *coach* de alguien o estás examinando tu propio estado, podrías descubrir que en tu relación con algo te falta uno de estos ritmos. O puedes estar en una forma descentrada de uno de ellos, y eso hace que te quedes atascado en él. Por ejemplo, puedes descubrir que cuando empiezas a pensar en tu futuro, pierdes la capacidad de fluir.

RD: Cada uno de estos ritmos puede tener muchas formas de expresión, siendo la danza y «sintaxis somática» las más evidentes. No obstante, también tienen sus correspondientes expresiones visuales y auditivas (como en el arte y la música), y pueden aparecer como los factores impulsores que forman la base de diversas técnicas.

Puedes sentir estas energías en cualquier conversación. Desde luego, las oirás en el tono de voz. Puedes oír una voz fluida *(Robert hace la demostración)*, o un ritmo staccato *(demuestra con voz aguda)*, o una voz caótica *(empieza a tartamudear)*, una voz lírica *(habla melódicamente)*, o una voz muy aquietada.

SG: Eckhart Tolle, el tipo que escribió *El poder del ahora*, es un buen ejemplo de voz aquietada.

RD: Una voz muy... muy... lenta..., aquietada. *(Risas.)*

SG: Sí, él habla taaannn lento. Detestaría tener que cenar con él. Tardaría veinte minutos en pedirme que le pasara la mantequilla. *(Risas.)* Si te gustan los audiolibros, probablemente no deberías comprar los suyos. Se tarda tres años en escucharle leer su libro. Porque se pasa la mayor parte del tiempo en la quietud de las largaaaasss pausas entre palabras. Ahora..., yo... quiero... Puedes salir a comer un bocadillo entre una palabra y otra. Así que Eckhart probablemente podría usar un poco más de flujo. *(Risas.)*

RD: O podría usar el ritmo lírico. Necesita un poco más de sangre irlandesa. *(Risas.)* Cuando voy a una empresa, siento cuál de estos ritmos está en el campo. ¿Está fluyendo? ¿Es rígido (la sombra del staccato)? O tal vez el staccato está completamente ausente y no hay límites ni fronteras claros. Frecuentemente es un caos; muchas energías diferentes en conflicto. ¿Está presente el ritmo lírico: ligero, alegre, creativo, expresivo? ¿Hay lugar para la quietud? Una de las cosas que más faltan en las grandes empresas es un lugar para la quietud. Siempre es marcha, marcha, marcha, hacer, hacer, hacer.

SG: Y eso crea muchos vejestorios. *(Risas.)*

RD: Y cuando no se permite ni se patrocina la quietud, suele presentarse en forma de síntomas que te hacen parar, que te obligan a descansar.

Nos gustaría proponer un breve ejercicio para ayudaros a explorar estos ritmos. Creo que es importante darse cuenta de que Gabrielle Roth desarrolló esto como una práctica de movimiento, no como un modelo teórico. Es algo que se ha de experimentar en el cuerpo. Ahora llevo bailando estos ritmos durante más de cuatro años, y siento que son una práctica muy poderosa y transformadora. A los que conocéis la PNL, os diría que éstos son los metaprogramas de la mente somática.

En el ejercicio siguiente vamos a guiaros mientras danzáis los cinco ritmos con un compañero. Uno de vosotros será la persona A y el otro la persona B. Empezaremos con el centramiento y realizando el reflejo energético, como hemos hecho en ejercicios anteriores. Cada uno de vosotros aportará una intención: puede ser un objetivo o algo que sanar, o tal vez un demonio que necesitas transformar. No tienes que compartirlo, simplemente llévalo a tu campo con tu compañero.

Cuando hayáis establecido la conexión energética, Stephen y yo os guiaremos a lo largo de cada ritmo. Para hacer la demostración, como persona A, voy a empezar a danzar el ritmo del flujo, y Stephen (la persona B) me lo reflejará. *(Robert empieza a moverse como «flujo»; Stephen le sigue.)* Y a medida que la persona A fluye, mantén una sensación de conexión con tu centro y también con tu compañero. *(Robert y Stephen continúan «fluyendo» uno con otro.)* Permítete explorar el flujo. Deja que te lleve hasta tu límite mientras te mantienes conectado con tu centro.

Y después, en algún momento, cambiaremos de líder, de modo que entonces Stephen guía y yo le sigo. *(El flujo de la danza cambia conforme Stephen dirige y Robert se sintoniza con él.)* Y llegará un momento en el que ninguno de los dos dirigirá. Sentiremos cómo y adónde nos guía el campo. *(Risas mientras Robert y Stephen abren la danza del flujo.)*

(En broma.) Sé que es bueno para mí; ¿es bueno para ti también? *(Risas.)*

Y después, en ese campo, los dos nos sintonizamos con nuestra intención y vemos cómo podemos danzar fluyendo con la intención. De modo que empezamos a explorar una intención desde cada uno de los ritmos.

Después pasamos al staccato. Una vez más, A guiará y B seguirá. *(Robert empieza a danzar staccato; Stephen le sigue.)* Después B guiará y A le seguirá. *(Stephen empieza a guiar.)* Después nadie guía, y sentís que el campo os guía a los dos. Tratad de sentir un lugar donde no estéis guiando ni siguiendo, y donde ambos os dejáis guiar por algo que está entre vosotros y más allá. Después incorporad vuestra intención y ved qué ocurre a medida que exploráis dicha intención con el ritmo staccato.

Como en el caso del flujo, lo que estamos explorando es: ¿quién soy yo cuando danzo este ritmo?, ¿quién es mi compañero?, ¿cuál es nuestro campo relacional más profundo?, ¿qué ocurre cuando exploro mi intención con este ritmo?

Después pasamos al caos. *(Risas mientras Robert y Stephen danzan de manera caótica.)* Cuando entras en el caos, es más espontáneo, más libre de forma. Te dejas ir. *(La energía aumenta; Robert, Stephen y el público se ríen.)*

SG: Me he transformado en John Travolta durante un segundo. *(Risas.)*

RD: Vuestra proximidad mutua puede cambiar. No tenéis que estar tocándoos constantemente. Después pasad al ritmo lírico siguiendo la misma secuencia. *(Risas mientras Robert y Stephen se mueven a un ritmo lírico.)*

SG: *(Riéndose.)* Aquí viene la danza del conejo de Pascua. ¡Espero que esto no esté siendo filmado! *(Risas.)* ¡Apaguen las cámaras! *(Risas.)*

RD: Después entras en la quietud. Y ahí es cuando conectas más profundamente contigo mismo, regresando a ti mismo. *(Robert y Stephen se ralentizan hasta entrar en la quietud; respiran hondo, tocándose el centro del vientre.)* Y, una vez más, nota tu relación con tu intención a través de la quietud.

Podéis ver que el ejercicio os permite usar los ritmos para encontrar una conexión primero con vosotros mismos, luego con la otra persona y después con un campo que está más allá de vuestros yoes separados. En ese campo incluyes después tu intención, viendo cómo todas las conexiones y ritmos te permiten explorarla de una manera generativa.

Cuando bailas, lo que marca la diferencia es la cualidad de tu ritmo, no lo grandes o pequeños que sean los movimientos. Puedes bailar un ritmo muy staccato con movimientos muy pequeños. Y personas de todas las edades pueden danzar los cinco ritmos, desde los muy jóvenes hasta los muy mayores.

SG: Incluso alguien que esté en silla de ruedas.

RD: Hace poco estuve bailando los cinco ritmos con una tetrapléjica. Ella participó plenamente, y encontró las partes de su cuerpo que podía mover aplicando cada ritmo. Cada persona encuentra los posibles movimientos que le permiten sentir los ritmos mientras se mantiene conectada con su centro y después se abre al campo. Por lo tanto, se trata de calidad, no de cantidad.

SG: Más allá de la idiosincrasia del ejercicio, esperamos que sintáis la poderosa idea de que la conexión con cada uno de los cinco ritmos es esencial para vivir el viaje del héroe. Para realizar tu llamada, necesitas formas centradas de los ritmos flujo, staccato, caos, lírico y quietud. Si no lo contemplas, te quedarás atascado en tu viaje creativo. Nombrar estos ritmos puede permitirte profundizar en tu relación con cada uno de ellos, facilitando así la realización de tu llamada más alta.

Ejercicio: explorar los cinco ritmos

RD: Ahora es vuestro turno de explorar los ritmos. Tenéis que encontrar un espacio a vuestro alrededor. Aseguraos, junto con vuestro compañero, de tener suficiente espacio. Extendeos, encontrad suficiente espacio, y después poneos frente a vuestro compañero. Tomad unos momentos para decidir quién es la persona A y quién es la persona B.

Esperamos que os permitáis tener una experiencia muy poderosa con este simple ejercicio. No sólo en cuanto a desarrollar una conexión entre vosotros, sino también en cuanto a explorar cómo pueden ayudaros los ritmos a transformar vuestros retos y a tomar conciencia de vuestros objetivos e intenciones.

SG: Y sed conscientes de que lo más fácil sería simplemente hacer tonterías durante el ejercicio. Como es de esperar que hayamos demostrado, es genial reírse y divertirse mientras hacemos el trabajo. Pero, al mismo tiempo, manteos sintonizados con el espacio más profundo de vuestro viaje del héroe y con cómo estos ritmos pueden ayudaros a realizarlo.

RD: Una manera simple de hacer el ejercicio es crear intencionalmente un espacio sagrado de partida. Por supuesto, esto requiere tomarse algo de tiempo para centrarse. Para empezar, ponte frente a tu compañero, con las manos a los lados. Cierra los ojos durante unos momentos y estabilízate en tu centro. Y cuando empieces a sentir tu centro, tal vez te ayude tocarte con las manos ese lugar de tu cuerpo donde más lo sientes. Asegúrate de sentir tus pies. Lleva tu mente a tus pies.

SG: Es hora de soltar tu mente orientada a la actuación, la parte de ti que siempre está tratando de agradar a los demás. Tómate este tiempo para cuidar de ti mismo..., para ser testigo de ti mismo..., para el autodescubrimiento.

RD: Asegúrate de sentirte centrado, enraizado y conectado contigo mismo. Y después tómate unos minutos para sintonizar con tu intención. ¿Cuál es el objetivo que quieres conseguir? ¿O el problema que quieres resolver? ¿O la herida que quieres curar? Siente cuál es la llamada... mientras te mantienes conectado con tu centro.

Y cuando tengas ese objetivo, abre los ojos... y conecta con tu compañero. Mantén esa sensación de ser consciente de tu propio centro... y expande tu conciencia para incluir a tu compañero. Cuando estés preparado, aleja las manos del cuerpo y extiéndelas hacia tu compañero. No toques las manos de tu compañero..., pero refleja su energía.

SG: Llega hasta el punto de poder sentir el campo magnético entre vuestras manos. Casi conectando físicamente, pero sin llegar a hacerlo.

RD: Y tú reflejas, de modo que no es que uno de vosotros sea más dominante o menos. Explora esa sensación de conexión, dando y recibiendo de un modo que te permita fomentar la seguridad, la confianza y la conexión.

Y cuando estéis preparados, persona A, permite que tus manos y tu cuerpo empiecen a moverse lentamente con un movimiento fluido. Deja que comience lentamente. Mantente conectado con tu centro y con tu compañero, y siente cómo puede empezar a fluir a través de esa conexión. Y persona B, tú reflejas a la persona A.

No hace falta que la imitación sea perfecta, simplemente déjate sentir y seguir esa conexión. Mantén tus ojos suaves y la visión periférica abierta para poder dejar que la mente somática sea el sistema que guíe.

Persona A, simplemente deja que esa sensación de flujo entre... en tus hombros..., en tus rodillas. Explora el rango dentro del cual te sientes cómodo, mientras te sintonizas con tu intención. ¿Qué objetivo o intención quieres llevar al campo? Y mientras lo llevas, permítete fluir a su alrededor... Fluye con él... Fluye a través de él; deja que fluya a través de ti.

SG: Mantente conectado tanto con la intención como con tu compañero. Y nota cómo ambos se complementan mutuamente.

RD: También podrías llevar a la danza una herida o un demonio. Simplemente fluye con ello mientras te mantienes conectado con tu centro y con tu pareja.

Y ahora, persona B, tú empiezas a guiar... Y persona A, tú sigues. Sentid esa sensación de conexión entre vosotros. Sentid que la energía del flujo siempre está con vosotros.

SG: Permaneced sintonizados con la sensación resonante de la intención que mantenéis. Y podéis sentir que esa imagen resonante permite a vuestro cuerpo relajarse más profundamente en el flujo..., y cómo vuestro movimiento en el flujo hace que la imagen sea más fluida, que se abra a otras dimensiones... un flujo creativo que se desarrolla a muchos niveles.

RD: Y ahora, dejad que el ritmo del flujo os guíe. Ninguno de vosotros guiáis ni seguís. Sentid ese ritmo del flujo y dejad que os mueva a los dos.

SG: Y dejad que el ritmo del flujo permita que vuestra intención se abra y fluya siguiendo nuevas rutas de expresión.

RD: Sentid ese espacio generativo entre vosotros. Y dejad que ahora la energía se acumule en ese espacio más y más.

Y, persona A, siente un ritmo staccato que empieza a venir a ti. Siente el ritmo. Siente la intensidad. Síguelo; permite que empiece a ser tu ritmo. Y, una vez más, mantente centrada. Mantén tu centro, y mantén la intención en tu centro.

SG: Empieza a sentir la intención de una manera diferente mientras te involucras con la energía staccato.

RD: El staccato tiene que ver con definirte a ti mismo. Déjate expresar movimientos repetitivos para que tu compañero los pueda seguir... Una maravillosa sintaxis somática de staccato... Y ahora, la persona B guía y la persona A le sigue. Defínete. *(Se pueden oír ruidos como de palmadas rítmicas, gruñidos y gritos.)* Recuerda esa intención. Mantente centrado. *(Los ruidos aumentan y forman ya una pauta.)* Bien.

Y ahora deja que el campo te guíe al caos... Siente tu centro más profundamente... Persona A, déjate ir profundamente al centro del caos... Soltando todo orden, toda forma... Y ahora, persona B, conecta con eso... Siente y sigue el ritmo centrado del dejar ir..., del caos... Y, persona A, tú le sigues... Y ahora ninguno de los dos guiais... Encontrad el campo de caos integrado que os guía a ambos. *(Los ruidos rítmicos continúan, haciéndose un poco más rápidos.)*

SG: Y cualquiera que sea la energía del campo que te está guiando, recuerda tu intención... Mantente centrado... Suelta... Deja que la energía dirija la exploración de tu intención. *(El sonido de las palmadas continúa.)*

RD: Y ahora que te has rendido y has soltado, persona A, encuentra y siente la ligereza del lirismo empezando a fluir a través de ti... Persona B, sigue la danza lírica de A. Siente la ligereza, la expresión alegre del lirismo.

SG: Siempre sintiendo la intención en la danza... Siente cómo la danza juguetona permite que la intención se experimente y exprese de muchas maneras deliciosas.

RD: Mantente centrado..., siéntete ligero... Persona A, expresa la intención de un modo que sea únicamente tuyo... Y persona B, ahora empieza a dirigir esta danza de un lirismo alegre y delicado. Persona A, tú le sigues. Y posteriormente las dos os liberáis hacia el campo que os guía. Dejad que esta energía de la ligereza os guíe a ambas.

SG: Deja que el campo se convierta en un dulce nido... donde se empollan líricamente los huevos de tantas expresiones únicas.

RD: Y deja que el campo de la ligereza lírica..., de la magia..., de la creatividad, del juego... Déjalo fluir... a través... y más allá de la intención que mantienes... Deja que la energía lírica infunda y permita que la intención se experimente a través de las formas del lirismo. Y percibe que a medida que la expresión lírica se despliega, empieza a llevarte de manera natural hacia la quietud..., hacia la quietud centrada. Encuentra la quietud en cada pequeño movimiento..., en cada dedo..., en cada movimiento del hombro..., en las caderas..., en el espacio que está más allá. Haz los movimientos de la quietud que te abren a la mente mayor... Y persona B, refleja esos movimientos.

SG: El poeta T. S. Eliot escribió: «En el punto inmóvil del mundo que gira, allí está la danza... Y no lo llames lugar fijo..., porque eso es ubicarlo en el tiempo.»

RD: Persona B, ahora ve a ese lugar de quietud, y la persona A sigue a B. *(Silencio profundo.)* En su gran obra *Cuatro cuartetos*, T. S. Eliot también escribió:

Dije a mi alma: aquiétate y espera sin esperanza
porque la esperanza esperaría la cosa equivocada; espera sin amor
porque el amor sería amor a la cosa equivocada; y aún queda la fe,
pero la fe y el amor y la esperanza están todos en la espera.
Espera sin pensamiento, porque no estás preparado para el pensamiento.
Así la oscuridad será luz, y la quietud danza.
(«East Coker»)

RD: Por tanto, dejad que la quietud se extienda dentro de vosotros y entre vosotros. Sentid esa sensación de conexión dentro y más allá. Contened vuestros viajes del héroe en vosotros. Sentid la presencia del compañero. Esa energía única del compañero. Y siente también tu propia energía singular.

SG: Mientras apoyas la visión profunda de tu camino de vida, ahora algo dentro de ti está empezando a danzar en el mundo..., para dar nacimiento..., para dar aliento..., para dar movimiento..., para dar amor.

RD: Y permitid que vuestras manos empiecen a ponerse una vez más unas frente a otras, de modo que sientas lentamente la presencia de la energía de tu compañero. Siente tu centro en la plenitud de tu presencia. Y siente que el campo entre vosotros está contenido en un campo que os rodea.

Y después, cuando estés preparado, puedes permitir que tus manos vuelvan a tu centro. Volviendo plenamente a ti mismo. Cierra los ojos si eso te ayuda a volver plenamente a ti mismo.

Y depues, cuando estés preparado, abre los ojos a tu compañero y ofrécele sin palabras algún gesto de gratitud; dale las gracias por esta danza.

SG: Gracias por esta danza. Y después tómate un par de minutos para compartir cómo ha sido con tu compañero.

ENCONTRAR GUARDIANES

RD: Tenemos un último ejercicio que tiene que ver con reunir a tus guardianes para que te apoyen cuando tengas que volver al mundo, para ayudarte a navegar las pruebas y tribulaciones de tu viaje.

SG: Queremos resaltar que, por una parte, este viaje es tuyo y sólo tuyo. Pero una verdad igualmente importante es que «seguimos adelante con un poco de ayuda de nuestros amigos». ¿Lo dijo George Bush?

RD: No, fue Groucho Marx. *(Risas.)*

SG: En serio, no podemos hacer este viaje sin guardianes. Carl

Jung solía decir que una de las tareas más importantes de cada persona era desarrollar lo que él llamaba la «comunidad de los santos». Y no lo decía en sentido religioso. Se refería a que tenemos que crear en nuestra psique un círculo de patrocinadores que nos amen y nos apoyen en nuestro viaje.

RD: Seres que te ven y te bendicen en tu camino. Seres que pueden ser tus mentores, que pueden enseñarte, asesorarte y despertarte. Este ejercicio explora cómo hacer eso internamente; cómo darnos cuenta de que tenemos la ayuda de muchos guardianes, aunque no estén ahí físicamente.

SG: Si quieres identificar quién está en la comunidad de santos de una persona, pregúntale: ¿quién te ha visto verdaderamente o te ha dado bendiciones en tu vida? Porque ninguno de nosotros estaría aquí si no fuera por esa gente. No las personas que trataron de hacerte algo, sino las que llegaron a ti, te tocaron y despertaron tu espíritu. De modo que os preguntamos a todos: ¿quién te ha visto realmente? Milton Erickson fue una persona así para mí. Él me dio una bendición. Cuando me encontré con él yo era un muchacho confuso de diecinueve años, y él me tocó mucho con su mensaje: *¡Tú tienes algo muy especial con lo que contribuir!* Y eso encendió un fuego en mi alma. Y a pesar de diversos esfuerzos por extinguirlo, ¡ese fuego no se apaga! *(Risas.)* Ahora bien, Erickson vio y bendijo a mucha gente, pero yo estoy muy contento de que me viera a mí. De modo que él es un integrante de mi comunidad de santos.

RD: Estos patrocinadores y guardianes no tienen por qué ser personas vivas. Pueden ser figuras históricas, seres espirituales, o incluso fenómenos naturales. Trabajé con una mujer que había crecido en una familia extremadamente disfuncional. De niña, no había ningún ser humano en quien pudiera confiar. Pero cuando se iba al bosque le ocurría algo. Era como si el bosque la viera, y de repente se sentía en casa. Ella podía hablar al bosque, que le ofrecía una gran sabiduría y comprensión. De modo que el bosque era su guardián y su patrocinador.

SG: Tal vez descubras que tu comunidad de santos incluye a escritores o artistas. Cuando estaba en la escuela secundaria, estaba tan deprimido que consideré la posibilidad de suicidarme. De algún modo me introduje en la poesía, y algunos de esos poetas despertaron en mí algo profundo y asombroso. La voz del poeta me llegaba y me tocaba, y cada una de sus palabras me decía con amor y sabiduría: «Ya hemos estado aquí antes. Hay un modo de atravesar esto y de ir más allá.» Y esto me abrió a un campo estético más profundo, más allá del dolor y el sufrimiento, más allá de mi situación personal.

Para mucha gente, los artistas y escritores pueden despertar tu centro y transformar tu experiencia en un reino generativo, elevándote del «polvo de tu vida cotidiana». De modo que algunos de ellos tienen muchas posibilidades de estar legítimamente en tu comunidad de santos.

RD: Un aspecto de la comunidad de santos guarda relación con lo que podríamos denominar *linajes*. En cada parte del camino, seguimos el linaje de aquellos que nos han precedido.

SG: En japonés, la palabra «profesor» es *sensei*. El *kanji* o pictograma japonés para *sensei* incluye un río con dos personas de pie junto a él, una frente a otra. *Sensei* significa «aquel que está en el mismo camino que tú, pero que empezó un poco antes.» Por tanto, nuestros patrocinadores y guardianes son los que están en el mismo camino, han empezado un poco antes que nosotros y pueden ofrecernos recursos y guía. Podemos sintonizarnos con estas presencias positivas y recibir de ellas.

RD: Tenemos nuestros linajes familiares: nuestros padres, abuelos, y así sucesivamente, que nos han transmitido sus dones y sus heridas. También tenemos nuestros linajes espirituales y vocacionales: los sanadores, artistas, guerreros, amantes, que han vivido su viaje antes que nosotros. Podemos encontrar nuestros guardianes en estos y otros linajes.

SG: De modo que te preguntas en qué camino estás. O como preguntaba Jung: «¿Cuál es el mito que estás viviendo?» ¿Cuál es el viaje que estás realizando? ¿Cuál es el legado de tu alma? ¿Y en qué linajes caminas? Sintonizándote con los seres generativos que pertenecen a ese linaje, puedes encontrar la comunidad de santos que te guíe en tu camino.

RD: Hace unos meses leí una historia muy interesante en internet. Un tipo alemán se encontraba muy alterado, estaba muy enfadado. La cosa estaba tan mal que decidió tomar un arma, ir al supermercado local y empezar a disparar indiscriminadamente contra la gente. Estaba literalmente camino de hacerlo cuando se topó con un cachorrito. El tipo no gozaba de un estado de ánimo alegre, pero el perrito sí. Y seguía acercándose a él con tanta dulzura e inocencia que finalmente le tocó y algo se liberó en él. Fue como si el cachorrito le hubiera conectado con algo que estaba más allá de su propia oscuridad. El resultado fue que el hombre volvió a casa y guardó el arma. El cachorro fue el guardián del más allá que probablemente salvó muchas vidas, y como mínimo el alma de un hombre.

SG: De modo que nunca sabes quién te va a ayudar. Lo que tratamos de decir es que hay muchas presencias positivas en el mundo que quieren darte apoyo en tu viaje. A medida que te abras al campo para descubrirlas, ellas te encontrarán.

Ejercicio: reunir a tus guardianes

RD: Lo que sigue es una visión general del ejercicio que vamos a hacer para encontrar a tus guardianes.

1. ¿Cuál es el «demonio» (reto) que afrontas actualmente? ¿Cuál es la situación en la que te sientes más como una víctima que como un héroe?
2. ¿Cuál es tu «umbral»? ¿Cuál es el territorio desconocido, fuera

de tu zona de comodidad, donde (a) tu reto te está obligando a entrar o (b) donde tienes que entrar para afrontar el reto?
3. Teniendo en cuenta el demonio que afrontas y el umbral que has de cruzar, ¿cuál es la «llamada a la acción»? ¿Qué estás siendo llamado a hacer o en qué estás llamado a convertirte? (Suele ser conveniente responder a esta pregunta en forma de símbolo o metáfora; por ejemplo: «Estoy siendo llamado a convertirme en un águila/en un guerrero/en un mago, etc.)
4. ¿Qué recursos tienes y qué recursos necesitas para desarrollarte más plenamente a fin de afrontar el reto, cruzar tu umbral y realizar tu llamada?
5. ¿Quiénes son (serán) los «guardianes» de esos recursos?

RD: Cuando hayas identificado a tus guardianes, imagina en qué lugar se situarían físicamente a tu alrededor para darte más apoyo. Uno a uno, ponte en el lugar de cada guardián y mírate a través de sus ojos *(segunda posición)*. ¿Qué mensaje o consejo tiene para ti cada guardián? Vuelve a tu propia perspectiva *(primera posición)* y recibe los mensajes.

Vamos a guiarte a lo largo de la primera parte del ejercicio como una reflexión introspectiva, y después demostraremos la segunda parte interactivamente, haciendo que la practiques con un compañero. La primera parte requiere establecer algunos puntos de referencia: ¿dónde estás actualmente en tu viaje?, ¿cuáles son algunos de los desafíos que afrontas? Durante el curso de este viaje que hemos realizado probablemente has sentido algunos de los demonios que te visitarán, algunas de las sombras que aún viven dentro de ti. Seguirás afrontándolos en distintos puntos más adelante, aunque es de esperar que con más recursos y confianza.

De modo que, por favor, dedica un rato a centrarte y sentir qué demonios es probable que te vuelvas a encontrar. Son esas situaciones, esos sentimientos, en los que te sientes más como una víctima que como un héroe.

SG: Otra manera de preguntar esto es: *cuando piensas en la próxima semana o mes, ¿qué tiene más probabilidades de sacarte de tu centro?*

RD: ¿Cuáles son las situaciones, las personas, las partes de ti que tienen más probabilidades de lanzarte mensajes de patrocinio negativo? *No eres capaz. No eres suficiente. No existes. No eres bienvenido aquí.* Tómate unos momentos para identificar esos demonios, esas sombras, esas pruebas, esas penalidades, esos exámenes. Piensa también en tus umbrales. ¿Dónde están esos lugares de incertidumbre, los lugares de riesgo, los puntos de no retorno? ¿Qué tienes que hacer que te va a sacar de tu zona de comodidad? ¿Qué riesgos tienes que asumir? ¿En qué lugares necesitas coraje?

Stephen y yo a veces hablamos de lo importante que es tener muchas ganas de que lleguen esos momentos futuros en los que fracasarás miserablemente. ¿No te parece genial saber que ocurrirá eso? *(Risas.)* Al considerar estas posibilidades, puedes empezar a apreciar todas las maneras de responder positivamente en esas ocasiones. Como decimos en PNL: no hay fracaso, sólo *feedback*. No hay errores, sólo resultados. Tu manera de responder a cada resultado es lo que determina si acaba siendo un fracaso o un éxito. De modo que si te abres a tu viaje del héroe, estás abriéndote a grandes riesgos y desafíos. Identifica cuáles pueden ser algunos de esos desafíos para ti.

SG: Y, al hacerlo, tal vez notes que empiezas a luchar reactivamente y casi de modo automático contra ellos. Entras en lo que hemos venido llamando «lucha, huida o congelación», esas respuestas no generativas que te aseguran que el problema no se transformará. De modo que cuando afrontes tus demonios, recuerda esa antigua sugerencia budista: «No te limites a hacer algo, siéntate allí.» No alimentes el demonio con ira o con miedo. No des tu centro al problema. Tómalo como una señal: *Suelta y céntrate. Suelta y céntrate. Suelta y céntrate. Siente el eje vertical de conexión dentro de ti. Suelta el apego al demonio. Deja que tu centro sea tu primera relación.*

RD: Siddhartha dijo: «Puedo pensar, puedo esperar.» Hay momentos para pensar. Hay otros momentos para «esperar sin pensamiento». Cuando te enfrentes a tu demonio, deja de pensar y de reaccionar y empieza por encontrar tu centro. Después resuena con las preguntas: *¿Qué recursos pueden ayudarte? ¿Qué recursos necesitas para afrontar ese futuro difícil?* Ciertamente cada viaje del héroe requiere coraje y fiereza.

SG: Pero también suavidad y bondad.

RD: Y no nos olvidemos de las ganas de jugar, del humor y de la creatividad. Simplemente siéntate con la pregunta de qué recursos necesitas. Tal vez no sea una capacidad, tal vez sea una cuestión de fe, de creer en ti mismo.

SG: Tal vez lo importante no sea creer en ti mismo, sino una conexión con algo más grande que tú, algo que te alimente.

RD: Una sensación de confianza. Encuentra, ahora mismo, profundamente, verdaderamente, cuáles son los recursos que vas a necesitar para poder compartir tu don y sanar tus heridas. ¿Cuáles son tus recursos internos? ¿Qué tienes dentro para ayudarte en tu juego interno?

SG: Disfruta realmente de comprender que *por grande que sea el problema, el espacio de tu ser es mucho mayor.* Más profundo..., más amplio..., extendiéndose antes y más allá del problema. Mucho más grande. Entonces, ¿qué recursos, qué conexiones, qué creencias necesitas para acceder a tu ser expandido?

RD: Y después viene la pregunta clave para esta exploración: ¿quiénes son los guardianes de esos recursos? ¿Qué patrocinadores y mentores —personas de tu vida, personajes históricos, seres arquetípicos, seres espirituales— te ayudarán a recordar, acceder y utilizar tus recursos?

SG: ¿Quiénes son algunas de las personas que te han precedido en este camino? No trates de encontrar la respuesta cognitivamente. Simplemente retén la pregunta y mira qué y quién viene a ti. Déjate sorprender agradablemente por quien aparezca en el campo.

RD: ¿A qué linaje perteneces?

SG: Disfruta siendo consciente de los distintos guardianes que empiezan a aparecer en el campo que te rodea.

RD: Puede haber guardianes espirituales..., maestros espirituales..., ángeles..., símbolos..., arquetipos. Puede haber guardianes de la naturaleza: montañas, mares, ríos, bosques o flores.

SG: Alguien que crea en ti..., alguien que crea en tus capacidades..., alguien que te pueda decir: «Esto es posible». Lo que anhelas en tu viaje *es posible*... Y estamos aquí para apoyarte... y darte guía. Tu camino es posible. Puedes hacerlo..., puedes hacerlo... Sí, ciertamente, ¡puedes hacerlo!

RD: Alguien que te inspire coraje, confianza, creatividad, conexión, determinación.

SG: Y nota cómo es el proceso de liberarte de tu mente individual y rendirte a la comunidad de santos... Allí..., dentro de ti y a tu alrededor..., el campo de la comunidad de los santos... Deja que eso sea tu mente profunda.

RD: Entre tanto, detecta que hay varios guardianes clave. Y después, cuando estés preparado, vuelve a la sala.

Hemos realizado la primera parte del proceso, que requiere identificar a algunos guardianes clave. Ahora queremos hacer una demostración de la segunda parte, en la que vas a explorar cómo usar estos guardianes cuando te encuentres con un demonio o desafío. Necesitamos un voluntario, alguien que esté afrontando una de estas pruebas, una de estas penalidades.

(Alicia se ofrece voluntaria y sale al escenario.)

Demostración con Alicia

RD: Entonces, el primer paso consiste en averiguar qué desafíos o penalidades afrontas. Alicia, ¿puedes decirme con qué quieres trabajar hoy?

ALICIA: He experimentando conflictos en mi vida que me han afligido hasta el punto de ponerme entre la vida y la muerte. He acabado con tumores en el hígado. En realidad no lo entiendo, pero creo que eran síntomas para obligarme a admitir mis conflictos existenciales.

RD: ¿Tienes tumores en el hígado ahora mismo?

Alicia: No. He pasado por dos operaciones, una hace un año y la otra hace seis meses. Tenía tres tumores en total. Me han extirpado la mitad del hígado para retirarlos.

RD: Veo que estás definitivamente realizando un viaje del héroe. Está claro que ya has afrontado algunos demonios, y tienes otras pruebas que superar. En cuanto a nuestro ejercicio, el «demonio» parece muy evidente. Son los tumores mismos, ¿no?

Alicia: Sí.

RD: Podríamos decir que el tumor es un demonio que tienes que afrontar en tu viaje del héroe. Has dicho que en realidad no lo entiendes, pero que quieres hacerlo. Aquí hemos estado analizando la idea de que el demonio es un reflejo de nuestra sombra.

Alicia: Sí.

RD: Estabas diciendo algo sobre tus conflictos. Sintonicemos con eso por unos momentos. Cuando piensas en los tumores, sé consciente de lo que te ocurre por dentro. ¿Qué es lo que se te refleja desde tu inconsciente? ¿Es miedo? ¿Ira? Observa lo que hay ahí.

(Alicia cierra los ojos, respira más hondo; parece hacer una conexión emocional con algo.)

(Suavemente.) Eso está bien. Correcto. ¿Qué sientes ahí? Percibe lo que hay en tu mente somática.

Alicia: *(Emocionada.)* Estoy sola.

RD: Sí..., ¿y qué más notas?

Alicia: Hay frialdad. Es doloroso.

RD: Frialdad. ¿Y cuáles son los mensajes que parecen causarte ese dolor?

Alicia: *(Con lágrimas.)* Dicen que mi vida no tiene valor.

RD: Esos mensajes te están diciendo que tu vida no tiene valor.

Generalmente, esos mensajes no pueden ser poderosos a menos que resuenen con algo que *tú* crees con respecto a ti misma. Por eso me pregunto si hay una parte de ti que piensa: «Tienes razón, no valgo nada.» El demonio suele ser capaz de herirte si puede conectar con tu sombra. Por eso tengo curiosidad por saber: ¿qué resuena dentro de ti con este mensaje de que *no tienes valor*?

ALICIA: No existo.

RD: No existo. Sí.

ALICIA: Estoy siendo manipulada.

RD: ¿Y qué hay en ese ser manipulada...? ¿Puedes contar algo más?

ALICIA: Cuando quiero gritar muy alto, siempre recibo el mensaje: «¡Cállate!»

RD: ¿Qué sentimiento genera eso en ti? Cuando quieres gritar... y lo que te llega es «¡Cállate!». ¿Qué sientes en tu cuerpo?

ALICIA: Dolor.

RD: ¿Dónde sientes ese dolor?

ALICIA: En mi alma.

RD: De modo que es un dolor que sientes en tu alma. Es bueno saberlo. Y como se alimenta de tu alma, tal vez también asuma la manifestación física y se alimente de tu cuerpo. Ésta es una parte importante de la exploración de nuestro viaje del héroe. Imaginemos que este demonio te está empujando a atravesar el umbral y a entrar en un territorio que es nuevo para ti. Imaginemos que como consecuencia de este demonio, te ves obligada a entrar en lugares que son nuevos para ti. ¿Cuál es ese umbral para ti? ¿Cuál es el límite de la zona de comodidad a la que estás siendo empujada?

ALICIA: ¿Te refieres a dónde quiero estar?

RD: No exactamente. Eso es más tu estado deseado. Estamos caminando en el límite de tu zona de comodidad. Estos tumores y conflictos te están llevando a un umbral, a un lugar situado fuera de tu zona de comodidad. Te están llamando a hacer algo nuevo. Lo que se te está pidiendo que hagas como resultado de esos síntomas es un gran desafío. ¿Cuál es esa cosa nueva que tienes que hacer y que no es fácil para ti?

Alicia: ¿Mi desafío?

RD: Sí.

Alicia: *(Hace una pausa; está emocionada.)* Decir lo que realmente siento. ¡Lo que pienso, siento y deseo hacer!

RD: Sí. Eso es lo que es. Y está claro que eso es difícil para ti. Ése es el desafío. Tienes los demonios y las sombras, los tumores, el dolor, el «cállate»... Y también el hecho de que tienes que ser capaz de expresar lo que sientes. Y todo esto ¿qué te está llamando a hacer o en qué te está llamando a convertirte? La soledad, los tumores que te hacen expresarte. Te están llamando a crecer y hacer algo nuevo. Te están diciendo: «Ya no te puedes quedar donde estás. Ya no puedes seguir siendo pequeña.» ¿A qué te están llamando?

Alicia: *(Aún emocionada, aunque más serena.)* Felicidad y amor.

RD: Sí, felicidad y amor. Está bien saber eso. Y me pregunto si puedes dejar que te venga un símbolo, un símbolo que represente quién serías si tuvieras felicidad y amor. ¿Cuál sería el símbolo del tipo de persona que estás llamada a ser? ¿Serías como una estrella? ¿Sería alguna otra cosa? Simplemente presta atención al símbolo que surja de dentro.

Alicia: El signo del infinito.

RD: El signo del infinito. ¿Qué significa ese signo del infinito para ti? Deja que te venga un símbolo. ¿En qué te convertirás? ¿Qué representa este signo del infinito? Si te expresas, si curas esos tumores, ¿en que te convertirás?

Alicia: En una persona segura.

RD: ¿Qué aspecto tiene eso? ¿Cuál es tu símbolo para esa persona segura? Como persona segura, ¿quién eres tú? ¿Qué es ese símbolo? ¿Cuál es la metáfora? Registra la primera imagen que te venga.

Alicia: El mar.

RD: El mar.

ALICIA: Mmmm... *(Parece absorta.)* Sí. *(Realiza una respiración profunda.)*

RD: Hay una llamada dentro de ti a ser el mar. *(Al público.)* Podéis notar que en cuanto sale de las palabras abstractas a la imagen metafórica, se relaja. La mente somática empieza a pensar por ella. Eso es muy importante, especialmente teniendo en cuenta sus síntomas físicos. Ella tiene que dejar que su cuerpo piense y exista, que cree sus propias realidades. De otro modo, los demonios lo harán por ella.

(A Alicia.) Entonces, para ser ese mar, para sanar esos tumores, para sanar ese dolor y esas voces que te dicen «¡Cállate!», ¿qué recursos necesitas?

ALICIA: Fuerza y confianza.

RD: ¿Confianza en ti misma?

(Alicia afirma con la cabeza.)

¿Algo más?

ALICIA: Autoestima. *(Empieza a llorar.)*

RD: Sí. Autoestima. Mmmm, veo que eso te toca muy hondo. *(Alicia afirma con la cabeza.)* Eso es muy importante. Autoamor, autoestima. Eso es genial.

De modo que ahora llegamos a la parte clave de esta exploración, que es la de reunir a tus guardianes. Para ello, te voy a pedir que pienses en una situación muy específica de tu futuro en la que vas a necesitar fuerza, confianza en ti misma y autoestima. ¿Estás con otros? ¿Estás en el hospital? ¿Estás con la familia? ¿Dónde sería? Dame un tiempo y un lugar específicos en los que necesites esos recursos. ¿Cuáles son los momentos en los que tienes más dudas, en los que pierdes tu fuerza, en los que pierdes la confianza?

ALICIA: *(Absorta en sus emociones.)* Con mi esposo.

RD: Con tu esposo.

ALICIA: Y mi familia.

RD: ¿Hay momentos específicos? Por ejemplo, ¿momentos en los que tratas de hablar con tu esposo o con tu familia de algún problema? Es importante que sintonices con esas ocasiones, con una de esas situaciones. ¿Puedes hacerlo?

Alicia: Sí.

RD: Mientras lo haces, te voy a pedir que sientas curiosidad por quiénes serán los guardianes que te ayudarán a conseguir fuerza, confianza en ti misma y autoestima. ¿Qué presencias, qué personas, qué seres pueden ayudarte a recordar, cuando estás con tu familia y con tu esposo, estos importantes recursos de la fuerza, la confianza y la autoestima? ¿Quién o qué, por ejemplo, podría ser el guardián de tu fuerza?

Alicia: Mi ángel guardián.

RD: Tu ángel guardián.

Alicia: Sí. La siento de pie detrás de mí.

RD: Hay una ángel guardián. ¿Qué aspecto tiene?

Alicia: Una enorme ángel con grandes alas.

RD: Enorme ángel con grandes alas... Genial... ¿Y quién es el guardián de tu autoestima? ¿Qué persona de tu vida te informa de que existes, de que eres valiosa, de que mereces ser escuchada?

Alicia: Es un mantra.

RD: Un mantra. ¿Cuál sería tu símbolo para ese mantra? ¿Dónde está a tu alrededor, dándote apoyo?

Alicia: Lo oigo... como un apoyo.

RD: ¿Dónde lo oyes? Es muy importante que sientas los detalles específicos. ¿Quién lo está diciendo? Haz una imagen de él. Tu cuerpo necesita imágenes concretas, no abstractas. Los lenguajes específicos procedentes de ti son los que te permitirán habitar y sanar tu cuerpo. Es importante sentirlo y llevarlo a tu cuerpo.

Alicia: Estoy repitiendo el mantra.

RD: ¿Notas quién eres cuando lo repites? ¿Qué aspecto tienes? Mira qué aspecto tiene ese tú que está repitiendo el mantra.

Alicia: Veo una especie de luz.

RD: Una especie de luz. ¿Es como una estrella? ¿Es un sol? ¿Es una llama?

ALICIA: *(Parece muy absorta ahora.)* Mmmm... Hay una luz. Una bola de luz.

RD: Una bola de luz. ¿De qué color?

ALICIA: Es blanca.

RD: Una bola de luz blanca. ¿Y dónde sientes la presencia de la bola de luz blanca en el campo que te rodea?

ALICIA: A mi derecha. *(Alicia señala.)*

RD: A tu derecha. De acuerdo. Pero querría saber más. Hasta el momento los guardianes son un ángel y una bola de luz. Eso está bien. Pero me doy cuenta de que hasta ahora no hay guardianes humanos. Necesitarás algunas presencias humanas, creo. ¿Quién es un mentor para ti en el mundo humano?

ALICIA: *(Hace una pausa.)* Es difícil de encontrar, porque siempre he estado física y mentalmente sola.

RD: Entiendo. Por eso te estoy pidiendo que encuentres un guardián humano, para recordarte que perteneces a la comunidad humana, además de a las comunidades no humanas. Piensa quiénes pueden ser tus guardianes humanos. Tómate tu tiempo. ¿Quiénes serían?

(Los ojos de Alicia se llenan de lágrimas.)

¿Quién es el guardián?

ALICIA: *(Con lágrimas.)* Mi hija.

RD: Sí. Sí.

(Alicia sigue llorando.)

Sí. ¿Y dónde sientes su presencia dentro de tu campo ahora mismo? Has dicho que el ángel estaba detrás de ti. ¿Dónde sientes la presencia de tu hija? ¿Está delante de ti? No puede estar dentro de ti; ella es física y no encajaría. ¿Está detrás de ti, delante de ti? ¿Dónde la sientes con tu cuerpo? Ella tiene un cuerpo, tú tienes un cuerpo. ¿Dónde está?

ALICIA: Está delante de mí.

RD: Está delante de ti. *(Al público.)* Es importante que desarrollemos estos guardianes e imágenes con relación al cuerpo físico. Alicia tiene que pensar, sentir y hablar dentro de su cuerpo en el mundo externo. Una de sus estrategias de supervivencia ha sido abandonar su cuerpo y disociarse en los mundos internos incorpóreos. Ella siente el dolor y la soledad en su cuerpo físico, y entonces se va a otro mundo. Hemos señalado que para ser generativo —para poder crear, sanar y transformar— tienes que estar centrado en tu cuerpo, y después extenderte a través y más allá de él, permaneciendo centrado. De modo que lo que estamos explorando aquí es qué guardián puede ayudarle a estar en su cuerpo, conectar con todo lo que está allí y caminar por el mundo con esa conexión centrada y llena de recursos. Sin eso, la conexión espiritual se convierte en evitación espiritual. Eso es un escape, no un recurso.

ALICIA: *(Parece muy absorta.)* Mmmm...

RD: *(A Alicia.)* Alguien tiene que ayudarte a quedarte aquí, en el mundo. Puede ser tu hija, diciendo algo parecido a: «Quédate aquí, mamá.»

ALICIA: Mmmm...

RD: La gente no puede verte cuando te vas. Si quieres que te vean, tienes que permanecer visible, y a veces eso significa que tienes que soportar dolor... *(Alicia afirma con la cabeza.)* Así, como último paso, vamos a recibir los mensajes de esos guardianes. Para que cuando interactúes con tu marido, por ejemplo, estos guardianes estén contigo. De momento hemos conectado con el ángel, la bola de luz blanca y tu hija.

ALICIA: Sí.

RD: Quiero que imagines que estás a punto de encontrarte con tu esposo.

ALICIA: De acuerdo.

RD: Ahora voy a pedirte que salgas de ti y te pongas detrás de ti, en la posición del ángel guardián. Déjate mover físicamente a la posición del guardián detrás de ti, observándote a ti misma desde la perspectiva del ángel guardián. Siéntete libre de mover tu cuerpo de cualquier modo que te permita entrar en el lugar del ángel guardián.

(Alicia da un paso atrás, respirando profundamente.)

En PNL llamamos a esto la segunda posición: ponerte en el punto de vista de otro individuo o entidad. Déjate entrar en el campo del ángel guardián y percibirte desde su perspectiva. Conviértete en el ángel guardián. Y, al hacerlo, registra los mensajes que envías a Alicia desde allí. *(Robert señala el lugar donde ha estado Alicia.)* Tú eres su guardián. ¿Qué mensajes tienes para Alicia cuando se prepara para estar con su marido y su familia? Ahora eres el guardián de la confianza de Alicia. ¿Cuál es tu mensaje para ella? Ángel guardián, ¿qué quieres decir?

(Alicia extiende sus manos con las palmas mirando hacia delante, como en un gesto de bendición.)

De modo que no tienes palabras y es más bien un toque. ¿Cuál es el mensaje de ese toque? ¿Qué quieres comunicar a Alicia con ese toque?

ALICIA: *Puedes hacerlo.*

RD: *Puedes hacerlo.* Eso es importante... Ahora da un paso hacia delante y vuelve a ser Alicia. *(Alicia da un paso adelante.)* Y, al hacerlo, siente el toque del ángel guardián por detrás. Te está diciendo: *tú puedes hacerlo. Puedes hacerlo. Puedes hacerlo...* Y al sentir esos mensajes, nota en qué lugar de tu cuerpo los recibes.

ALICIA: *(Se ríe.)* En las piernas.

RD: En las piernas. *(Alicia se ríe, parece divertida.)* Está bien saber eso, ¡tienes piernas! Me encantaría ver cómo cobran vida esas piernas.

ALICIA: *(Animada y feliz.)* ¡Siento que puedo correr!

RD: Hay una vieja canción que dice: «Estas botas están hechas para caminar.» *(Alicia, que lleva botas, se ríe y golpea con los pies en el suelo unas cuantas veces.)*

¡Vaya!, eso es genial. Es estupendo ver por fin un poco de staccato en tu energía. La vida no es únicamente quietud, ¿o sí? Necesitas un poco de staccato. Especialmente con tu esposo, creo.

ALICIA: Sí, tienes razón.

RD: Bien, ahora vamos con el siguiente guardián. Está este mantra y la bola de luz. Permítete salir de ti misma y moverte a tu lado derecho, cuando estés preparada, y entrar en el campo de la luz blanca. *(Alicia da un paso hacia delante y hacia su derecha, y se gira.)* Sé la bola de luz blanca. Y, siendo bola de luz blanca, ¿cuál es tu mensaje para Alicia? Como guardián suyo, como bola de luz, ¿cuál es tu mensaje para su cuerpo?

ALICIA: *Tú existes.*

RD: Sí. *Tú existes, tú tienes una voz en este mundo...* Bien. Ahora vuelve atrás y vuelve a ser tú misma. *(Alicia retorna a su posición inicial.)* Siente que tu ángel guardián te dice: *Puedes hacerlo. ¡Adelante, chica!* Siente eso en tus piernas. *(Alicia se ríe.)* Y ahora en tu vientre, esa bola de luz diciendo: *Existes. Estás aquí. Te veo. Es bueno verte.* (*Hace una pausa mientras Alicia experimenta el proceso profundamente.*)

Por último también tenemos a tu hija. Quiero que te pongas en su lugar y te mires a ti misma. Ella está ahí, frente a ti. Conviértete en ella. ¿Cómo se llama?

ALICIA: Janet.

RD: Conviértete en Janet. Entra en la energía de Janet. En su cuerpo. Su energía. *(Alicia da un paso adelante y se gira.)* Janet, tu mamá te necesita como guardián. ¿Cuál es tu mensaje para ella? ¿Qué tienes que decirle?

ALICIA: Janet me dice...

RD: No, no es que Janet te diga; tú eres Janet. *(Al público.)* Esta parte es muy importante para el *coach*, porque Alicia tiene tendencia a abandonarse. Y cuando abandona su cuerpo y su centro, otras cosas pueden tomar el control.

(A Alicia.) Tú eres Janet. No una idea abstracta de ella. Si eres Janet, hablas como Janet a tu madre.

ALICIA: Mamá, te quiero.

RD: Sí... Sí... *Mamá, ¡te quiero!...* Eso está bien... Y ahora inspira y vuelve a tu propia perspectiva ahí. *(Alicia vuelve a la posición de su «yo».)* Ahora tienes tu ángel guardián detrás de ti, que está tocándote y diciéndote: «¡Puedes hacerlo!» Tienes la bola de luz a tu derecha, que está diciéndote: «Tú existes.» Y después, tienes a tu hija Janet delante de ti, y ella te envuelve con sus brazos y te dice: «Te quiero, mamá.» ¿Dónde recibes ese mensaje en tu cuerpo?

(Alicia mueve las manos por todo el cuerpo.)

Genial. Y sintiendo todos esos mensajes, ahora entra en esa situación difícil con tu marido y tu familia. Escucha los mensajes que suelen estar presentes: *¡Cállate! ¡No existes! ¡Volverás a estar sola!* Pero, mientras lo haces, siente la presencia de tus guardianes. Velos. Óyelos. No como un concepto abstracto, sino de manera real, profundamente en tu cuerpo. No tienes que abandonar tu cuerpo para encontrarlos. Ellos están en tu cuerpo. Los mensajes de los guardianes ahora están en tu cuerpo. Siéntelos en tu hígado. En la medicina china, el hígado suele estar asociado con el fuego. El fuego emocional, el enfado. De manera que tu hígado tiene que estar vivo. Está bien sentir. Está bien expresar dolor. El dolor expresado se cura. El dolor inexpresado crece... ¿Qué ocurre ahora a medida que sientes todo esto?

ALICIA: Muchos sentimientos diferentes. Dolor...

RD: Bien. Estate con él. Y lleva tus guardianes hacia el vientre, hacia tu corazón, hacia tus piernas, hacia tus hombros. A tu alrededor y dentro de ti por todas partes. Oye los mensajes de los guardianes. *Te quiero. Tú existes. Puedes hacerlo.* Éstos son los mensajes para guiarte, para guardarte, para permitirte estar con tu esposo y tu familia de manera poderosa. Tú eres una heroína, no una víctima. Afronta los demonios. Encuéntrate con ellos y transfórmalos. Mantente en tu lugar y sal del camino de la energía negativa. *(Alicia se relaja; parece radiante; extiende las manos alrededor del cuerpo como una bendición.)* Sí, ve y siente tu segunda piel abriéndose a tu alrededor.

(Alicia parece estar profundamente inmersa en su proceso de transformación durante un minuto más o menos. Después respira hondo, toca su corazón, abre sus ojos y sonríe. Parece una mujer nueva.)

ALICIA: ¡Muchas gracias!

RD: *(Abraza a Alicia.)* Bienvenida. En los cinco ritmos, Gabrielle Roth dice: «Sigue tus pies.» El ángel guardián te dirá adónde ir. Gracias, Alice.

ALICIA: Gracias.

(Fuerte aplauso mientras Alice abandona el escenario.)

RD: Esto ha sido una demostración de cómo encontrar y usar a los guardianes que necesitarás para realizar tu viaje del héroe. Espero que hayas podido ver algunos de los elementos esenciales del viaje que hemos venido destacando: el héroe, la llamada, el demonio o el reto, los recursos y los guardianes. Una parte clave del viaje del héroe es encontrar los recursos y los guardianes necesarios para transformar los demonios y cruzar el umbral a fin de completar el viaje. Hemos venido mostrando cómo hacer esto dentro de ti, y también cómo ayudar a otros.

De modo que encuentra a un compañero y tomaos un tiempo para ayudaros mutuamente a encontrar vuestros guardianes y los mensajes que tienen para vosotros en esta interesante etapa de vuestro viaje.

CONCLUSIÓN: EL RETORNO

SG: A medida que vamos acercándonos al cierre, queremos resaltar que el viaje del héroe es una larga y preciosa tradición a la que han contribuido muchos grandes seres humanos. Y lo más importante, queremos resaltar que esta tradición está abierta a ti. Si así lo eliges, puedes recorrer un camino similar: vivir la vida como una gran aventura.

RD: Y para reconocer esta capacidad que está dentro de cada uno de nosotros, quiero leer un precioso poema de Hafiz, el gran poeta sufí. Se titula *Por ninguna razón*. Como podrás comprobar, trata sobre la parte importante de la conciencia generativa y los ritmos líricos; a saber, que hay realidades más allá del ego-intelecto. Esto es lo que dice Hafiz:

> *Y*
> *por ninguna razón*
> *empiezo a saltar como un niño.*
>
> *Y*
> *por ninguna razón*
> *me convierto en una hoja*
> *que es llevada tan alto,*
> *beso la boca del sol*
> *y me disuelvo.*
>
> *Y*
> *por ninguna razón*
> *mil pájaros*
> *eligen mi cabeza como mesa de conferencia,*
> *y empiezan a pasar sus*
> *copas de vino*
> *y sus libros de canciones a mi alrededor.*
>
> *Y*
> *por todas las razones de la existencia*
> *empiezo a, eternamente,*
> *¡a reír y amar eternamente!*
> *Por todas las razones de la existencia*
> *empiezo a, eternamente,*
> *¡a reír y amar eternamente!*
>
> *Cuando me convierto en hoja*
> *y empiezo a danzar,*
> *y corro a besar a nuestro precioso Amigo*

*y me disuelvo en la Verdad
Que Soy.*

(*Aplauso.*)

RD: Ahora que estas danzas y poemas te han abierto a una presencia más profunda dentro de ti mismo, queremos que dediques unos momentos a la conclusión. Durante este proceso, para prepararte para el retorno a tu realidad cotidiana, vamos a pedirte que sientas y reúnas a tu comunidad de santos.

Mantén los ojos cerrados un momento...; respira hondo unas cuantas veces para retornar a tu centro... Recuerda el doble proceso de caer al centro, abrirse al campo... Caer al propio centro, abrirse al campo... Y, mientras lo haces, deja que tu conciencia empiece a sintonizar con los que serán tus guardianes en el camino que tienes por delante.

SG: Empiezas a sentir a muchos niveles el comienzo de la reorientación hacia el mundo de cada día. *Empiezo a retornar desde la infinitud intemporal del espacio ritual..., donde he descubierto muchas cosas hermosas..., donde he tocado algunos de los grandes misterios del ser..., donde he sentido amor... una vez más... Ahora comienza el retorno..., el movimiento para llevar el don de vuelta al mundo de cada día.*

RD: La buena noticia es que no lo harás solo. Están presentes los linajes de los que te han precedido, que caminarán contigo y detrás de ti. Tal vez haya mil cantos de pájaro eligiendo tu cabeza como mesa de conferencias.

SG: Jesús dijo: «Estate en el mundo, pero no seas del mundo.» Una preciosa manera de empezar a sentir que tu yo profundo..., la realidad más profunda..., es la luz misma.

RD: Y en ese campo de luz y amor... permítete empezar a sentir la presencia de esos guardianes. ¿Dónde están a tu alrededor? ¿Quién está sobre tu hombro izquierdo? ¿Quién está sobre el derecho? ¿Quién está detrás de ti?

SG: ¿Quién está encima de ti?

RD: ¿Quién está delante de ti, llamándote a avanzar?

SG: Tal vez susurrando..., recordándote: *Tú estás aquí para un propósito más profundo. No estás aquí para permanecer perdido en la enfermedad. No estás aquí para permanecer atrapado en la tristeza. No estás aquí para hundirte en la amargura. Estás aquí para vivir tu don en el mundo.*

RD: Y mientras vives tu don, mantente abierto y sé consciente de los guardianes que aparecerán; guardianes que ahora mismo no puedes ni imaginar. Tal vez en algún momento, dentro de una o dos semanas a partir de ahora, te encontrarás luchando y lidiando con algo que ha vuelto a ocurrir. Y tal vez, de repente, sientas la presencia de Stephen sobre tu hombro izquierdo diciéndote: «¿No es agradable saber eso?» Y yo estaré sobre tu hombro derecho... y añadiré: «Esto no es un problema.»

SG: Y siente verdaderamente... los seres dentro de ti y a tu alrededor..., que están ahí para ayudarte a seguir volviendo... a tu centro...; seguir volviendo... al lugar intemporal e ingrávido de la pura luz.

RD: Y al mismo tiempo, sigue volviendo a la realidad específica... en el momento presente... dentro y alrededor de la presencia de tu cuerpo físico.

SG: Para que esos seres puedan recordarte una vez más: *Tú estás aquí para algo más que limitarte a sufrir. Tu estás aquí para un propósito más profundo. Déjate vivir tu vida desde ese propósito más profundo.*

RD: Y crece junto con tus dones.

SG: Sabiendo que una y otra vez te olvidarás. Así, te deseamos que puedas usar todos esos signos..., que puedas usar tu infelicidad y tu felicidad para recordar... *Hay un lugar más profundo que este que me rodea ahora..., hay una ola más profunda que ésta; escúchame ahora.*

RD: Los griegos dicen: «Me pierdo cien veces, no, mil veces cada día.» La clave está en acordarse de volver.

SG: Estás aquí para ser feliz... Estás aquí para estar sano... Estás aquí para ayudar... Estás aquí para curarte. De modo que sigue recordando que se te ha dado este asombroso don de la vida... para vivir el viaje del héroe... y que caminas con el apoyo de los guardianes..., una asombrosa comunidad de santos.

RD: Ahora tómate unos momentos y escucha en silencio el mensaje de mensajes de los guardianes que caminan contigo.

SG: ¿Qué te dicen? Escucha...

RD: ¿Cuáles son sus mensajes?

SG: Escucha con tu corazón.

RD: Escucha con tu alma.

SG: Recibe las bendiciones... del espíritu... de cada uno de estos seres... Hay un maravilloso escritor irlandés... cuyo nombre es John O'Donoghue..., que falleció hace unas pocas semanas... y que escribió un libro maravilloso llamado *Anam Cara*... Y *anam cara* en gaélico significa «un amigo del alma»... Que podáis sentir a cada guardián... como un amigo del alma... y al recibir su reflejo... descubrir la gran alegría de tomar conciencia de que tú también eres *anam cara*.

RD: Tú eres un amigo del alma. Tú eres el guardián de tu propia vida. Tú eres el *anam cara* de las almas de tus hijos.

SG: Que puedas ser el *anam cara* para tu familia..., para tus compañeros de trabajo..., para tu comunidad... Que puedas ser *anam cara*..., un amigo del alma..., un héroe del gran viaje.

Mencionamos a Milton Erickson, y también que no éramos buenos estudiantes universitarios cuando estudiábamos con él... No le pagamos nada. Milton Erickson era un amigo del alma.

RD: Y la pregunta es: ¿cómo se paga a un amigo del alma? No le das dinero. No le regalas una televisión. Ni siquiera le invitas a cenar. ¿Qué haces?

SG: *(Sonriendo.)* ¿De qué maneras puedes pagarle?

RD y SG: *(Simultáneamente.)* ¡Pásalo!

SG: Pásalo a tu comunidad. Pásalo a tu familia. Y, por favor, pásalo a los demonios que te encuentres. *(Risas.)*

RD: Después de un viaje exitoso, el héroe suele estar lleno de experiencias, y la menor de ellas no es la gratitud. ¿Por qué cosas te sientes agradecido? Permítete percibir algunas de las cosas que hacen que te sientas agradecido en este viaje del héroe. Y, después, deja que venga el sentimiento de agradecimiento, deja que te rodee, deja que te llene mientras se aproxima el retorno a casa.

Creo que fue Eckhart Tolle quien dijo: «Si la única oración que dijeras en tu vida fuera "Gracias", sería suficiente.» Y ahora lo único que nos queda es repetir esta oración, de nosotros para vosotros...

RD y SG: *¡Gracias!*

(Aplauso atronador.)

BIBLIOGRAFÍA

Bateson, G. (1998), *Pasos hacia una ecología de la mente: una aproximación revolucionaria a la autocompresión del hombre* (Buenos Aires: Lumen).
Campbell, J. (1992), *El héroe de las mil caras* (Madrid: Fondo de Cultura Económica de España).
Gallwey, W. T. (1986), *The Inner Game of Tennis* (Londres: Pan Books).
Gershon, M. (2000), *Second Brain: A Groundbreaking New Understanding of Nervous Disorders of the Stomach and Intestine* (Nueva York: HarperCollins).
Gilligan, S. (2008), *La valentía de amar* (Barcelona: Rigden-Institut Gestalt).
—— (2004), «The five premises of the Generative Self» (apuntes de un taller: Stephen Gilligan).
Jung, C. (1971) (editado por J. Campbell), *The Portable Jung* (Nueva York: Penguin Group).
Lakoff, G. (1981), *Metaphors We Live By* (Chicago, IL: University of Chicago Press).
Mille, A. de (1991), *Martha: The Life and Work do Martha Graham* (Nueva York: Random House).
O'Donohue, J. (1997), *Anam Cara: Spiritual Wisdom from the Celtic World* (Londres: Bantam Press).
Oliver, M. (1986), *Dream Work* (Nueva York: Atlantic Monthly Press).
Pearsall, P. (1998), *The Hero Within: Six Archetypes We Live By* (San Francisco, CA: Harper & Row).

Roth, G. (1997), *Sweat Your Prayers: Movement as Spiritual Practice* (Los Ángeles, CA: J. P. Tarcher).

Somé, M. (1995), *Of Water and the Spirit: Ritual, Magic and Initiation in the Life of an African Shaman* (Nueva York: Penguin).

Tolle, E. (2009), *El poder del ahora: una guía para la iluminación espiritual* (Madrid: Gaia).

~ *De los mismos autores* ~

TRANCE GENERATIVO

Experimenta y desarrolla tu flujo creativo

STEPHEN GILLIGAN

La última generación de hipnosis aplicada a la psicoterapia y a la transformación personal.

EL ARTE DE COMUNICAR

PNL para hacer presentaciones eficaces

ROBERT B. DILTS

El arte de comunicar propone múltiples herramientas relacionadas y de comunicación para realizar presentaciones eficaces.

~ De la misma editorial ~

VIVIR AQUÍ Y AHORA: MANUAL DE GESTALT
SERGIO FORGAS BERDET

Este libro desarrolla, con un lenguaje claro y comprensible, las bases teóricas fundamentales de la Gestalt, la ubicación de la misma en el marco de las principales corrientes psicológicas contemporáneas, y los recursos y técnicas más habituales de la práctica gestáltica.

LA LÍNEA DEL TIEMPO
En terapia y coaching
VICENS OLIVÉ PIBERNAT

La línea del tiempo describe la manera en que nuestro cerebro registra los acontecimientos pasados, presentes y futuros generando experiencias que actúan como referencia y base de nuestro funcionamiento habitual.

~ *De la misma editorial* ~

¿DÓNDE ESTÁN LAS MONEDAS?

Las claves del vínculo logrado entre hijos y padres

JOAN GARRIGA BACARDÍ

En esta obra descubrimos que la contraseña que abre las puertas de la realización personal se compone de una simple sílaba: SÍ.

VIVIR EN EL ALMA

Amar lo que es, amar lo que somos y amar a los que son

JOAN GARRIGA BACARDÍ

El autor nos muestra cómo poner orden en nuestros afectos y en nuestra vida interior. También nos anima a rendirnos ante el misterio de la vida para alcanzar con ello paz y felicidad perdurables.

~ *De la misma editorial* ~

COACHING NEUROLINGÜÍSTICO (CNL®)

Claves lingüísticas para cambiar tu mente

CORA BESSER-SIEGMUND Y LOLA A. SIEGMUND

Coaching Neurolingüístico (CNL®) enseña a crear nuevas asociaciones neurolingüísticas con las que seremos capaces de convertir las dificultades de la vida en oportunidades, cambios y vías de reaprendizaje.

NACIDAS PARA EL PLACER

Instinto y sexualidad en la mujer

MIREIA DARDER

Nacidas para el placer es mucho más que un libro sobre sexualidad y sobre la mujer; es un análisis de las contradicciones y males de la sociedad actual que ha llegado a un callejón sin salida.

~ *De la misma editorial* ~

FELICIDAD QUE PERMANECE

Lo esencial de las constelaciones familiares

BERT HELLINGER

En *Felicidad que permanece,* Bert Hellinger nos conmueve de nuevo apuntando hacia un lugar en el que por mediación del espíritu, la felicidad que tanto anhelamos se vuelve sencilla, asequible y luminosa para todos.

DIDÁCTICA DE CONSTELACIONES FAMILIARES

El intercambio

BERT HELLINGER

El método psicoterapéutico de la constelación familiar, según Bert Hellinger, abarca cada vez más ámbitos de la convivencia humana. Se desarrolla, profundiza y amplía continuamente, a través de observaciones y experiencias nuevas.

institut gestalt

institut gestalt
Verdi, 94 - bajos
08012 Barcelona
Telf. 34 93 2372815
Fax. 34 93 2178780
ig@institutgestalt.com
www.institutgestalt.com

ÁREA DE FORMACIÓN Y RECICLAJE PROFESIONAL

> Formación en Terapia Gestalt.
> Formación completa en PNL: Practitioner, Máster Practitioner, Trainer, PNL para el mundo educativo, etc.
> Formación en Hipnosis Ericksoniana.
> Formación en Constelaciones Familiares y en sus distintas especialidades: Pedagogía, Salud, Trabajo social, Organizaciones y profesión, Parejas, Ámbito jurídico y Consulta individual.
> Formación en Pedagogía Sistémica.
> Formación en Terapia Corporal.
> Formación en Intervención Estratégica.
> Formación en Coaching: Wingwave, Deportivo, Estratégico, Sistémico y Coaching con PNL.
> Talleres monográficos.
> Supervisión individual y en grupo.
> Desarrollo organizacional.
> Excelencia Directiva.

ÁREA TERAPÉUTICA Y DE CRECIMIENTO PERSONAL

> Terapias individuales, grupales, de pareja y de familia.
> Procesos de Coaching para personas y/o equipos.
> Tratamiento de trastornos del miedo, pánico, fobias, ansiedad, adicciones y obsesiones.
> Grupos de Crecimiento Personal y Trabajo Corporal.
> Constelaciones familiares, organizacionales y pedagógicas.
> Área de Terapias Creativas y Expresivas.
> Conferencias, coloquios, presentaciones de libros, etc.

PSICOTERAPIA, COMUNICACIÓN Y RELACIONES HUMANAS

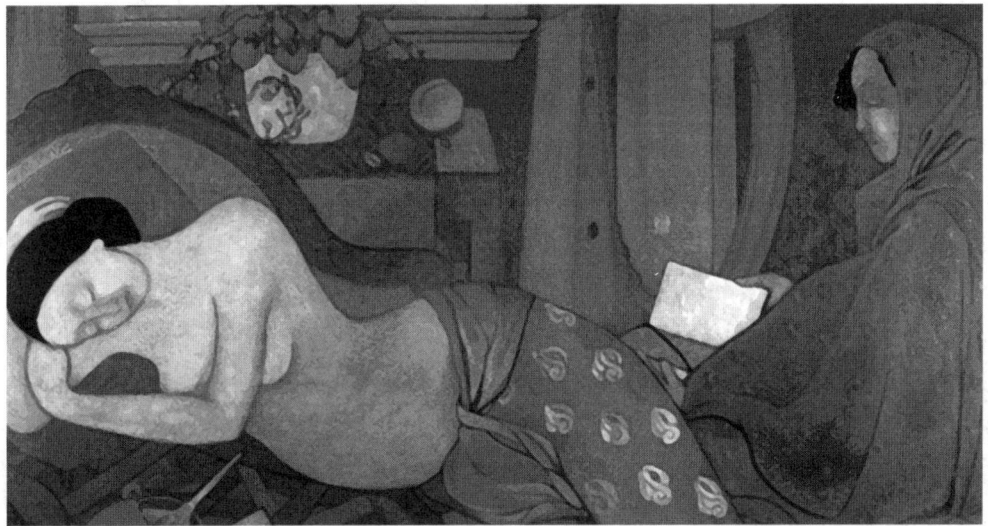